Introduction à la linguistique contemporaine

3e édition

Collection 128

BANNIARD	*Du latin aux langues romanes*
LÉON / LÉON	*La Prononciation du français*
PERRET	*L'Énonciation en grammaire de texte*
ROUQUIER	*Vocabulaire d'ancien français*
SCHOTT-BOURGET	*Approches de la linguistique*
THOMASSET / UELTSCHI	*Pour lire l'ancien français*

Collection Cursus

MOESCHLER / AUCHLIN	*Introduction à la linguistique contemporaine (2e édition)*
BAYLON / FABRE	*Initiation à la linguistique*
GARDES TAMINE	*La Grammaire. 1. Phonologie, morphologie, lexicologie (3e édition)*
GARDES TAMINE	*La Grammaire. 2. Syntaxe (4e édition)*
GARDES TAMINE	*La Rhétorique*
GARDES TAMINE	*La Stylistique (2e édition)*
HUOT	*La Morphologie (2e édition)*
LÉON	*Phonétisme et prononciations du français (5e édition)*
LÉONARD	*Exercices de phonétique historique*
MARTINET	*Éléments de linguistique générale (4e édition)*
MORTUREUX	*La Lexicologie entre langue et discours*
NIKLAS-SALMINEN	*La Lexicologie*
PERRET	*Introduction à l'histoire de la langue française (3e édition)*

Collections Fac et Lettres Sup

BAYLON / MIGNOT	*Initiation à la sémantique du langage*
LEHMANN / MARTIN-BERTHET	*Introduction à la lexicologie. Sémantique et morphologie (2e édition)*

Collection U

ARGOD-DUTARD	*Éléments de phonétique appliquée*
AUDISIO / RAMBAUD	*Lire le français d'hier. Manuel de paléographie moderne 15e-18e siècle (3e édition)*
BERTRAND / MENEGALDO	*Vocabulaire d'ancien français : fiches à l'usage des concours*
GLESSGEN	*Linguistique romane. Domaines et méthodes en linguistique française et romane*
JOLY	*Fiches de phonétique*
JOLY	*Précis d'ancien français. Morphologie et syntaxe*
JOLY	*Précis de phonétique historique du français*
PAVEAU / SARFATI	*Les Grandes Théories de la linguistique*
QUEFFÉLEC / BELLON	*Linguistique médiévale : l'épreuve d'ancien français aux concours*

Collection Dictionnaires

NEVEU	*Dictionnaire des sciences du langage*

Jacques Moeschler
Antoine Auchlin

Introduction à la linguistique contemporaine

3e édition

COLLECTION CURSUS • LINGUISTIQUE

Conception de couverture : Dominique Chapon et Emma Drieu.

Internet : http://www.armand-colin.com

ISBN : 978-2-200-35582-1

DANGER
LE PHOTOCOPILLAGE
TUE LE LIVRE

ARMAND COLIN ÉDITEUR • 21, RUE DU MONTPARNASSE • 75006 PARIS

— Remerciements —

Ce livre est né d'un enseignement d'introduction à la linguistique française que les auteurs ont eu l'occasion de donner dès le milieu des années 1990 à l'université de Genève.

Ils remercient les doctorants et enseignants docteurs qui ont permis de mettre en œuvre l'enseignement de premier cycle de linguistique française du Département de linguistique à Genève, enseignement basé en grande partie sur cet ouvrage : Annik Baumgartner, Joanna Blochowiak, Gabi Soare et Sandrine Zufferey.

Un grand merci à Christopher Laenzlinger, qui a contribué à la refonte des chapitres de syntaxe formelle, et à Anne Reboul, pour sa contribution au chapitre 14 sur les actes de langage.

— Sommaire —

Première partie

Les domaines de la linguistique

Deuxième partie

Syntaxe et sémantique formelles

Troisième partie
Pragmatique et analyse du discours

Tables des symboles

Phonologie et morphologie

I. Symboles de l'Alphabet phonétique international nécessaires à la description du français

• *Voyelles*

i	[li]	lit	o	[to]	tôt	ɛ̃	[v ɛ̃]	vin
e	[de]	dé	u	[bu]	boue	ɔ̃	[l ɔ̃]	long
ɛ	[ʁɛ]	raie	y	[ly]	lu	œ̃	[œ̃]	un
a	[pat]	patte	ø	[pø]	peu	ã	[lã]	lent
ɑ	[p ɑ t]	pâte	œ	[bœf]	bœuf			
ɔ	[tɔʁ]	tort	ə	[dəɔʁ]	dehors			

• *Consonnes*

p	[p ɔʁ]	port	f	[fu]	fou	m	[m ɛʁ]	mère
b	[b ɔʁ]	bord	v	[vu]	vous	n	[n ɛʁ]	nerf
t	[t ɔʁ]	tort	s	[su]	sou	ɲ	[m ɔ̃ta ɲ]	montagne
d	[d ɔʁ]	dort	z	[z ɛ b ʁ]	zèbre	ŋ	[ʁi ŋ]	ring
k	[ka ʁ]	car	ʃ	[ʃã]	chant	l	[ly]	lu
g	[ga ʁ]	gare	ʒ	[ʒã]	gens	ʁ	[ʁa]	rat

• *Semi-voyelles*

J	[pje]	pied	w	[mwat]	moite	ɥ	[ɥit]	huit

II. Symboles généraux

[ ]	son (unités de substance phonétique)
/ /	phonème (unité formelle de la phonologie)
{ }	morphème (unité formelle)
/ /	morphe (unité de substance en morphologie)
%	frontière de groupe intonatif
F°	fondamental de la voix (opposé aux *formants* ou *harmoniques* F^1, F^2)

Syntaxe

*	agrammaticalité
?	anomalie syntaxique ou sémantique
SN	syntagme nominal
NP	syntagme nominal
N'	projection intermédiaire de N
N	nom
SV	syntagme verbal
VP	syntagme verbal
V'	projection intermédiaire de V
V	verbe
AP	syntagme adjectival
A'	projection intermédiaire de A
A	adjectif
PP	syntagme prépositionnel
P'	projection intermédiaire de P
P	préposition
Spec	spécifieur
SpecX	spécifieur de XP

XP	syntagme de tête P (projection maximale de P)
X'	projection intermédiaire de X
X°	tête de catégorie X (projection minimale de X)
I	inflexion
I'	projection intermédiaire de I
IP	projection maximale de I (phrase)
CP	projection maximale de C (syntagme de tête C)
C'	projection intermédiaire de C
C	complémenteur
DP	syntagme nominal
D	déterminant
AGRP	projection maximale de AGR
AGR'	projection intermédiaire de AGR
AGR	accord
TP	projection maximale de T
T'	projection intermédiaire de T
T	temps
NegP	projection maximale de Neg
Neg'	projection intermédiaire de Neg
Neg	négation
rôle-θ	rôle thématique
e	position vide
t_i	trace d'indice i
< cette histoire$_i$, t_i >	chaîne de constituants d'indice *i*

Sémantique et logique

p, q	variables de propositions
ϕ, ψ	variables de propositions
α, β, γ	constantes non-logiques
$\neg$, $\wedge$, $\vee$, $\rightarrow$, $\leftrightarrow$	constantes logiques
$\neg$	négation propositionnelle (*il n'est pas le cas que*)

$\wedge$	connecteur de conjonction (*et*)
$\vee$	connecteur de disjonction inclusive (*ou*)
$\rightarrow$	connecteur d'implication matérielle (*si... alors*)
$\leftrightarrow$	connecteur d'équivalence logique (*si et seulement si*)
$< A, F >$	modèle *M*, où *A* est un ensemble d'individus et *F* une fonction d'assignation de valeur
$\in$	appartenance ensembliste
$\notin$	non-appartenance ensembliste
$[[\alpha]]^{M}$	dénotation de α relative à *M*
N	nom propre
CN	nom commun
V_i	verbe intransitif
V_t	verbe transitif
Neg	négation
Conj	conjonction
S	phrase
v_1	variable d'individu d'indice 1
$\{0,1\}^{A}$	ensemble des fonctions de A dans $\{0,1\}$
$(\{0,1\}^{A})^{A}$	ensemble des fonctions de *A* dans l'ensemble des fonctions de *A* dans $\{0,1\}$
$\forall x$	pour tout x (quantificateur universel)
$\exists x$	il existe (au moins) un x (quantificateur existentiel)
g	fonction d'assignation de valeurs aux variables
e	catégorie des termes
t	catégorie des formules
$< e, t >$	catégorie des V_i
$< e, < e, t >>$	catégorie des V_t
$< t, t >$	catégorie de la négation (Neg)
$< t, < t, t >>$	catégorie des conjonctions
$\lambda x\ [\phi]$	ensemble des individus ayant la propriété ϕ
$\lambda Q\ [\lambda P\ [\forall x\ [Q\ (x) \rightarrow P\ (x)]]]$	dénotation de *chaque*
$\lambda Q\ [\lambda P\ [\exists x\ [Q\ (x) \wedge P\ (x)]]]$	dénotation de *un*
$\lambda Q\ [\lambda P\ [\neg \exists x\ [Q\ (x) \wedge P\ (x)]]]$	dénotation de *aucun*

Introduction

Les domaines de la linguistique

Plan de l'ouvrage

Cet ouvrage se veut une introduction à la linguistique contemporaine. Il ne présuppose aucune connaissance en linguistique, ni en une autre discipline connexe (logique, philosophie, psychologie, science cognitive, etc.). Les auteurs ont tenté d'approcher une discipline complexe par ses domaines et multiple par ses approches en divisant le travail en trois parties principales.

La première partie est consacrée aux domaines classiques de la linguistique (phonologie, morphologie, syntaxe, sémantique) et insiste sur les différences entre grammaire et linguistique ; c'est à la langue comme système qu'elle est consacrée.

La seconde partie a pour domaine les travaux de syntaxe et de sémantique formelles dans la tradition des travaux de Chomsky et de Montague ; elle est consacrée aux modes de représentation symboliques et logiques de la structure syntaxique et de la signification.

La troisième partie a pour objet les domaines de la pragmatique et du discours ; elle porte donc sur l'usage de la langue dans la communication et dans le discours.

Objectifs de l'ouvrage

Cet ouvrage a trois objectifs principaux.

Le premier objectif est de présenter les acquis les plus importants de la linguistique contemporaine dans les domaines de la syntaxe, de la sémantique et de la pragmatique.

Le deuxième objectif est de montrer que la linguistique, si elle est bien une discipline théorique, est aussi une discipline empirique. Son but est de donner des descriptions et des explications de faits de langue.

Le troisième objectif, le plus ambitieux, est de défendre et d'illustrer la linguistique en tant que discipline scientifique.

Le malheur, pour la linguistique d'aujourd'hui, est qu'elle n'est plus la seule discipline qui ait quelque chose à dire sur le langage naturel. La psychologie, la philosophie, l'informatique, l'intelligence artificielle, les neurosciences, etc., ont toutes développé des hypothèses et des théories sur le langage, qu'elles aient trait à l'apprentissage, à l'acquisition, à la signification, à la référence, au traitement de la parole, au dialogue homme-machine, à la traduction automatique, ou encore à l'étude des pathologies liées au langage. La situation de monopole dont jouissait la linguistique il y a quarante ans relativement à ces différentes problématiques a maintenant disparu. Ceci explique que l'on parle plus volontiers actuellement de *sciences du langage* que de *linguistique*.

Pour autant, notre ouvrage n'est pas une introduction aux sciences du langage. Le domaine disciplinaire serait beaucoup trop étendu, et c'est la raison pour laquelle des domaines connexes à la linguistique, comme la sociolinguistique, la psycholinguistique, la linguistique informatique, la linguistique appliquée à l'enseignement des langues ne sont pas l'objet de ce livre. Nous nous contenterons plus modestement de délimiter les frontières de la linguistique relativement à ses domaines que sont la phonologie, la morphologie, la syntaxe, la sémantique et la pragmatique.

Syntaxe, sémantique et pragmatique

Nous proposons un découpage de la linguistique maintenant bien accepté. Nous distinguons les disciplines qui s'occupent de la forme de la langue (la phonologie, la morphologie et la syntaxe) de celles qui s'intéressent au sens (la sémantique et la pragmatique).

La **phonologie** étudie le système phonologique des langues, ainsi que les différentes combinaisons de phonèmes intervenant dans les différentes unités de la langue (mots, syntagmes, phrases).

La **morphologie** a pour objet la structure formelle des unités signifiantes de la langue (unités lexicales et grammaticales que sont les mots) ainsi que les règles formelles liées à l'occurrence des formes des mots dans la phrase.

La **syntaxe** a pour objet d'étude l'unité de la linguistique par excellence, à savoir la phrase, ainsi que les règles présidant à l'organisation des groupes de mots dans la phrase.

La **sémantique** étudie la signification des mots, des groupes de mots et des phrases, indépendamment des informations fournies par la situation ou le contexte extra-linguistique.

La **pragmatique** est le domaine qui étudie l'usage qui est fait de la langue dans le discours et la communication, et vise à décrire l'interaction entre les connaissances linguistiques fournies par les différentes unités linguistiques et les connaissances extralinguistiques (ou contextuelles) nécessaires pour comprendre les phrases énoncées.

Le domaine de la linguistique, à strictement parler, s'arrête à la sémantique. Nous verrons cependant que la frontière entre la linguistique et la pragmatique est sujette à discussion, selon que l'on considère que les règles d'usage des expressions linguistiques font partie de leur signification, ou qu'elles en sont indépendantes. En tout état de cause, l'un des buts de la pragmatique est d'expliquer, à l'aide de principes généraux et non linguistiques, les conclusions qu'on est amené à tirer pour comprendre les énoncés.

Enfin, s'intéresser à l'usage des énoncés et à leur sens revient à s'intéresser au discours, à savoir aux mécanismes qui gouvernent la mise en relation des énoncés permettant à l'auditeur de récupérer les buts et les intentions du locuteur.

Première partie

Les domaines de la linguistique

Chapitre premier

Linguistique et grammaire

Objectifs de connaissance

- Expliquer en quoi consiste le domaine de la linguistique.
- Différencier le domaine d'étude du linguiste de celui du grammairien.
- Définir les propriétés des grammaires traditionnelles.
- Montrer en quoi les grammaires traditionnelles ne sont pas satisfaisantes.

Que décrit le linguiste ?

La première question est celle de l'objet de description du linguiste. La vision classique de l'étude du langage consiste à dire que le linguiste a pour objet de description les langues naturelles, dans l'espace et dans le temps. Dans l'espace, dans la mesure où son travail consiste non seulement à décrire une langue particulière, par exemple le français, mais surtout à décrire l'ensemble des variétés de langues qui sont parlées dans le monde. Dans le temps aussi, car les processus de changement dans la formation des langues, et dans leur évolution, sont fondamentaux pour comprendre en quoi consistent les langues naturelles.

Si cette réponse peut sembler *a priori* acceptable, bien qu'impliquant un programme de recherche gigantesque, elle n'a pas été retenue telle quelle dans le projet de la science du langage qu'est la linguistique contemporaine. Celle-ci s'est donnée en effet un objet plus abstrait, mais de portée plus générale, dont la connaissance devrait nous permettre de savoir en quoi consistent les langues naturelles. De manière lapidaire, nous dirons que **le linguiste ne décrit pas les langues, mais la connaissance que les sujets parlants ont de leur langue**. Dans cette perspective, la linguistique est une science qui appartient de plein droit à ce qu'on appelle aujourd'hui la **psychologie cognitive**, à savoir le domaine de la psychologie qui s'intéresse aux facultés mentales à l'origine des comportements, des pensées et des manifestations langagières.

Prenons un exemple pour illustrer cette première proposition. Les deux phrases suivantes illustrent une différence linguistique importante. Laquelle ?

(1) D'incolores idées vertes dorment furieusement.

(2) Sophie est un glaçon.

Ces deux phrases sont grammaticales au sens où elles respectent les règles de la grammaire, c'est-à-dire les règles de construction des phrases. Mais la première est **ininterprétable**, ou difficilement interprétable, alors que la deuxième, considérée comme une métaphore, est **interprétable**. Cela dit, il existe un point commun entre ces deux phrases : chacune viole d'une certaine façon une règle de la grammaire, à savoir le fait que **le prédicat** – le verbe *dorment* en (1), le groupe nominal *un glaçon* en (2) – **sélectionne son sujet**. De même que *dormir* impose un sujet grammatical animé, *être un glaçon* est incompatible avec un sujet grammatical humain.

Si donc ces deux phrases violent une règle de la grammaire, quelle est leur différence ? Pourquoi (1) n'est-elle pas, comme (2), considérée comme une métaphore ? La réponse que donne le linguiste est la suivante : (2) est une métaphore parce que la relation entre une personne humaine et un objet froid relève d'une structure sémantique ou culturelle générale, celle qui associe la température aux émotions, alors qu'une telle relation n'est pas accessible en (1).

Ainsi, pour parler des émotions qu'éprouve une personne, on peut faire référence à un objet auquel on attribue une température. Notre expérience et notre connaissance du monde sont ici décisives. Mais en (1), une telle connaissance est inopérante : elle n'explique nullement la bizarrerie ou l'impossibilité d'une lecture métaphorique. Pourquoi ? La raison est simple : **ce qui est violé en (1), c'est une règle linguistique**, qui dit que le sujet de *dormir* doit être animé, qu'un verbe d'état ne peut avoir un adverbe d'activité, qu'un nom abstrait ne peut être modifié par un adjectif ayant des propriétés matérielles, etc., et rien ne permet d'associer à la violation de cette règle une motivation qui est extérieure à la langue.

On comprend maintenant la différence avec (2). Si, en (2), le sujet parlant n'a pas l'impression qu'une règle linguistique est violée, c'est que la relation entre émotion et température est motivée cognitivement. Aucune motivation de ce type n'existe en (1) : seule une règle linguistique est violée et cela ne suffit nullement pour en faire une métaphore.

Cet exemple montre en quoi consiste le domaine de la linguistique : le domaine de la linguistique, c'est l'étude des connaissances que les sujets parlants ont de leur langue, connaissances qui sont à l'origine de leur capacité à formuler des jugements sur le caractère grammatical ou non grammatical des phrases, sur leur interprétabilité ou leur ininterprétabilité, leur caractère ambigu ou univoque, leur unicité ou leur multiplicité de sens.

Linguistique et grammaire

La grammaire et les grammaires

Pour bien comprendre en quoi consiste le projet d'une science du langage, nous allons montrer d'abord en quoi la linguistique se distingue de la **grammaire traditionnelle**. Nous commencerons par distinguer *la* grammaire *des* grammaires. Par convention, nous désignerons par *la grammaire* d'une langue ce que cherche à décrire le linguiste, alors que nous parlerons *des grammaires* pour désigner les différentes descriptions de langues écrites par les grammairiens.

• *Propriétés des grammaires et de la grammaire*

On peut distinguer les propriétés suivantes des grammaires et de la grammaire.

Si le linguiste peut parler de *la* grammaire d'une langue, c'est en référence à un système, à un ensemble de règles qu'il a la charge de décrire. Ainsi, la **grammaire** est un ensemble abstrait de règles, une théorie, dont la formulation est l'explicitation des connaissances que les sujets parlants ont implicitement sur leur langue. Une telle grammaire est souvent appelée, notamment en grammaire générative, une **grammaire de la compétence** des sujets parlants (cf. chapitres 7-9).

De son côté, le grammairien n'a pas un tel projet. Son but premier est de fabriquer un outil de travail, comme le dictionnaire est un outil de travail pour l'orthographe et la signification des mots. Une grammaire est donc, si possible, une **description complète** des conventions grammaticales d'une langue, concernant la *rection* (les phénomènes d'accord) et la *flexion* (les phénomènes comme les conjugaisons, les déclinaisons, le nombre et le genre), les *modes de construction des phrases,* ainsi que les *règles orthographiques.*

Cela dit, cet inventaire des caractéristiques des grammaires appelle plusieurs remarques, afin de comprendre ce que sont les grammaires dites **traditionnelles**.

• *Propriétés des grammaires traditionnelles*

Tout d'abord, les grammaires traditionnelles sont **multiples**. Leur multiplicité ne concerne pas les règles de la langue, mais leur modalité de présentation, leur terminologie, leur caractère partiel ou complet, etc. Cela dit, malgré leurs divergences, les grammaires traditionnelles (Grevisse, Wagner, Sandfeld, etc.) ont certains points communs.

Tout d'abord, ce sont toutes des **grammaires de la langue écrite**. La plupart des règles qu'elles contiennent concernent la langue écrite, notamment les faits de rection et de flexion. Pour une langue comme le français, cela se justifie pleinement, car les problèmes d'accord et de conjugaison sont très complexes par rapport à d'autres langues.

Par ailleurs, la langue qui est décrite est une **langue standard**, qui n'est pas la langue en usage. Les références et les exemples sont les auteurs classiques, qui utilisent une syntaxe parfois différente de la nôtre, notamment en ce qui concerne l'ordre des mots (cf. l'expression *je le peux faire*, fréquente au XVIIe siècle, par opposition à la construction contemporaine *je peux le faire*). En d'autres termes, la langue dont parle la grammaire n'est pas la langue en usage ordinaire, mais la langue dans un de ses usages particuliers, la langue écrite littéraire.

En outre, le but des grammaires est de donner un ensemble de règles dont la fonction est **prescriptive**. La forme générale d'une grammaire traditionnelle est en effet du type « ne dites pas, mais dites ». En ce sens, les grammaires traditionnelles ne sont pas seulement des descriptions d'une langue ; étant prescriptive (on consulte une grammaire pour vérifier si l'on doit dire *Après que les enfants se soient couchés* ou *Après que les enfants se sont couchés*), une grammaire consiste en un ensemble de **normes**.

Que faut-il entendre ici par *normes* ? Les normes en général, et les normes grammaticales en particulier, sont des règles validées institutionnellement. Quelles sont les institutions qui valident les règles des grammaires ? D'une part, il existe pour la francophonie une institution (l'Académie française) qui fixe dans sa grammaire les règles du français. D'autre part, en amont, il existe une caution à ces prises de décision, l'existence de la **littérature**. C'est donc la littérature qui constitue la source des critères dont la grammaire a besoin pour justifier ses choix et ses décisions.

Enfin, les règles des grammaires ne sont pas des règles générales, mais des règles **particulières**. Le propre d'une grammaire traditionnelle est certes de donner une formulation générale, mais il est surtout de donner la liste complète, exhaustive des exceptions à cette règle. Ce mode de présentation est d'ailleurs totalement ancré dans notre fonctionnement mental, notamment par le fameux adage « c'est l'exception qui confirme la règle ».

C'est ce point que nous aimerions maintenant développer, pour montrer que les règles des grammaires traditionnelles ne sont pas satisfaisantes pour le linguiste.

Les règles de la grammaire traditionnelle

Examinons maintenant de plus près les caractéristiques des règles que nous proposent les grammaires traditionnelles. Celles-ci ont les deux caractéristiques principales suivantes :

– elles adoptent l'hypothèse du parallélisme logico-grammatical ;
– elles sont non explicites.

• *Le parallélisme logico-grammatical*

La plupart des explications de la grammaire traditionnelle sont basées sur l'idée d'une correspondance ou d'un **parallélisme entre la forme et le sens**. En d'autres termes : (1) toute distinction morphologique, c'est-à-dire de forme, reçoit une explication sémantique, c'est-à-dire de sens, de même que (2) tout concept grammatical (temps, personne, genre, etc.) doit être exprimé par une forme linguistique.

L'exemple des conjonctions de subordination. Dans les classifications de la grammaire traditionnelle, les conjonctions de subordination ont pour la plupart un point commun : la présence de *que* (*avant que, alors que, afin que, malgré que*, etc.). Ainsi cet exemple illustre le premier cas de figure : le regroupement dans une même catégorie grammaticale, les conjonctions de subordination, de formes partageant la présence de *que* est lié au fait que ces formes expriment l'idée de subordination, qui se trouve par ailleurs exprimée par la flexion du verbe de la phrase enchâssée (mode subjonctif pour la plupart d'entre elles).

L'exemple des propositions concessives. Le second point stipule que tout concept grammatical doit être exprimé par une forme grammaticale particulière. Prenez une grammaire sous la rubrique des *propositions concessives*. Il n'est pas besoin de réfléchir longuement pour se rendre compte que les expressions dont il est question n'ont que peu à voir avec l'idée de concession (*quelque... que, où... que, bien que, même si, pourtant*, etc.), quand bien même cette étiquette reçoit une valeur classificatoire. Cela tient au fait qu'il faut absolument pouvoir faire correspondre à l'idée grammaticale de concession un ensemble de formes grammaticales.

Un corollaire important de cette méthode d'analyse grammaticale est que **toutes les explications grammaticales sont données en termes de signification** (on parle souvent de *grammaires notionnelles* pour décrire ce mécanisme).

Les conjonctions de coordination et les adverbes illustrent ce principe.

L'exemple des conjonctions de coordination. Les conjonctions de coordination contiennent traditionnellement les mots suivants : *mais, ou, et, donc, or, ni, car*. La notion grammaticale qui est mobilisée ici est celle de **coordination**, qui se traduit grammaticalement par l'autonomie syntaxique des propositions coordonnées. On peut en effet montrer la différence entre une conjonction de subordination (comme *si*) et une conjonction de coordination (comme *car*) avec l'exemple de la **concordance des temps**. En effet, la concordance des temps ne concerne pas les phrases introduites par une conjonction de coordination, alors que les conjonctions de subordination y sont sensibles, comme le montrent les phrases (3) et (4) :

(3) a. Paul me demande si je viendrai.
b. Paul me demanda si je viendrais.
c. *Paul me demanda si je viendrai.
(4) a. Paul mange beaucoup, car il a toujours faim.
b. Paul mangea beaucoup, car il a toujours faim.
c. Paul mangea beaucoup, car il avait toujours faim.

Cela dit, il existe une contradiction dans le classement des conjonctions de coordination. Elles ont en effet toutes une propriété commune, sauf *donc* : elles ne peuvent apparaître ensemble dans la même phrase ; *et mais, et car, mais car, ni car, ni mais, et ni* sont impossibles, mais *et donc, mais donc, car donc, or donc, ni donc* sont possibles, ce que montrent (5) et (6) :

(5) a. *Paul est intelligent, et mais paresseux.

b. *Paul mange beaucoup, et car il a toujours faim.
c. *Marie est belle, mais car elle est intelligente.
d. *Paul n'est ni paresseux ni mais intelligent.
e. *Marie n'est ni belle ni car elle est intelligente.
f. *Ni Marie et ni Paul ne s'aiment.

(6) a. Paul est intelligent, et donc il comprendra ton problème.
b. Tu as mal aux dents ? Mais va donc chez le médecin !
c. ? Il fait beau, car les météorologues ne se sont donc pas trompés.
d. Or donc, revenons à nos moutons.
e. Ni Marie ni Paul donc ne viendront ce soir.

Ainsi, le critère de classification des conjonctions est gouverné par le principe du parallélisme logico-grammatical, et nullement par des critères formels ou distributionnels, c'est-à-dire liés à la forme ou à la distribution des formes. Par **distribution**, on entend ici l'ensemble des positions qu'une unité linguistique peut occuper dans une phrase.

L'exemple des adverbes. Les adverbes sont généralement décrits dans les grammaires traditionnelles par leur **fonction** de complément. Dans certaines grammaires (notamment la 12e édition de Grevisse), *donc* est ainsi classé comme un adverbe, car, comme les autres adverbes, il peut être paraphrasé par un complément nominal :

(7) a. Il va *ailleurs*.
b. Il va à un autre endroit.

Ainsi, *donc* serait un adverbe, car il est paraphrasable par le complément circonstanciel *à cause de cela* :

(8) a. Il a *donc* réussi.
b. Il a réussi à cause de cela/parce que…

• *Règles non explicites*

Si la première caractéristique des règles grammaticales est d'obéir au principe du parallélisme logico-grammatical, leur deuxième caractéristique est d'être **non explicites**. Que trouvons-nous dans une grammaire traditionnelle ? Dans le *Bon usage* de Grevisse, par exemple, on trouve :

– des règles générales ;
– beaucoup d'exemples ;
– une liste d'exceptions.

Malheureusement, ces règles ne sont pas des instructions explicites : elles autorisent en effet la production de phrases agrammaticales. Nous allons en donner deux exemples, tirés de Ruwet (1967).

L'exemple du superlatif relatif. La *Formation du superlatif* est exprimée comme suit dans Grevisse (1964, § 367) :

Le superlatif relatif est formé du comparatif précédé de l'article défini.

Si cette règle décrit correctement les phrases (9a) et (10a), elle n'explique nullement pourquoi les phrases (9b) et (10b) ne sont pas grammaticales, alors qu'elles satisfont pourtant la règle (les **gras** correspondent au comparatif et les ***gras italiques*** à l'article défini le précédant) :

(9) a. Pierre est l'homme ***le*** **plus aimable** que je connaisse.
b. *Pierre est un homme ***le*** **plus aimable** que je connaisse.

(10) a. Marie est ***la*** **plus jolie** fille que je connaisse.

b. *Marie est ***la*** **la plus jolie** fille que je connaisse.

Admettons que les phrases de base sont les phrases comparatives, et plus particulièrement les phrases (9c) et (10c) :

(9) c. Pierre est plus aimable.
(10) c. Marie est plus jolie.

Le problème qui se pose, et que n'explicite pas la règle, est que deux paramètres importants ne sont pas spécifiés. D'une part le choix de l'article du groupe nominal introduit que modifie l'adjectif au superlatif : en (10), seul l'article défini est possible. D'autre part, la position du groupe adjectival : lorsqu'il précède le nom, l'article introduisant le groupe nominal n'a pas à être répété.

D'un autre côté, se pose la question de la phrase source de la règle. Dans nos analyses, nous avons arbitrairement choisi (9c) et (10c), mais pourquoi ne pourrait-on pas choisir (9d) et (10d) :

(9) d. Pierre est un homme plus aimable que Pierre.
(10) d. Marie est une fille plus jolie que Julie.

Il faut alors spécifier dans la règle de formation du superlatif que l'article change : d'indéfini, il devient défini, obligatoirement.

L'exemple du passif. Exemple plus simple mais tout aussi spectaculaire, le *Passif* est formulé comme suit dans Grevisse (1964, § 481) :

> On peut mettre au passif tout verbe transitif direct : l'objet direct du verbe devient le sujet du verbe passif, et le sujet du verbe actif devient le complément d'agent du verbe passif.

Cette règle explique correctement le passage de (11a) à (11b) :

(11) a. La secrétaire aime le directeur.
b. Le directeur est aimé **de** la secrétaire.

Comment expliquer dès lors l'agrammaticalité de (12b) ?

(12) a. Des ennemis entourent le camp.
b. *Le camp est entouré **de** des ennemis.

Ici, la règle, ne spécifie nullement le fait qu'il y a des contraintes morphologiques sur le choix de la préposition introduisant le complément d'agent (ici *de* + *des* = *de*). En revanche, la phrase passive (12c) contenant *par* est tout à fait grammaticale :

(14) c. Le camp est entouré par des ennemis.

Comme on a pu le constater, les règles des grammaires traditionnelles ne sont pas explicites. Nous verrons dans la deuxième partie de cet ouvrage en quoi peut consister une règle linguistique.

Lectures conseillées

On consultera sur les rapports entre grammaire et linguistique de préférence l'ouvrage de Ruwet (1967, chapitre 1), ainsi que l'excellent article de Milner (1990) dans l'*Encyclopædia universalis*. L'ouvrage de Gary-Prieur (1985), plus général, est aussi une bonne lecture introductive. Sur le problème de l'anomalie sémantique, le chapitre 7 de Kempson (1977) est une excellente introduction. Sur le parallélisme logico-grammatical, on se reportera à Anscombre (1985). On consultera Chevalier (1994) pour une histoire des grammaires françaises. Pour les grammaires écrites par des linguistes, la grammaire de Chevalier & al.

(1964) reste actuelle. Si l'on veut consulter une grammaire plus récente, voir Riegel & al. (1994), qui intègre avec bonheur les travaux de la linguistique contemporaine. Le prototype des grammaires traditionnelles reste Grevisse. Enfin, on lira avec bonheur le petit ouvrage de Danielle Leeman-Bouix (1994) sur les fautes du français qui n'en sont pas vraiment, de même que le chapitre 12 de Pinker, qui décrit le même problème pour l'anglais.

À retenir

- Le domaine de la linguistique, c'est l'étude des connaissances que les sujets parlants ont de la langue.
- La grammaire, objet de la linguistique, est un ensemble abstrait de règles : on parle de grammaire de la compétence des sujets parlants.
- Les grammaires traditionnelles produisent un ensemble de règles qui adoptent l'hypothèse du parallélisme logico-grammatical et sont non explicites.

Chapitre 2

Langage, langue et parole

Objectifs de connaissance

- Distinguer matière et objet de la linguistique.
- Identifier les dichotomies fondatrices de la linguistique structurale et les principaux concepts saussuriens (langue-parole ; signifiant-signifié ; synchronie-diachronie ; rapports syntagmatiques-paradigmatiques).
- Présenter la conception de la langue comme système de signes.
- Présenter la conception saussurienne du signe, et les principes saussuriens de l'arbitraire du signe et de la linéarité du signifiant.

De nombreuses sciences humaines (anthropologie, psychanalyse, théorie littéraire…) au cours de ce siècle ont été profondément marquées par le développement de la linguistique structurale. À des degrés d'emphase variables, les linguistes contemporains s'accordent pour attribuer cette influence au caractère fondateur des travaux de Ferdinand de Saussure, dont le *Cours de linguistique générale*, donné à l'université de Genève entre 1906 et 1910, a été publié en 1916 par ses étudiants Ch. Bally et A. Séchehaye à partir de leurs notes.

Deux facteurs principaux expliquent ce rôle : d'une part, l'explicitation par la linguistique de ce qu'est son **objet**, en tant que distinct de sa **matière** ; d'autre part, son appréhension des faits à décrire sous l'angle de leur **structure**, en isolant et décrivant les relations internes régulières qui en relient les éléments.

Matière et objet de la linguistique

Le premier apport majeur de Saussure, que certains n'hésitent pas à qualifier de « révolution copernicienne » fondant la linguistique moderne comme science, a été de distinguer clairement la **matière** de la linguistique de son **objet**.

La *matière* de la linguistique, c'est l'ensemble des manifestations du langage, qui sont hétérogènes, diverses, multiformes, et comme telles insaisissables dans leur totalité. L'*objet* de la linguistique, c'est le sous-ensemble des manifestations du langage que le linguiste « construit » en adoptant tel ou tel point de vue, en choisissant de s'intéresser à tel ou tel aspect de la matière. Si la matière est donnée d'avance, l'objet, lui, résulte de décisions.

L'objet doit constituer un « tout en soi », et doit être « intelligible » ; d'autre part, il doit constituer un principe de classification, et permettre, par là, une meilleure intelligibilité de la matière même.

Langage, langue et parole

Dans l'ensemble des manifestations du langage, il faut distinguer ce qui relève de l'action individuelle, variable, unique, imprévisible, que Saussure nomme la *parole*, de ce qui est constant, commun aux sujets parlants, la *langue*. Le **langage**, selon Saussure, se compose donc de la **langue** et de la **parole**, comme le montre la figure 1 :

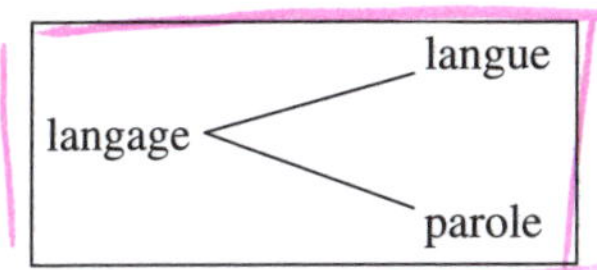

Figure 1 : langage, langue et parole

Opposée à la parole, la langue est un phénomène social, le code commun à tous les membres d'une communauté linguistique (bien qu'il ne soit jamais totalement représenté chez un individu), une pure passivité (un « trésor » déposé chez les sujets). La langue, enfin, est essentielle, nécessaire à la parole, qui à cet égard lui est accessoire.

Notons que cette dichotomie, affirmant le **primat de la langue sur la parole**, éclaire également le rôle de la parole vis-à-vis de la langue : d'une part, la parole précède la langue, et elle seule en permet l'acquisition ; d'autre part, c'est la parole et la parole seule qui, dans le long terme, est responsable des changements qui surviennent dans la langue.

Linguistique externe et linguistique interne

Outre d'ignorer la différence entre matière et objet, Saussure reproche à ses prédécesseurs d'avoir une vision éclatée de la langue, de la concevoir comme une simple **nomenclature**, une liste d'éléments renvoyant individuellement et de manière indépendante à des objets du monde :

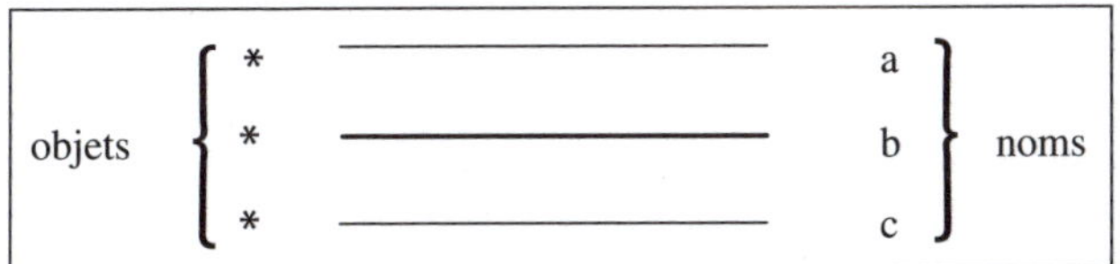

Figure 2 : la langue comme nomenclature

Conception de la langue comme nomenclature

À chaque objet du monde correspond un nom qui le désigne.

Selon cette conception, qui envisage les termes de langue séparément les uns des autres, indépendamment des liens qui les relient, connaître une langue, ce serait connaître les noms permettant de désigner les objets du monde, l'organisation des objets dictant celle des mots. À cette conception, Saussure oppose celle selon laquelle la langue est un tout organisé (ou *système*), à l'intérieur duquel chaque terme est défini par les relations qu'il entretient avec tous les autres. On voit là la principale thèse de la linguistique structurale, et la définition d'un système :

Thèse de la linguistique structurale

La langue ne consiste pas en un répertoire de mots, une nomenclature, mais en un système de signes.

Système

Un **système** au sens structuraliste est un ensemble homogène d'éléments, dont chacun est déterminé, négativement ou différentiellement, par l'ensemble des rapports qu'il entretient avec les autres éléments.

Ainsi conçue, la langue peut donner lieu à deux types d'étude. D'un côté, elle peut être mise en relation avec des faits qui lui sont extérieurs (historiques, politiques, sociaux, etc.). Une telle linguistique est une linguistique **externe**. À l'inverse, une linguistique **interne** de la langue s'intéresse à ce qui est **inhérent au système**, à ce qui est susceptible, à un degré quelconque, de changer le système. Pour reprendre une métaphore saussurienne, le fait que le jeu d'échecs soit arrivé de Perse en Europe est un fait d'ordre externe à propos du jeu d'échec ; de même, si l'on remplace des pièces de bois par des pièces de métal, si l'on change la forme de la tour, etc. Si en revanche on décide que la tour peut avancer en diagonale, que les pions peuvent reculer, etc., ce sont là des changements internes, qui atteignent le système même du jeu.

Ainsi, pour Saussure, la linguistique structurale doit être une linguistique *interne*.

Linguistique synchronique et diachronique

Enfin, les différentes langues se caractérisent selon Saussure par leur caractère à la fois stable et instable : d'un côté, toute langue évolue, et d'un autre, elle est toujours, dans la conscience des sujets parlants, dans un certain état. Pour illustrer cela, prenons l'exemple de l'adjectif *décrépit* en français contemporain, qui provient du latin *decrepitus*, usé par l'âge ; indépendamment de cet emprunt, le français a tiré du latin *crispus*, ondulé, crêpé, le radical *crép-*, qui donne *crépi*, *crépir* et son participe passé. Or, note Saussure, le fait est qu'on dit aujourd'hui couramment *une façade décrépite* pour signifier l'absence de crépi. Cela signifie que la langue est, à ce moment-là, dans cet état particulier dans la conscience des sujets parlants, et c'est bien cet **état de langue** qui constitue le véritable objet de la linguistique.

Cet exemple illustre également la vocation intrinsèquement descriptive (*versus* prescriptive) de la linguistique : là où la grammaire scolaire normative pourrait chercher à **prescrire** un emploi (*façade décrépie*) et à en proscrire un autre (*décrépite*) pour des raisons étymologiques, la linguistique se contente d'enregistrer comme un fait l'existence de tel emploi.

Saussure est amené à poser une nouvelle dichotomie importante, distinguant l'**étude synchronique** de l'étude **diachronique** de la langue.

Le point de vue synchronique, que l'on peut représenter (fig. 3) comme une relation entre deux points appartenant à une même époque (A-B), s'intéresse à saisir la langue telle qu'elle se présente à un moment donné virtuellement pour toute la communauté linguistique, c'est-à-dire un état de langue. Le point de vue diachronique privilégie, pour l'étude d'un fait particulier, le passage d'une époque à l'autre (ici passage de C à D). Les relations selon l'axe A-B sont des relations de simultanéité, celles de C-D des relations de successivité :

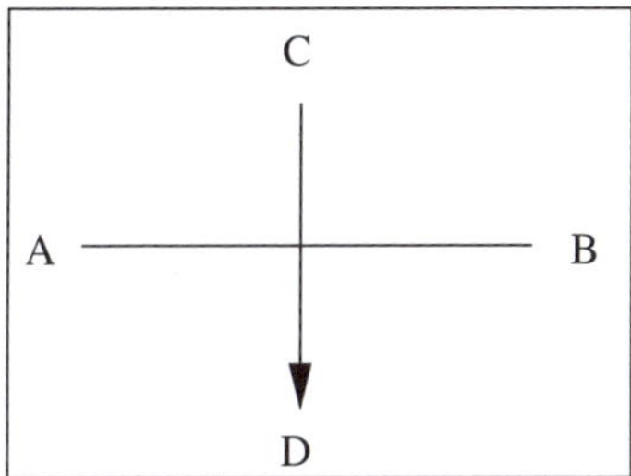

Figure 3 : axes synchroniques et diachroniques

Ici encore, c'est l'étude synchronique qui prime, dans la mesure où une étude diachronique doit se comprendre comme une étude de la manière dont l'ensemble du système s'est transformé entre les époques A et B, passant d'un état à un autre, comme le représentent les deux figures suivantes :

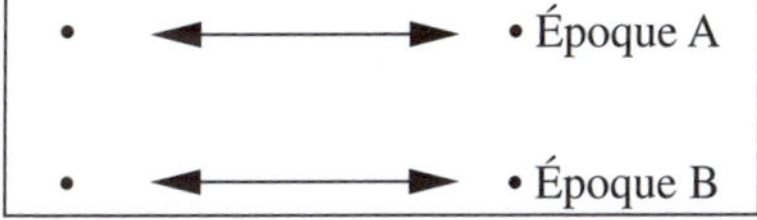

Figure 4 : point de vue synchronique

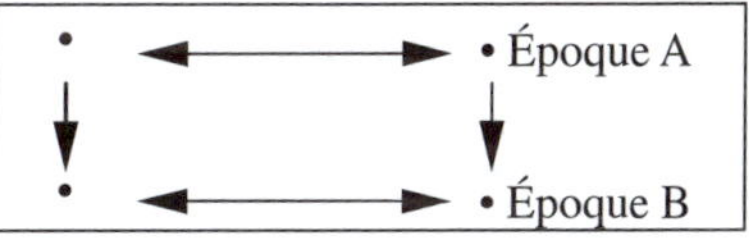

Figure 5 : point de vue diachronique

Ces figures montrent bien que *synchronique* ne signifie pas *contemporain*, mais plutôt *coupe dans le temps* (époque A ou époque B) : ce qui compte, c'est la mise en relation des faits propres à des époques dont le point de vue synchronique constitue la description. Le point de vue diachronique quant à lui s'intéresse, pour un fait isolé ou une série de faits, au passage d'une époque à une autre. Il suppose deux descriptions synchroniques différentes, celle de l'état de langue A et celle de l'état B, et son objet propre est de les comparer l'un à l'autre.

Un second exemple montrera que ces deux ordres de fait sont irréductibles, et que le point de vue synchronique est plus fondamental pour la linguistique de la langue que le point de vue diachronique. Les mots *pas*, qui interviennent dans *le pas* et dans *ne… pas*, ont une origine commune, c'est-à-dire sont diachroniquement liés (dans la négation, *pas* indique une petite quantité). Mais ils ne le sont plus synchroniquement, car ils ne sont aujourd'hui plus mis en rapport par les sujets parlants. En d'autres termes, la compréhension de ces mots n'est pas fonction de leur mise en relation.

La langue comme système de signes

Si la langue est un système, quels en sont les éléments ? Pour Saussure, la notion de mot, ambiguë et floue (chapitre 5), doit être rejetée au profit du terme de **signe**. Le « véritable objet de la linguistique est l'étude, interne et synchronique, des systèmes de signes que constituent les états de langue ».

Plus général, le terme de *signe* permet par ailleurs d'envisager la langue comme *un système de signes parmi d'autres*, dans le projet d'une science nouvelle, la sémiologie, prenant pour objet d'étude « l'ensemble des systèmes de signes au sein de la vie sociale ».

Signe, signifiant, signifié

Contrairement à ce que suggère la conception de la langue comme nomenclature, qui saisit, séparément les uns des autres, les termes de la langue dans leur lien avec la réalité extra-linguistique, « le signe linguistique unit non une **chose** et un **nom**, mais un **concept** et une **image acoustique** ». *Concept* et *image acoustique* sont pour Saussure des entités psychiques, non matérielles. Le signe linguistique est donc une entité psychique, à deux faces, inséparables l'une de l'autre comme le sont les deux faces d'une feuille de papier, et dont aucun des termes ne peut exister sans l'autre (figure 6 ci-dessous). Comme la notion de signe ne s'applique pas seulement au code linguistique oral mais à tout système de signes, Saussure préférera utiliser les termes de **signifiant** (pour *image acoustique*) et de **signifié** (pour *concept*).

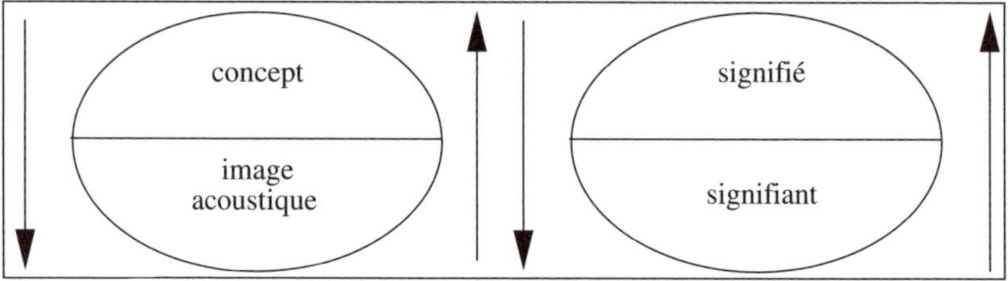

Figure 6 : le signe linguistique

Arbitraire du signe

Le signe linguistique possède deux caractéristiques majeures, qui conduiront Saussure à formuler deux principes essentiels de la linguistique structurale : le principe de l'arbitraire du signe, et celui de la linéarité du signifiant.

Pour Saussure, « le lien unissant le signifiant au signifié est arbitraire », ou, formulation plus radicale « **le signe linguistique est arbitraire** ». Autrement dit, il n'y a pas de lien « naturel » qui lie les propriétés du signifiant à celles du signifié, et ce lien est *immotivé*. Par exemple, le concept « sœur » (qui suppose une identification de la personne en termes verticaux et latéraux de parenté) n'est lié par aucun rapport intérieur à la suite de sons /sœʁ/. Cela ne veut pas dire que la suite de sons /sœʁ/ en elle-même soit arbitraire (on peut expliquer en effet l'évolution phonétique du latin/soror/au français /sœʁ/), ni que le concept de « sœur » soit gratuit ou sans objet. Cela signifie que le lien qui lie en un signe cette forme phonétique et ce concept, ce signifiant et ce signifié, est de nature **conventionnelle**.

Ce caractère conventionnel ne suppose pas de convention délibérément passée entre des agents ou partenaires (à l'exception de quelques institutions, telle l'Académie française, qui, s'attribuant le droit de le faire, légifèrent en matière de langue). Le caractère conventionnel des données de langue suppose seulement que les membres de la communauté linguistique ratifient, par l'emploi qu'ils en font, les conventions qui s'imposent à eux.

Émile Benveniste remarque cependant que, si selon Saussure signifiant et signifié sont inséparables comme les deux faces d'une feuille de papier, le lien qui les lie alors ne saurait être arbitraire, il est au contraire nécessaire, inévitable ; ce qui est arbitraire, c'est que *tel* signe, et non tel autre, désigne *tel* segment particulier de la réalité.

Valeur et signification

La conception du signe linguistique comme élément d'un système permet d'introduire une notion fondamentale pour le structuralisme : la notion de **valeur**, que Saussure oppose à la **signification**.

Si, par exemple, on cherche à déterminer le contenu conceptuel associé au signe *rivière*, on ne peut se contenter de renvoyer au signifié RIVIÈRE associé au signifiant/rivjer/, qui n'en constitue que la *signification*. Une part essentielle du contenu conceptuel de « rivière » vient en effet de ce qu'il n'est ni « ruisseau », ni « fleuve » ; en d'autres termes, ce contenu est déterminé négativement et oppositivement. Ce fait apparaît encore plus clairement si l'on compare le français *rivière* à l'anglais *river*, qui ne s'oppose qu'à *creek*, et a, de ce fait, une valeur très différente de celle de *rivière* bien que leur signification soit semblable.

Autre exemple : selon que le terme d'adresse *Mademoiselle* est employé ou non dans la communauté linguistique, la valeur du terme *Madame* en est très différente, sans que rien pour autant ne soit changé à la signification du signe, ni à son signifiant, ni à son signifié.

La signification est le résultat de l'association arbitraire d'un signifiant et d'un signifié ; mais cette cohésion interne ne saurait exister sans une pression externe, issue de l'ensemble des autres membres du système, d'où émane la valeur.

La **valeur** d'un signe, c'est donc l'ensemble des attributs qu'il tire de ses relations avec les autres membres du système ou sous-système pertinent, ce que l'on peut représenter par la figure 7 :

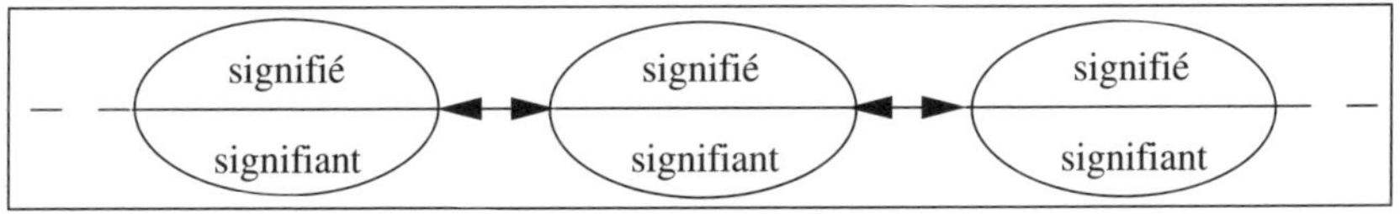

Figure 7 : valeur du signe

La notion de valeur, envisagée pour la dimension conceptuelle du signe, s'applique également à sa dimension « matérielle », c'est-à-dire acoustique. Ce qui importe, dans le signifiant, ce n'est pas le son lui-même, mais les différences phoniques, les oppositions que réalise le son, et qui permettent de distinguer tel signe de tel autre (chapitre 4).

Rapports syntagmatiques et paradigmatiques

Dans la mesure où les signes constituent un système, ils sont en relation les uns avec les autres. Ces relations, pour Saussure, se déploient selon deux axes distincts, l'axe syntagmatique et l'axe paradigmatique.

Les **rapports syntagmatiques** sont les rapports de successivité et de contiguïté qu'entretiennent les signes dans la chaîne parlée. Le caractère nécessaire de cette successivité temporelle fonde le **principe de la linéarité du signifiant**. Le signifiant acoustique se déploie dans le temps, il représente une étendue, et celle-ci se mesure dans une seule dimension : une ligne. En ce sens le signifiant linguistique est linéaire. Du phonème (chapitre 4) à la phrase, c'est ce principe qui commande la prise en compte des relations de successivité dans la chaîne parlée. Ainsi dans (1) :

(1) [b a r]

le son [a] entretient une relation syntagmatique avec [b] et [r] différente de celle qu'il entretient avec eux dans (2) :

(2) [b r a]

À un autre niveau, l'ordre des mots dans la phrase détermine différents aspects des relations entre les unités successives (morphologie du verbe, interprétation de l'élément qui précède le verbe comme agent *versus* bénéficiaire, etc.) :

(3) Les enfants aiment la maîtresse.
(4) La maîtresse aime les enfants.

Saussure nomme **syntagme** toute combinaison de deux ou plusieurs unités linguistiques également présentes qui se suivent l'une l'autre (des composants du mot à la phrase).

Les rapports syntagmatiques, rapports *in praesentia* dans la chaîne parlée, sont cependant tributaires de l'existence d'autres rapports entre les signes, rapports *in absentia*, que Saussure nomme rapports **paradigmatiques**.

Rapports paradigmatiques : hors de la chaîne du discours, se créent des associations entre signes, qui forment des groupes sur la base de relations de types très divers. Par exemple, *enseignement* évoque *enseigner, apprentissage, armement*, etc. Les rapports paradigmatiques sont donc **des rapports associatifs**, qui peuvent se situer, comme le montre la figure 8 ci-dessous :

– au niveau du signifiant et du signifié ;
– au niveau du signifié seulement ;
– au niveau de la formation du mot (suffixe semblable-*ment*) ;
– au niveau du signifiant seul (rime), sans relation grammaticale.

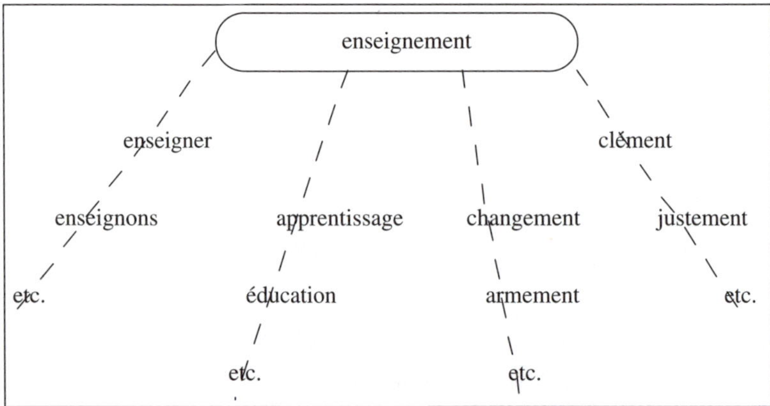

Figure 8 : rapports paradigmatiques

Au-delà de l'éclairage sur les mécanismes de la langue qu'apporte la distinction de principe entre ces deux types de rapports, elle suggère, également, une méthode d'analyse linguistique, qui montre à quel point les rapports paradigmatiques et syntagmatiques sont solidaires et étroitement imbriqués.

Si nous pensons au mot *défaire*, on peut y voir un syntagme (une suite de deux unités), *dé* + *faire*, dans la mesure où plusieurs séries de formes lui sont associées : *décoller*, *déplacer*, *découdre*, etc. d'un côté ; d'un autre *faire*, *refaire*, *contrefaire*, etc. Mais si les autres formes contenant *dé-* ou *-faire* disparaissaient de la langue, *défaire* ne serait plus analysable comme un syntagme et ne serait plus qu'une unité élémentaire. Cette approche sera radicalisée, dans la grammaire dite distributionnelle, sous la forme de l'analyse en constituants immédiats (chapitre 6).

Notons, enfin, que cette approche remet en question la distinction traditionnelle entre morphologie et syntaxe (chapitre 5), dans la mesure où elle n'établit pas de différence de principe entre des « syntagmes » comme *contre-maître* et *contre tous*, par exemple.

Le structuralisme linguistique

Le structuralisme linguistique qui repose sur l'œuvre de Saussure se caractérise par l'idée de clôture sur soi du système ou structure envisagé comme objet d'étude, idée qui a été prolongée dans l'assimilation de la langue à un jeu. Il en découle les deux postulats de l'*indépendance de la forme* et de l'*autonomie du langage*, que l'on peut formuler ainsi :

Indépendance de la forme

La forme linguistique constitue un système autonome de dépendances internes (une *structure*), la valeur de chaque élément du système étant définie différentiellement.

Autonomie du langage

Le signe linguistique n'a pas pour fonction de relier une expression à un objet du monde (un référent), mais un *signifiant* (une image acoustique) à un *signifié* (un concept).
Les systèmes de signes doivent être étudiés d'un point de vue interne, pour eux-mêmes, et non dans les liens contingents qui les relient au domaine extra-linguistique.

Parmi les développements majeurs qu'a connus la linguistique structurale, deux d'entre eux, la **sémantique** et la **phonologie structurales**, font l'objet des chapitres 3 et 4 ci-dessous.

Lectures conseillées

Outre l'œuvre de Saussure (éditions critiques de R. Engler, 1967 et Di Mauro, 1972), on se reportera à Roulet (1975), Amacker (1975), Gadet (1987) pour une introduction générale à son œuvre, et à Bouquet (1997) pour une nouvelle lecture du cours ; sur Saussure et le structuralisme, Ducrot (1968) et (1972a) ; Benveniste (1966).

À retenir

- L'étude scientifique du langage doit, dans la matière que constituent l'ensemble des faits de langage, définir son objet propre comme un tout cohérent.
- Dans l'ensemble des manifestations du langage, il faut distinguer la langue de la parole.
- La langue est un phénomène social, passif, le code commun à tous les membres d'une communauté linguistique ; la parole est un acte individuel.
- La langue comme système de signes constitue un tout cohérent, un système, dont chaque élément est défini par l'ensemble des relations qu'il entretient avec les autres membres du système.
- L'objet de la linguistique est l'étude, interne et synchronique, de la langue comme système de signes.

Chapitre 3

Sémantique structurale et cognitive

Objectifs de connaissance

- Indiquer en quoi consistent deux grands courants de la sémantique : la sémantique structurale et la sémantique cognitive.
- Expliciter les thèses et les arguments principaux de la sémantique structurale.
- Introduire la notion de prototype, notion à la base de la sémantique cognitive.

Nous examinerons dans ce chapitre un développement de la linguistique structurale, la sémantique structurale, et une alternative à la sémantique structurale, la sémantique cognitive.

De manière générale, la sémantique est la branche de la linguistique qui étudie la signification. On peut assigner deux tâches à la sémantique linguistique :

– donner une représentation explicite du sens ou de la signification des unités du lexique (on parlera de **sémantique lexicale**) ;

– donner une représentation explicite de la signification des phrases (on parlera de la **sémantique de la phrase**, cf. chapitres 10-12).

Sémantique structurale

Avant de donner des illustrations des principales méthodes et résultats de la sémantique structurale, rappelons brièvement en quoi consiste la linguistique structurale (ou structuralisme linguistique, cf. chapitre précédent).

Le structuralisme linguistique

Le structuralisme linguistique s'est défini par les deux postulats suivants (cf. p. 37).

Indépendance de la forme : la forme linguistique constitue un système autonome de dépendances internes (une **structure**), la valeur de chaque élément du système étant définie différentiellement.
Autonomie du langage : le signe linguistique n'a pas pour fonction de relier une expression à un objet du monde (un référent), mais un *signifiant* (une image acoustique) à un *signifié* (un concept).

Comment peut-on défendre la thèse de l'autonomie du langage ? Cette thèse correspond à la théorie de la valeur de Saussure : la valeur n'est rien d'autre que les relations qu'un signe entretient avec d'autres signes (cf. chapitre 2). L'argument principal que l'on peut donner pour défendre la théorie de la valeur ou la thèse de l'autonomie du langage est comparatif. Or, lorsque l'on compare les systèmes lexicaux de langues différentes, on observe que le découpage qu'elles opèrent de la réalité n'est pas le même.

Les termes désignant le bois

Prenons l'exemple du champ sémantique (ou domaine notionnel) du *bois*. Le français a les mots *arbre, bois, forêt*, l'allemand *Baum, Holz, Wald*, et le danois *træ, skov*. Mais la correspondance entre ces unités lexicales n'est pas terme à terme, comme le montre la figure suivante (Hjelmslev) :

français	**allemand**	**danois**
Arbre	*Baum*	*træ*
Bois	*Holz*	
Forêt	*Wald*	*skov*

Figure 1 : les systèmes lexicaux du « bois »

Ce tableau montre que le découpage que la langue fait de la réalité n'est pas le même d'une langue à l'autre :

– le français et l'allemand découpent le bois en trois unités, alors que le danois opère un tel découpage à l'aide de deux unités ;

– le découpage à termes identiques (français-allemand) n'est pas le même, puisque certains bois (*le sous-bois, une petite forêt*) en français sont décrits en allemand par *Wald*, et non par *Holz* (qui décrit le matériau).

Les termes de couleur

Troisième exemple, encore plus spectaculaire, car basé sur un authentique continuum physique, le spectre des couleurs (Gleason 1969). Si l'on compare le classement des couleurs fait par un locuteur du français et par des locuteurs du chona (Zambie) et du bassa (Liberia), on obtient le classement suivant :

<table>
<tr><th>Français</th><td colspan="2">indigo</td><td colspan="2">bleu</td><td colspan="2">Vert</td><td colspan="2">jaune</td><td colspan="2">orange</td><td colspan="2">rouge</td></tr>
<tr><th>Chona</th><td colspan="3">cips^{W}uka</td><td colspan="2">citema</td><td colspan="3">cicena</td><td colspan="4">cips^{W}uka</td></tr>
<tr><th>Bassa</th><td colspan="6">hui</td><td colspan="6">ziza</td></tr>
</table>

Figure 2 : le classement des couleurs

Là où le français a un terme pour chaque zone discrète du spectre des couleurs, le chona n'en a que trois, et le bassa deux (couleurs froides et couleurs chaudes). Notons qu'en chona *citema* désigne aussi le noir et *cicena* le blanc, et qu'il existe, comme en bassa, beaucoup d'autres termes pour des couleurs plus spécifiques, comme c'est le cas en français avec *écarlate, vermillon, pourpre* pour les variétés du *rouge*.

La conclusion que les linguistes structuralistes en ont tirée est que l'existence des classifications différentes n'a pas pour origine des systèmes perceptifs spécialisés différents (un chona ou un bassa ne verrait pas différemment qu'un français), mais que les langues classent ou structurent les couleurs de manières différentes. En d'autres termes, il y a un déterminisme linguistique dans les systèmes de classification des objets du monde : chaque langue classe de manière autonome la réalité.

Dès lors, il n'y a plus de difficulté à admettre la thèse de l'autonomie du langage par rapport à la réalité : d'une part chaque unité lexicale a une valeur propre dans le système de la langue, d'autre part il y a un déterminisme linguistique dans le système de classification des objets du monde. Nous voyons le monde comme notre langue nous permet de le voir.

Analyse sémique

La thèse de l'autonomie du langage a permis d'envisager une analyse du sens (la sémantique) qui soit **structurale**, à savoir d'une part **autonome** et d'autre part **différentielle**. L'exemple classique est celui du champ lexical des sièges (Pottier, 1964), où le sens de chaque unité lexicale (*siège, chaise, fauteuil, tabouret, canapé, pouf*...) est composé d'un ensemble de traits sémantiques minimaux (appelés *sèmes*) dont la combinaison fournit la signification du *lexème* (unité lexicale). Les traits sémantiques sont des unités de sens minimal, c'est-à-dire indécomposables, dont l'inventaire doit être fini. Pour le domaine sémantique envisagé, nous obtenons la matrice suivante :

sème / lexème	pour s'asseoir S_1	sur pied S_2	pour une personne S_3	avec dossier S_4	avec bras S_5	matériau rigide S_6
siège	+	ø	ø	ø	ø	ø
chaise	+	+	+	+	-	+
fauteuil	+	+	+	+	+	+
tabouret	+	+	+	-	-	+
canapé	+	+	-	+	ø	+
pouf	+	-	+	-	-	-

Figure 3 : Analyse sémique des noms de siège

Le sème commun à tous les lexèmes (S_1) est appelé l'*archisémème* ou *noyau sémique*, un *sémème* étant un faisceau de sèmes ; le lexème qui réalise ce sémème est l'*archilexème* du champ lexical (ici *siège*). On dira ainsi que le sémème *fauteuil* est le produit des sèmes $S_1 + S_2 + S_3 + S_4 + S_5 + S_6$, alors que le sémème *pouf* est le produit des sèmes $S_1 + S_3$.

Le problème de la polysémie

Nous venons de voir une des applications de l'analyse sémique : celle-ci permet de décrire les unités d'un champ lexical. Il y a une autre fonctionnalité de l'analyse sémantique structurale, celle de permettre de rendre compte de la polysémie.

La **polysémie** est la propriété des unités du lexique d'avoir plusieurs sens. On distingue généralement les termes polysémiques, comme *canard*, des termes homonymiques, qui ont des signifiants identiques mais des signifiés différents, comme les mots *ferme* et *voile* dans la phrase lexicalement ambiguë (1) :

(1) La belle ferme le voile.
(2) a. ferme [+*N*, + fém.] : maison d'un fermier
b. ferme [+*V*] : 3e personne du verbe *fermer*
(3) a. voile [+*V*] : 3e personne du verbe *voiler*
b. voile [+*N*, + masc.] : morceau de tissu destiné à cacher un objet

L'exemple classique de lexème polysémique est le mot *canard*, dont on peut donner la représentation arborescente suivante (Katz & Fodor 1966-1967) :

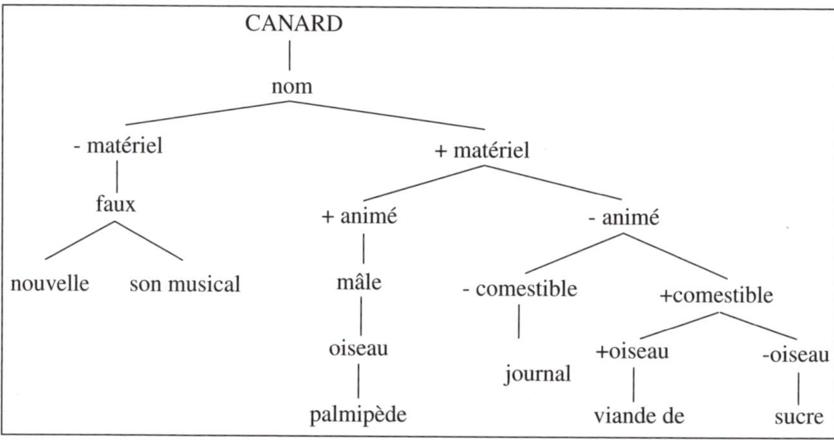

Figure 4 : analyse sémique du mot canard

Les traits sémantiques nécessaires pour la représentation sémantique sont les traits [matériel], [animé], [comestible], [mâle], [oiseau], [faux]. Chaque sens est la somme des traits qui constituent un parcours sur l'arbre. Par exemple, le sens de *canard* oiseau palmipède est le suivant :

(4) oiseau palmipède : [+matériel] [+animé] [+mâle] [+oiseau]

On notera que certains traits constituent de vraies informations sémantiques primitives, comme [matériel], [animé], [mâle], [comestible], alors que d'autres sont des spécifications qui viennent préciser et enrichir la description sémantique : [oiseau], [faux], [palmipède], etc. Cela implique qu'une des tâches de la sémantique structurale est de déterminer les traits sémantiques primitifs (universels) et les informations non primitives. La méthode utilisée est classique en linguistique structurale : c'est celle de la **commutation**, ou substitution sur l'axe paradigmatique, méthode utilisée notamment en phonologie structurale (cf. chapitre 4).

Sémantique structurale et autonomie du sens

Nous avons examiné en quoi consiste la sémantique structurale. Celle-ci se fonde essentiellement sur la thèse de l'autonomie du langage par rapport à la réalité. Dans le domaine du sens, cela revient à adopter la thèse de l'autonomie du sens, selon laquelle *le sens est dans les mots*. Comment justifier cette thèse ? En voici un argument, celui de la métaphore du conduit.

La métaphore du conduit

La thèse de l'autonomie du sens peut être justifiée d'un point de vue informel. Reddy (1979) et à sa suite Lakoff & Johnson (1985) ont montré qu'une langue comme l'anglais dispose d'un répertoire de métaphores caractérisant la communication comme la transmission de messages encapsulés dans des signaux. Les messages sont représentés comme des contenus insérés dans des mots, phrases, textes (contenants), transmis d'un émetteur à un récepteur, puis décodés par un processus inverse à celui de l'émission. Reddy a qualifié cette représentation de la communication dans la langue *métaphore du conduit*. Lakoff & Johnson décrivent cette métaphore à partir des propositions données en (5), et l'illustrent par les exemples en (6) :

(5) *Les idées (ou significations) sont des objets.*
Les expressions linguistiques sont des contenants.
Communiquer, c'est faire parvenir quelque chose à quelqu'un.

(6) C'est dur de *faire passer* cette idée. C'est moi qui t'ai *donné* cette idée. Vos raisons nous *vont droit* au cœur. Il m'est difficile de *mettre* mes idées *sur* le papier. Quand vous avez une bonne idée, essayez de la *saisir* immédiatement et de la mettre *en* forme.

La thèse de l'autonomie du sens semble donc être inscrite dans la structure sémantique des langues naturelles : elles nous font penser, représenter la communication sous la forme d'un conduit, et les mots comme des entités autonomes du point de vue de leur sens.

La thèse de la dépendance contextuelle

Il existe un argument tout aussi intuitif contre la thèse de l'autonomie du sens, que l'on peut formuler à partir de la thèse inverse, la thèse de la dépendance contextuelle, selon laquelle le sens dépend du contexte.

Cette thèse peut être explicitée de la manière suivante : les usages d'un mot ou d'une expression ou encore d'une phrase ont des sens différents dans des contextes différents. Par exemple, en (7), l'expression *le siège au jus de pomme* peut très bien désigner une chaise qui n'a pas de jus de pomme si un locuteur l'a préalablement désignée comme telle, où elle se caractérisait par la présence d'un verre de jus pomme sur la table :

(7) Veuillez prendre le siège au jus de pomme.

La thèse de la dépendance contextuelle semble donc constituer non seulement un argument pratique pour l'analyse de la communication, mais également un argument plus technique permettant de décrire la variation du sens. Selon la thèse de la dépendance contextuelle, il n'y a pas lieu de complexifier la description sémantique, puisque c'est le contexte qui détermine la valeur des expressions linguistiques.

Les conséquences de la thèse de l'autonomie du sens

Les arguments en faveur la thèse de la dépendance contextuelle contre la thèse de l'autonomie du sens ne sont qu'intuitifs. Il est nécessaire de donner des arguments plus précis si l'on veut renoncer à la thèse de l'autonomie du sens.

Le premier argument est lié à la méthode d'analyse componentielle de la sémantique structurale. L'analyse différentielle permet, à l'aide des traits sémantiques [cheval], [mâle], [adulte], de différencier les significations des lexèmes *jument, étalon, poulain, poulain*, mais nullement de décrire l'information pertinente représentée dans le trait [+cheval]. Elle produit donc un reste inanalysé, qui n'est pas marginal, mais central du point de vue de l'information lexicale :

jument [+cheval], [-mâle], [+adulte]
étalon [+cheval], [+mâle], [+adulte]
poulain [+cheval], [+mâle], [-adulte]
pouliche [+cheval], [-mâle], [-adulte]

Le deuxième argument est plus formel, et concerne le principe même de l'analyse différentielle du sens, telle qu'on la trouve exprimée par la notion de valeur chez Saussure (Vandeloise 1991). Soient S_0, S_1, S_2 et S_3 des signes linguistiques au sens saussurien, à savoir des appariements de signifiants et de signifiés. La valeur de chaque S_i sera définie par les relations entre ces signes. Soit R la relation de S_i à S_j, notée R (S_i, S_j). On peut alors donner les valeurs suivantes des signes S_0, S_1, S_2 et S_3 :

V (S_0) = R (S_0, S_1) et R (S_0, S_2) et R (S_0, S_3)
V (S_1) = R (S_0, S_1) et R (S_1, S_2) et R (S_1, S_3)
V (S_2) = R (S_0, S_2) et R (S_1, S_2) et R (S_2, S_3)
V (S_3) = R (S_0, S_3) et R (S_1, S_3) et R (S_2, S_3)

La comparaison des valeurs de ces signes aboutit à la conclusion suivante : il n'est pas possible de donner la valeur d'un signe si on ne sait pas à l'avance ce qu'il signifie, puisqu'il intervient nécessairement dans la définition de la valeur des autres signes. Si l'analyse n'est que relationnelle ou différentielle, alors elle est circulaire et informativement nulle.

Les termes de couleur : une hypothèse différente

Nous allons maintenant montrer que la thèse de l'autonomie du sens peut être contestée par un autre argument, à propos des termes de couleurs.

Nous avons vu que l'analyse du spectre des couleurs est imposée par la structure lexicale des langues : celui-ci est analysé de manière particulière de langue à langue en fonction du nombre des unités lexicales qui le composent. Des études récentes sur les termes de couleurs ont cependant fait des hypothèses différentes (Berlin & Kay 1969). On a montré ainsi que l'appareil conceptuel humain était capable de distinguer onze couleurs, en y incluant le blanc et le noir. Ces catégories universelles servent de base aux termes de couleurs fondamentaux, et un nombre plus ou moins grand de couleurs est nommé pour chaque langue. Mais il a surtout été observé que l'existence de certains termes de couleur implique toujours l'existence d'autres termes de couleur. On peut ainsi distinguer deux séries de couleurs (série A et série B) et formuler la généralisation suivante : aucune langue ne nomme un terme de B sans avoir nommé un terme de A.

Série A : blanc, noir, rouge (couleurs les plus fréquemment nommées)
Série B : mauve, orange, gris (couleurs les moins fréquemment nommées)

Ainsi, l'hypothèse structuraliste sur le découpage par la langue de la réalité est contestée par une autre hypothèse, de type universaliste.

Sémantique cognitive et prototype

À l'heure actuelle, l'alternative la plus sérieuse à la sémantique structurale (et donc à l'analyse différentielle du sens) est donnée par ce que l'on appelle la théorie des prototypes ou la *sémantique du prototype*.

La notion de **prototype** est liée au problème général de la **catégorisation**, qui peut se formuler comme suit : sur quels principes catégorisons-nous les objets du monde ? Ce problème peut être reformulé pour le domaine de la sémantique lexicale par la question suivante : quelles sont les conditions d'appartenance d'une unité lexicale à une catégorie ?

La réponse à cette question est traditionnellement donnée en recourant au **modèle des conditions nécessaires et suffisantes**. Pour qu'un terme appartienne à une catégorie, il faut et il suffit qu'il possède toutes les propriétés définissant cette catégorie. Ces propriétés sont ainsi des conditions nécessaires et suffisantes, d'où le terme général de modèle des conditions nécessaires et suffisantes (CNS).

Les inconvénients du modèle des conditions nécessaires et suffisantes

Cette théorie a malheureusement des inconvénients. Elle ne rend pas compte de certains faits importants pour la catégorisation, dont voici les plus représentatifs.

– Selon le modèle des CNS, le trait [blanc] ne peut pas être considéré comme un trait nécessaire de la catégorie des *cygnes*, puisqu'il existe des cygnes noirs. Mais cela contredit notre représentation prototypique de ce qu'est un cygne (un cygne est généralement blanc).

– Il semble difficile d'exprimer la catégorie *oiseau* à partir d'un ensemble de traits ou de conditions nécessaires.

Imaginons que cela soit quand même possible, et que l'on hiérarchise les traits de cette catégorie de la manière suivante :

Traits associés à la catégorie *oiseau*

1. Est capable de voler
2. A des plumes
3. A la forme S
4. A des ailes
5. Est non domestiqué
6. Est ovipare
7. A un bec

Soient maintenant les exemplaires suivants de la catégorie des oiseaux. On observe que tous ne possèdent pas ces traits, et qu'ils ne sont donc pas tous des conditions nécessaires :

Classement des exemplaires de la catégorie *oiseau*							
moineau	+1	+2	+3	+4	+5	+6	+7
autruche	–1	+2	+3	+4	+5	+6	+7
poussin	–1	+2	+3	+4	–5	+6	+7
kiwi	–1	–2	+3	–4	+5	+6	+7
manchot	–1	–2	–3	+4	+5	+6	+7

Selon cette analyse, seuls les traits 6 et 7 seraient des conditions nécessaires de la définition des oiseaux. Mais ces traits ne sont pas définitoires de la catégorie des oiseaux.

La notion de prototype

Il semble ainsi que l'analyse de la catégorie *oiseau* permette de faire une autre hypothèse : le moineau est un meilleur représentant de la catégorie des oiseaux que le pingouin par exemple, car il en possède toutes les propriétés typiques. On appellera **prototype** le meilleur représentant d'une catégorie, celui qui est le plus familier, qui vient le plus rapidement à l'esprit et à partir duquel les autres exemplaires de la catégorie se définissent par ressemblance de famille. Pour illustrer le concept de *ressemblance de famille*, on peut prendre l'exemple des jeux. Sous l'étiquette de jeu, nous regroupons de nombreuses activités, qui n'ont en apparence que peu de rapport (football, bridge, cache-cache par exemple). Cependant, si elles sont toutes des jeux, c'est que ces activités ont une ressemblance de famille : chacune ressemble au moins sur un point à une autre activité que l'on peut appeler jeu, sans que pour autant il y ait une caractéristique commune qui les définisse toutes. On pourra ainsi donner la définition suivante de la catégorie *oiseau*, définie à partir de son prototype :

Oiseau : prototype : moineau

1. A des plumes
2. Pond des œufs
3. Peut voler
4. Pépie
5. Se trouve dans les arbres
6. Est petit
7. Est gris-brun

Tous ces traits typiques ne sont pas partagés par les membres de la catégorie, mais la catégorie sera définie, de manière non ensembliste, par ressemblance de famille. Sera membre de la catégorie des oiseaux tout individu qui ressemble sur un trait ou un autre au prototype.

Hiérarchie des niveaux

Le dernier argument en faveur de la sémantique du prototype est lié à l'organisation générale des catégories en trois couches ou niveaux : le niveau superordonné, le niveau de base et le niveau subordonné.

Hiérarchie de niveaux			
Niveau superordonné	*animal*	*fruit*	*meuble*
Niveau de base	*chien*	*pomme*	*chaise*
Niveau subordonné	*boxer*	*golden*	*chaise pliante*

Ce qui est remarquable dans cette hiérarchie, c'est que la grammaire du français en tient compte, car le niveau de base détermine le genre et le nombre des pronoms de troisième personne, comme le montrent les exemples suivants :

(8) A porte *une chaise* dans un garage :
B : Mets- {la, *le} dans le coffre.
(9) A porte *un fauteuil* dans un garage :
B : Mets- {le, *la} dans le coffre

La référence pronominale se fait, en situation, sur le niveau de base. Ce fait peut recevoir une explication cognitive : le niveau de base définit le terme le plus représentatif de la catégorie, ce qui n'est ni le cas du terme superordonné, ni celui du terme subordonné.

Lectures conseillées

Pour la sémantique structurale, on lira les classiques que sont Hjelmslev (1971), Pottier (1964), Lyons (1970), de même que Rastier (1987) pour une réactualisation de la sémantique structurale, ainsi que Katz & Fodor (1966-1967) pour une application à la grammaire générative (théorie standard). Pour la thèse du déterminisme linguistique, on renvoie à Sapir (1968). Pour la sémantique cognitive, on lira Reddy (1979) et Lakoff & Johnson (1985) sur la métaphore du conduit. Pour les arguments contre l'analyse structurale en sémantique, on se reportera à Vandeloise (1991). Enfin, Kleiber (1990) est une excellente introduction à la sémantique cognitive, qui sera complétée par Lakoff (1987). Voir aussi Moeschler & Reboul (1994, chapitre 14) pour une introduction aux problèmes de sémantique cognitive en général et à la sémantique du prototype en particulier, ainsi que Reboul & Moeschler (1998a, Introduction) pour une réfutation des thèses structuralistes. Pinker (1999, chapitre 3) présente des arguments identiques. Sur les termes de couleurs, on consultera Berlin & Kay (1969). Enfin, pour une recension et une discussion à jour des rapports entre langage et cognition, et la notion de catégorisation, on consultera Reboul (2007, chapitre 2).

À retenir

- La sémantique structurale est le prolongement en sémantique du structuralisme linguistique et adopte les thèses de l'indépendance de la forme et de l'autonomie du langage.
- En sémantique structurale, le sens des lexèmes (unités lexicales) est le produit d'unités de sens minimales que sont les sèmes.
- Les arguments en faveur de la sémantique structurale portent sur la variété du découpage de la réalité par les systèmes lexicaux des différentes langues.
- La sémantique cognitive se fonde sur l'idée que les processus de catégorisation du monde par les concepts et les mots s'organisent autour de prototypes, définis comme les meilleurs exemplaires de leurs catégories.
- La sémantique du prototype s'oppose, du point de vue de sa méthode, au modèle classique des conditions nécessaires et suffisantes.
- Le prototype est le meilleur exemplaire d'une catégorie, et se caractérise par un ensemble de traits typiques de cette catégorie.

Chapitre 4

Phonologie segmentale et supra-segmentale

Objectifs de connaissance

- Distinguer les niveaux segmental et supra-segmental d'organisation de la chaîne parlée.
- Distinguer le son, comme fait de substance, du phonème, fait linguistique.
- Connaître la méthode d'extraction des traits distinctifs des phonèmes.
- Au niveau supra-segmental, distinguer les principaux facteurs et niveaux d'organisation prosodique.
- Distinguer groupe et contour intonatif, identifier leurs effets dans les autres dimensions d'organisation linguistique et discursive.

Œuvre de certains des successeurs de Saussure, la phonologie structurale, étude linguistique des propriétés du signifiant de la langue orale, a constitué le prototype même d'étude interne et synchronique de la langue qu'il préconisait (chapitre 2). Par son caractère typique, elle a inspiré aussi bien la sémantique structurale (chapitre 3) que différentes disciplines environnantes (anthropologie, théorie littéraire, psychanalyse).

Segmental et suprasegmental

On peut distinguer deux domaines de faits dans l'étude du signifiant phono-acoustique du langage :

– le domaine ***segmental***, domaine des unités minimales de successivité de la chaîne parlée, ou **segments :** [pa] n'est pas un segment, mais [p] et [a] en sont, dans la mesure où il est impossible de les décomposer en segments successifs plus petits. La fonction linguistique des éléments segmentaux est essentiellement oppositive et distinctive ;

– le domaine ***supra-segmental***, domaine de la dimension linéaire de la chaîne parlée, où opèrent notamment à différents niveaux des phénomènes de regroupement d'unités et de contour mélodique.

Les disciplines théoriques et empiriques prenant les sons du langage comme matière sont nombreuses ; la figure ci-dessous situe quelques-unes d'entre elles :

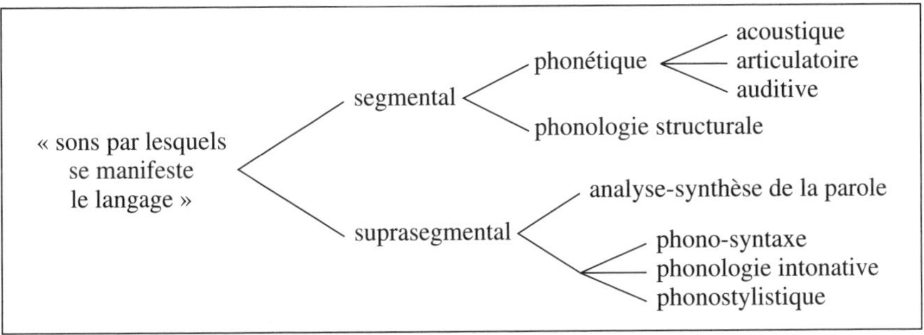

Figure 1 : étude des sons du langage : domaines et disciplines

Étique et émique

Certaines approches sont centrées sur la **substance** des phénomènes, indépendamment des fonctions qu'ils assument, tandis que d'autres s'intéressent aux phénomènes en tant que **formes**, résultant d'une organisation interne ou de l'interaction avec un autre niveau d'organisation. Les premières, qui tentent de retenir toutes les caractéristiques des objets à décrire, sont dites **étiques** ; les secondes, qui s'intéressent aux seules caractéristiques pertinentes, sont dites **émiques** (Pike 1967).

Approches centrées sur :	Segmental	Supra-segmental
la substance (« phon**etic** ») : objets	sons	mélodies
les traits formels pertinents (« phon**emic** ») : objets	phonèmes	intonèmes

Figure 2 : approches étiques et émiques

Principales fonctions des faits phoniques

On peut classer les faits acoustiques suivant leur **domaine de manifestation**, et selon les **fonctions** qu'assument les différentes constructions qu'on observe. Dans un énoncé oral « complet », la séquence de segments est organisée à plusieurs niveaux, selon des principes spécifiques, informant des zones très diverses de l'organisation linguistique : le regroupement en syllabes influence la morphologie, donne des indications sur l'organisation syntaxique et discursive de l'énoncé ; les contours contribuent à l'organisation des informations en premier plan et arrière-plan, et donnent par ailleurs des indications sur le type d'acte de langage accompli, sur le type d'attitude du locuteur à l'égard de son énoncé, de son destinataire, etc., ce que résume la figure 3 (*infra*).

Ceci revient à séparer l'étude des **facteurs proprement linguistiques** de celle des **facteurs paralinguistiques**, qui les accompagnent nécessairement, sans être pour autant pertinents. *Pierre est là* + {intonation montante} indique que celui qui parle pose une question ; + {intonation descendante}, qu'il donne une information. Ces facteurs mélodiques relèvent d'une analyse linguistique. En revanche, pour être prononcée, cette phrase doit l'être avec une certaine **voix** (d'homme, de femme, d'enfant ; gaie, triste), avec un **débit**, un **timbre**, une **intensité** déterminés. Ces facteurs paralinguistiques (ou indices de contextualisation) jouent un rôle dans les processus interprétatifs (chapitre 14), et sont fréquemment associés à l'expression d'états psychologiques (Léon, Fónagy).

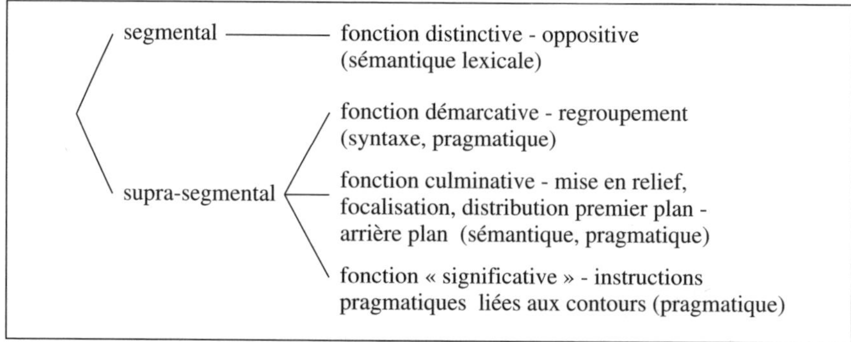

Figure 3 : principales fonctions des faits phoniques

Le domaine segmental

Son et phonème

Appliqué à la parole, le terme « son » est ambigu. Le français de l'Île-de-France utilise les deux **sons** [o] et [ɔ] (*peau*, *chocottes*). Mais leur différence acoustique n'est pas exploitée pour produire des différences de signification, comme en français de Suisse romande (*peau/pot*), et ils constituent, du point de vue de la langue, une seule unité, un **phonème**.

Cette identité est étrangère à la forme orthographique : d'une part, une même graphie peut donner lieu à des réalisations phonétiques différentes (***g**ara**g**e*), et d'autre part plusieurs graphies peuvent réaliser le même phonème (*pot*, *peau*, *haut*).

L'étude des sons dans leur réalité physique est l'objet de la **phonétique** : la phonétique *acoustique* s'intéresse aux propriétés physiques des ondes sonores (étude spectrale) ; la phonétique *auditive* traite de la perception des sons par l'appareil humain ; la phonétique *articulatoire*, enfin, étudie les sons du point de vue de leur production par l'appareil vocal humain.

L'étude des sons sous l'angle de leur pertinence linguistique, c'est-à-dire en tant qu'ils contribuent effectivement à la signification linguistique, est l'objet de la **phonologie structurale**, qui décrit les **phonèmes** d'une langue ou variété de langue donnée.

Conventionnellement, on note les sons entre [] et les phonèmes entre //.

Phonétique articulatoire

La phonétique articulatoire décrit les mécanismes physiologiques engagés dans la production des sons. Une part de sa terminologie est utilisée également dans la description phonologique.

• *Consonnes, voyelles, semi-voyelles*

À un premier niveau, la phonétique articulatoire distingue consonnes, voyelles et semi-voyelles :

Consonnes : sons caractérisés par la présence d'un obstacle partiel ou complet au passage de l'air.
Voyelles : sons caractérisés par la vibration des cordes vocales.
Semi-voyelles : sons assimilés aux voyelles articulatoirement et spectralement proches.

Les paires suivantes illustrent la différence entre **voyelles** et **semi-voyelles** :

(1) abbaye/abeille : [ab ε i]/[ab ε j]
pays/paye : [p ε i]/[p ε j]
haï/ail : [ai]/[aj]
(2) loua/loi : [lua]/[lwa]
troua/trois : [t ʁ ua]/[t ʁ wa]
(3) nuit : [nyi]/[n ɥ i]

Du point de vue articulatoire les semi-voyelles ressemblent aux voyelles, mais le rôle qu'elles jouent dans la syllabe les assimile clairement aux consonnes : la syllabe en français étant vocalique, il y a autant de syllabes que de voyelles (sauf tics et onomatopées, *ts*, *grrr*, *brrr*, etc.). Cela permet d'opposer **voyelles** et **consonnes** sur une base fonctionnelle : seules les premières peuvent à elles seules constituer une syllabe.

(4) [st ʁ a/bism], [sput/nik], [a/ε / ʁɔ / p ɔʁ] (stra-bisme, spout-nik, a-é-ro-port)

On observe alors que les semi-voyelles ne peuvent à elles seules créer un noyau syllabique, et se comportent donc comme des consonnes :

(5) [a/b ε/i]/[a/b ε j] (abbaye/abeille)

• *Dimensions articulatoires des consonnes et voyelles*

À un second niveau, la phonétique articulatoire classe les voyelles et les consonnes selon un nombre restreint de dimensions et de traits :

Les 4 dimensions articulatoires des voyelles

a. *degré d'aperture* (ouverture ; distance entre le dos de la langue et le palais) : fermé [i], semi-fermé [e], semi-ouvert [ε], ouvert [a]
b. *zone d'articulation* (position de la langue) : antérieure [i], postérieure [u], centrale [ɑ / œ]
c. *position des lèvres* : arrondies [y], non-arrondies [i]
d. *nasale/orale* : [ε̃], [õ]/ [ε], [o]

Les 3 dimensions articulatoires des consonnes

a. *action des cordes vocales :* non-voisées (sourdes) [p]/voisées (sonores) [b]
b. *modes d'articulation* : occlusives [p], [b] ; fricatives (constrictives) : [f], [v] ; sonnantes (latérale [l], vibrantes [r], [R], nasales [m] [n])
c. *lieu d'articulation* : labiales (bilabiales [p], et labiodentales [f]), apico-dentales [t], palatales [ŋ], [ʒ], vélaires [k], uvulaires [ʁ].

Phonologie structurale

La thèse centrale de la phonologie structurale (Cercle linguistique de Prague, représenté par Troubetzkoy, Jakobson) découle de la notion de **système** (chapitre 2) : les sons d'une langue sont organisés en un système d'oppositions tel que chaque membre n'est constitué que de l'ensemble de ce qui l'oppose aux autres membres.

• *La notion de phonème*

L'objectif de la description phonologique d'une langue est de faire ressortir, par commutation, toutes et rien que les oppositions pertinentes dans cette langue, et d'établir ainsi le **système phonologique** de la langue en question.

Les unités phonologiques abstraites qui réalisent ces oppositions, les **phonèmes**, contribuent à la signification linguistique de façon **distinctive** (i.e. non **significative**), et de façon **oppositive :** [k] n'a pas de sens en soi, pas plus que [i], c'est la différence ou l'opposition entre [k] et [g] qui produit une différence de sens (*quai/gai*). On définit le phonème de la manière suivante :

> **Phonème** : unité de description phonologique, distinctive et oppositive, c'est-à-dire la plus petite unité linguistique non porteuse de signification, susceptible de produire un changement de sens par commutation, et constitué d'un ensemble de traits distinctifs (traits pertinents).

• *Paires minimales, traits pertinents, matrice phonologique*

Par commutation, on repère les **paires minimales**, afin d'isoler les plus petites différences acoustiques significatives, pertinentes du point de vue de la langue, nommées **traits distinctifs** (traits pertinents). On peut représenter la **commutation** de la manière suivante :

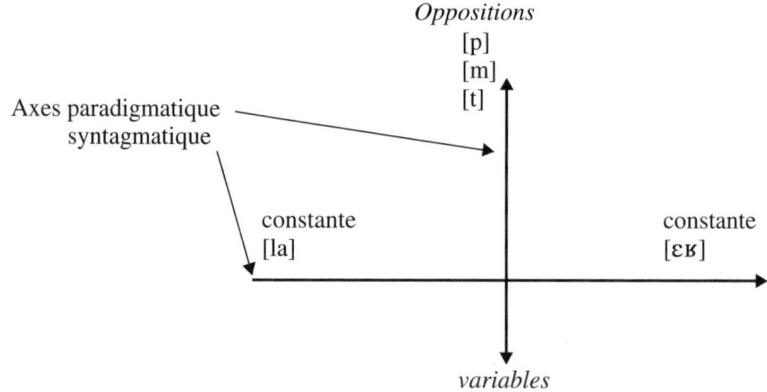

Figure 4 : commutation

La **commutation** doit être distinguée de la **permutation**, qui intervertit les unités sur l'axe syntagmatique (elle est à la base du jeu de mot nommé *contrepet* ou *contrepèterie*).

> **Commutation :** substitution d'une unité par une autre sur l'axe paradigmatique ; les unités sont en relation d'*opposition*.
> **Permutation :** substitution d'une unité par une autre sur l'axe syntagmatique ; les unités sont en relation de *contraste*.

Les **paires minimales** sont des paires d'unités linguistiques de sens différents, qui ne s'opposent que sur un **trait pertinent**, comme :

(6) a. **p**ont/**b**on, ou râ**p**é/ra**b**ais (bilabiales ; sourdes/sonores : opposition de sonorité)
b. **f**ou/**v**ous, ou pi**f**/pi**v**e (labio-dentales ; sourdes/sonores : opposition de sonorité)

L'opposition entre ces paires repose uniquement sur la présence du **voisement** (sonorité) de la consonne. L'exemple suivant est une **paire non minimale**, qui mobilise plusieurs traits simultanément, ce que l'on montre en rétablissant les oppositions intermédiaires (i-iii) :

(7) **d**ent/**ch**ant : paire *non minimale*
i. **d**ent - **t**emps (paire minimale ; opposition de sonorité)
ii. **t**emps - **c**ent (paire minimale ; opposition de mode d'articulation)
iii. **c**ent - **ch**ant (paire minimale ; opposition de lieu d'articulation)

Les traits distinctifs sont en nombre limité et doivent permettre d'opposer plusieurs paires de phonèmes, qui sont dites **corrélées** :

sourd	**sonore**		**labiales**	**apico-dentales**	
/p/	/b/	**Corrélation de sonorité**	/b/	/d/	**Corrélation de lieu d'articulation**
/f/	/v/		/p/	/t/	
/t/	/d/		/v/	/z/	
/k/	/g/		/f/	/s/	
/ʃ/	/ʒ/		/m/	/n/	

Figure 5 : paires phonologiques corrélées sur un trait pertinent

Un phonème est ainsi identifié, de manière négative, par l'ensemble des oppositions dans lesquelles il entre, c'est-à-dire par l'inventaire des traits qui le distinguent des phonèmes auxquels il s'oppose. L'inventaire des traits identifiant un phonème d'une langue donnée constitue sa **matrice phonologique** :

/t/	+ consonne		/m/	+ consonne	
	+ occlusive	*versus* /s/		+ nasale	*versus* /p/, /b/
	+ dentale	*versus* /p/ et /k/		+ bilabiale	*versus* /n/
	– sonore	*versus* /d/			

Figure 6 : matrices phonologiques des phonèmes/t/et/m/

• *Allophones et neutralisation*

Deux sons phonétiquement distincts peuvent servir à réaliser le même phonème, i.e. ne pas apporter de différence de signification. On nomme **allophones** les différentes réalisations possibles d'un phonème. Les variantes peuvent être **libres** (8a), ou **conditionnées** par l'environnement phonétique ; on parle alors de **variantes combinatoires** (8b) :

(8) a. [l ə bysariv]/[l ə bysa ʁ iv] : le bus arrive
b. [i]/[i :] : pif/pire ; [ɛ] / [ɛ :] : pelle/paire, etc.

On définit ainsi les différents types d'allophones :

> **Variantes libres :** unités phonétiquement distinctes apparaissant dans le même environnement sans être en opposition.
> **Variantes combinatoires** : unités phonétiquement distinctes en distribution complémentaire.

Lorsqu'une différence phonétique pertinente, phonologique, perd son caractère oppositif, on parle de **neutralisation** de l'opposition. La différence d'ouverture entre *pâte* et *patte* ([ɑ]- [a]) n'est pas marquée en français parisien, mais elle l'est en français romand (*variantes dialectales*) ; certains milieux ne distinguent pas *brin* de *brun* (*variantes sociolectales*) ; de même, l'opposition [e]/[ɛ], distinctive dans les syllabes ouvertes (CV) comme le montre (9), est neutralisée dans les syllabes fermées (CVC ; p**e**rdu, chauss**e**tte) :

(9) [s ɛ depwa ɲ e]/[s ɛ depwa ɲɛ] c'est des poignées/c'est des poignets

> **Neutralisation :** une opposition phonologique est dite neutralisée lorsqu'elle n'est pas distinctive, dans certains environnements ou dans certains usages.

• *Système phonologique des consonnes du français*

On peut résumer en un tableau l'ensemble des oppositions phonologiques entre consonnes du français, autrement dit son système phonologique :

Articulation / **Mode** — *Lieu*	**Labiales**	**Apico-dentales**	**Palatales**	**Vélaires**	**Uvulaire**
occlusives sonores	/b/	/d/		/g/	
occlusives sourdes	/p/	/t/		/k/	
spirantes sonores	/v/	/z/	/ʒ/		
spirantes sourdes	/f/	/s/	/ʃ/		
nasales	/m/	/n/	/ɲ/	/ŋ/	
latérale		/l/			
vibrante					/ʁ/

Figure 7 : système phonologique des consonnes du français

Plusieurs remarques :

– la vibrante apico-dentale [r] (« Bourguignon »), le [R] (« grasseyé ») et la vibrante uvulaire [ʁ] sont des *allophones* du même phonème/ʁ/ ;

– la latérale/l/et la vibrante uvulaire/ʁ/ sont des phonèmes marginaux, et s'opposent à tous les autres phonèmes : nid/lit/riz ; loup/roux/sou/chou/coup/goût ;

– le statut de phonème de la nasale palatale/ɲ/ est attesté par les paires minimales suivantes : en *finale absolue* : panne/pagne, peine/peigne, benne/baigne ; en *finale ouverte* : peiné/peigné, panné/panier ;

– la nasale vélaire/ŋ/ se trouve essentiellement dans les emprunts et onomatopées, en finale absolue : parking, ring (/rime) ; mine/Ming ; *bing*/bine/Bic ; *ting*/tic ; ding/dîne, etc.

Le domaine supra-segmental

Contrairement à ce qui se passe dans la chaîne écrite où les unités (mots, lettres) sont séparées par des blancs, les unités de la chaîne parlée se présentent sous une forme plus ou moins continue.

Syllabe, enchaînement et liaison

L'unité fondamentale de l'organisation prosodique est la **syllabe**. C'est la syllabe qui constitue la première étape du regroupement des segments dans la chaîne ; c'est elle, par ailleurs, qui porte les traits de **hauteur**, d'**intensité** et de **durée** sur lesquels se fondent les phénomènes prosodiques complexes (regroupement intonatif, contours, accentuation).

Le regroupement des segments en syllabes contiguës est responsable des phénomènes phonétiques locaux que sont l'**enchaînement** et la **liaison**, importants facteurs de variation morphologique (chapitre 5).

> **Enchaînement :** si, dans un même groupe intonatif, un mot se termine par une consonne et que le mot suivant commence par une voyelle, la consonne finale a tendance à prendre appui sur la voyelle du mot suivant.

Conséquence de l'enchaînement, le découpage syllabique ne correspond pas au découpage en unités graphiques, qui respectent les frontières de mots :

(10) J'ai mal à la main → [ʒe – ma – la – la - m ɛ̃]

L'enchaînement, phénomène général, se distingue de la **liaison**, spécifique au français :

> **Liaison :** dans certaines conditions, une consonne graphique finale de mot normalement « muette » peut devenir audible devant la voyelle initiale du mot suivant.

Les consonnes susceptibles d'intervenir dans la liaison sont : [t], [k], [v], [z], [n], [p], [ʁ] ; leur forme phonétique peut différer de leur forme graphique :

(11) a, *s* et *x* → [z] : les enfants [lezɑ̃fɑ̃] ; dix ans [dizɑ̃] ; *d* → [t] : grand ami [g ʁ ɑ̃tami]
b. Voyelle nasale → dénasalisation de la voyelle ([ɛ̃] → [ɛn], etc.) :
Moyen [mwaj ɛ̃] - → Moyen Âge [mwaj ɛ n ɑʒ] ; bon → bon enfant : [b ɔ nɑ̃fɑ̃] et non pas *[bõɑ̃fɑ̃], ni *[bõnɑ̃fɑ̃]

Dans l'enchaînement, contrairement à la liaison, la consonne ne se modifie en principe pas (12), à l'exception du [f] de *neuf* (13) :

(12) Grande amie [g ʁ ɑ̃dami] (enchaînement), *versus* grand ami [g ʁ ɑ̃tami] (liaison)
(13) Neuf enfants [nœfɑ̃fɑ̃] *versus* neuf heures [nœvœ ʁ], neuf ans [nœvɑ̃], (enchaînement)

Dans certains cas, il y a le choix entre enchaînement et liaison :

(14) C'est fort aimable [f ɔʁ (t) ɛ m ɑ bl] ; toujours ici [tu ʒ u ʁ (z) isi]

En principe, plus le rapport syntaxique entre les unités est étroit, plus on fait de liaisons ; d'autre part, plus le niveau de langue est soutenu, plus on fait de liaisons (Selkirk). Les liaisons peuvent être : obligatoires (*invariantes* : 1, 4), facultatives (*variables* : 2, 3) ou impossibles (*erratiques* : 5) :

(15) Les ^{1}enfants ^{2}assis ^{3}en ^{4}avant ^{5}attendent

La structure abstraite de la syllabe (16a) rend compte à la fois de l'enchaînement (b) et de la liaison (c) comme tendant à produire des syllabes nucléaires de type CV, « syllabe-type » en français (c) :

(16) a. Structure de la syllabe en français : [CCC]-V- [CCC]
b. CVC – V… → CV – CV…
c. CV (C) – V… → CV – CV…

Regroupement intonatif

• *Groupe intonatif*

L'organisation des syllabes successives fournit des informations relatives à la structuration syntaxique de la phrase, et, dans certains cas, permet de désambiguïser des énoncés. Ainsi (17) peut recevoir deux analyses syntaxiques différentes (a-b), et l'intonation les discrimine (c-d) :

(17) La vieille porte le voile
 a. $[_S [_{SN}$ la vieille$]$ $[_{SV}$ porte le voile$]]$
 b. $[_S [_{SN}$ la vieille porte$]$ $[_{SV}$ le voile$]]$
 c. La vi**eil**le porte le v**oi**le (**en gras** : noyau syllabique accentué)
 d. La vieille p**or**te le v**oi**le

Le mécanisme intonatif qui explique ces faits est le **regroupement intonatif**, processus par lequel des chaînes de syllabes sont « empaquetées » en blocs homogènes, ou **groupes intonatifs**.

> **Groupe intonatif (GI) :** séquence de syllabes comportant une syllabe accentuée, précédée (et suivie) éventuellement de *n* syllabes non accentuées. Frontière de GI notée %.
> **Accent final (AF) :** accent qui frappe la dernière syllabe d'un GI (accent primaire). Distinct de l'accent d'insistance (AI), ou accent initial (accent secondaire).

Chaque syllabe reçoit un trait d'intensité (accentuée/inaccentuée) et une certaine valeur tonale (hauteur) sur une échelle comportant un certain nombre de degrés de hauteur ; chaque **syllabe accentuée** (i) instaure une **frontière de groupe intonatif** (notée %) ; (ii) regroupe les *n* syllabes inaccentuées à sa gauche (et éventuellement à sa droite) ; (iii) regroupe, selon sa force de regroupement, *n* groupes intonatifs à sa gauche.

Échelle tonale

> **Suraigu :** H + (cible phonologique à valeur expressive particulière)
> **Haut** : H (valeur plafond du registre en cours)
> **Bas :** B
> **Infra-bas :** B- (valeur de « plancher », sur la dernière syllabe des énoncés déclaratifs)
> **Ton dynamique** BH, HB : mouvement mélodique montant ou descendant sur la syllabe
> Les intervalles sont supérieurs à une tierce musicale ; les intervalles inférieurs sont des rehaussements (/) ou des abaissements (\) notés devant le ton affecté :/H ; \H.

On obtient ainsi l'analyse suivante de (17) :

(18) (a) % (GI1) lavj ɛ j % (GI2) p ɔʁtl ə vwal %
 (b) % (GI1) lavj ɛ jp ɔʁt % (GI2) l ə vwal %

• *Groupe intonatif maximal*

Le regroupement s'applique de façon récursive aux groupes intonatifs à plusieurs niveaux, selon le fonctionnement suivant :

Dans la figure 8, le regroupement opère ainsi à trois niveaux, des syllabes au **groupe intonatif maximal**, ou énoncé phonologique (on notera la juxtaposition de GI3 et GI2) :

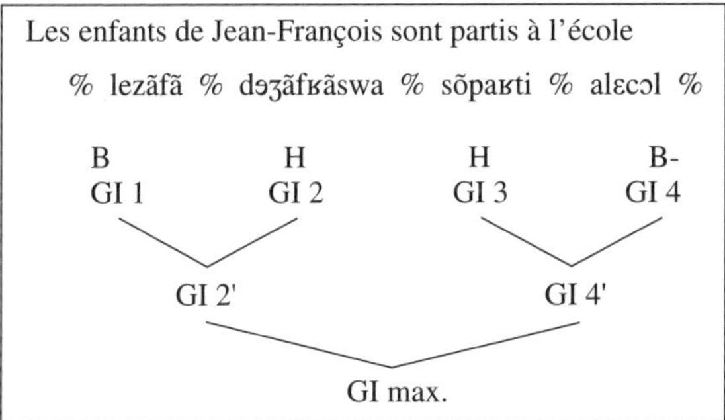

Figure 8 : structure du regroupement intonatif

Règle de dominance : établit le rapport entre deux GI consécutifs en fonction de la force de l'accent final.
Principe : dans une séquence < GI1, GI2,….>, si le ton de GI2 est « plus fort » que celui de GI1, GI1 et GI2 sont regroupés en une unité englobante (GI2') (inclusion) ; si les deux tons sont identiques, ou le premier plus fort que le second, il y a juxtaposition des deux GI.
Hiérarchie : la force de regroupement est fonction d'un certain nombre d'indices phonétiques, parmi lesquels : la valeur de **plancher** B- est le ton le plus fort, imposant le regroupement maximal ; les tons **dynamiques** (ou allongés) sont plus forts que les tons **statiques** ; H est plus fort que B.

L'**énoncé phonologique** n'est pas isomorphe à la phrase syntaxique, bien qu'il puisse l'être. Il peut être réalisé par un syntagme (*la carte !*) comme par une séquence de phrases syntaxiques juxtaposées (restructuration) ; enfin, il doit porter l'une ou l'autre des marques fortes de regroupement.

Mélodie et contour intonatif

Toutes les syllabes sonores, qu'elles soient accentuées ou non, ont une **valeur tonale**, et contribuent de la sorte à ce que l'on perçoit informellement comme la **mélodie** de l'énoncé, ou contour mélodique. La variation mélodique est un phénomène plus ou moins continu qui repose sur l'évolution du **fondamental** de la voix (noté F°). Fait de substance, la mélodie n'est pas linguistiquement pertinente : elle réalise un schéma mélodique abstrait et discret, qui est une unité linguistique formelle, ou **intonème**.

Pour certains auteurs (Delattre, Rossi & al.), le français compte une dizaine d'intonèmes. On peut représenter les intonèmes à l'aide d'un trait continu, sur une de portée à 5 degrés de hauteur :

Si l'on sépare certaines variables phonétiques, comme le degré de pente, qui peut être associé à l'attitude interactionnelle (plus la pente est raide, plus l'attitude est impérieuse), plusieurs de ces intonèmes peuvent être traités comme des variantes combinatoires. Certains auteurs réduisent leur nombre à trois : contours plat, montant et descendant (Blanche-Benveniste), ce qui rapproche les intonèmes des tournures syntaxiques déclarative, interrogative et impérative qui constituent les actes de *dire que*, *demander si* et *dire de*) (cf. chapitre 13).

D'autre part ces intonèmes ne sont pas tous indépendants (Cm, CM, PH et PB) : certains groupes peuvent porter un **contour** propre, sans pour autant constituer une unité intonative

si la bière était fraîche j'en boirais. Qui en veut ? encore toi, mon ami ?

continuations mineure / majeure		*finalité*	*interrogation - question ouverte*	*question fermée*	*parenthèse haute PH*
cm	*CM*				

SA : suraigü, A : aigü, IA : infra-aigü, M : medium, G : grave (valeur plancher)

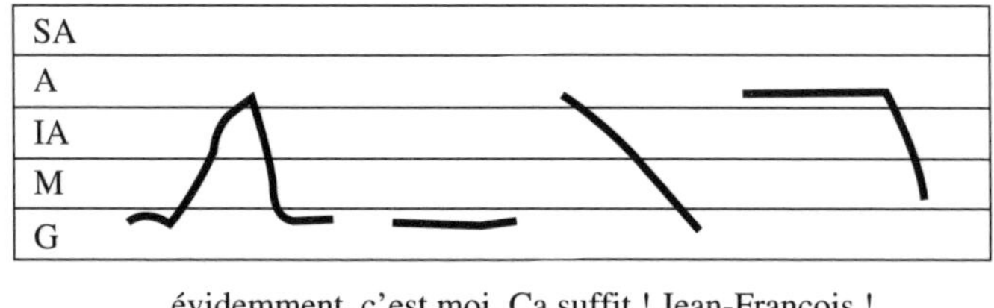

évidemment, c'est moi. Ça suffit ! Jean-François !

implication déclarative	*parenthèse basse* PB	*ordre*	*vocatif*

Figure 9 : les 10 intonèmes de base du français

maximale, comme GI2'et GI4'de la figure 8. On nomme **syntagmes intonatifs** les groupes syllabiques dotés d'un contour propre. Il convient de distinguer les contours **terminaux** (GI4') des contours **continuatifs** (GI2'), qui indiquent intonativement la non-complétion de l'unité en cours.

Quel que soit le nombre de schémas intonatifs retenu, l'intonation peut être conçue comme une séquence de *cibles phonologiques*, indépendamment du trajet parcouru pour les atteindre. Les cibles principales sont les **attaques** de segments (et leur degré de rupture par rapport au point terminal précédent), et les **syllabes accentuées**. La portée à *n* niveaux de hauteur peut être réduite à un contraste H/B récursif avec un branchement binaire à droite. Pour représenter l'organisation intonative globale d'une séquence, on peut ne prendre en compte que les syllabes accentuées et leur valeur de hauteur :

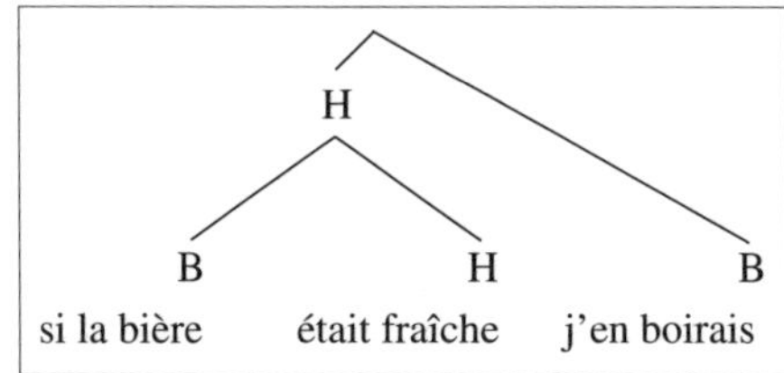

Figure 10 : groupes intonatifs et cibles phonologiques

Lectures conseillées

On se reportera à Troubetzkoy (1949) pour la première formulation des principes de la phonologie structurale ; aperçu de la phonologie du français, Tranel (2003) ; sur les unités intonatives, Rossi & al. (1981) ; sur l'enchaînement et la liaison, Encrevé (1988), Selkirk (1984) ; une description intonative du français parlé, Blanche-Benveniste & al. (1990) ; pour une approche dans le cadre de la grammaire générative, Dell (1973), Nespor & Vogel (1986). Hirst & Di Cristo (1998) pour une approche de l'intonation dans vingt langues différentes. Sur la prosodie, Lacheret-Dujour & Beaugendre (1999) ; dans la perspective de l'« analyse de conversations » Couper-Kühlen & Selting (1996), Auer & al. (1999) ; Wichman (2000), Simon (2004) abordent la prosodie des grandes unités, texte et discours.

À retenir

- Le signifiant phono-acoustique des langues naturelles peut être étudié, aux niveaux segmental et suprasegmental, dans ses propriétés de substance ou dans ses caractéristiques formelles, démarcatives, distinctives, ou significatives.
- Les sons sont des unités de parole, réalisations acoustiques particulières de phonèmes, unités de langue, comme les mélodies sont des réalisations d'intonèmes.
- Les phonèmes sont des unités abstraites : chaque phonème n'est que la somme des différences acoustiques que la langue retient comme porteuses de différences de signification.
- L'unité de base de l'organisation prosodique suprasegmentale est la syllabe.
- La syllabe est porteuse des traits d'intensité, de hauteur et de durée qui permettent la construction des contours et des groupes intonatifs à différents niveaux.
- La prosodie interagit avec la morphologie, la syntaxe, la sémantique et la pragmatique.

Chapitre 5

Morphologie
Mot et morphème

Objectifs de connaissance

- Distinguer les différents sens du mot « mot »
- Identifier le morphème comme plus petite unité linguistique pourvue d'une forme et d'un sens
- Prendre connaissance des caractéristiques principales du mot et des tests les identifiant
- Distinguer les principaux modes de formation des unités lexicales en français

La grammaire intuitive qui se dégage notamment de la pratique du langage écrit distingue, au-delà de la *lettre* comme unité minimale, deux unités fondamentales de découpage de la chaîne, le **mot** et la **phrase** ; leurs frontières sont marquées respectivement par des espaces typographiques et des signes typographiques spécifiques (point et majuscule). Le mot et la phrase sont également les deux principaux niveaux de l'analyse grammaticale traditionnelle (chapitres 1 et 6).

Ceci dit, comme l'avait déjà noté Saussure en lui substituant celle de **signe** (chapitre 2), la notion de mot est loin d'être aussi immédiatement recevable qu'il y paraît. D'un côté, elle est particulièrement polysémique, désignant des objets très différents les uns des autres ; d'un autre côté, elle ne désigne pas une unité minimale de l'organisation grammaticale ou linguistique. Le mot est une unité complexe, dont les composants sont les morphèmes.

Morphologie et syntaxe

Saussure, qui nommait *syntagme* toute unité formée par concaténation d'unités (chapitre 2), n'établissait ainsi pas de différence de principe entre des suites comme *le poids mange tout* à côté de *le pois mange-tout*, puisqu'il s'agit, dans les deux cas, de la construction d'**une unité** par la concaténation de **plus d'un signe**. Dans ces deux cas en effet les unités qui font l'objet d'un assemblage syntagmatique sont des signes, c'est-à-dire des unités pourvues d'une forme et d'un sens (contrairement aux unités de la phonologie, chapitre 4).

Mais la ressemblance des deux situations s'arrête là, tant en ce qui concerne les environnements immédiats du syntagme (possibilité ou non de le faire suivre par un verbe conjugué, etc.) qu'en ce qui concerne les liens entre ses éléments (possibilité ou non d'insérer un complément après le nom) : dans un cas, l'unité constituée est une phrase, alors que dans l'autre c'est un mot.

L'étude de la structure interne des mots est l'objet de la morphologie. Les mots sont les unités minimales de la syntaxe, qui s'occupe de leur combinaison dans les phrases.

> La **morphologie** est l'étude de la structure interne du mot.
> La **syntaxe** est l'étude des règles de combinaison des mots dans les phrases.

Mot et morphème

L'ambiguïté du mot « mot »

Si le terme « mot » est assez précis pour les besoins langagiers ordinaires, il n'en recouvre pas moins, à différents niveaux, des réalités linguistiques fort diverses.

À un niveau très général, il peut désigner une unité générique, abstraite – **un type** – ou une unité de texte ou de discours, une **occurrence** :

(1) La maison de Pierre est plus belle que la maison de Paul.

La phrase (1) compte 12 mots occurrences, mais seulement 9 mots types, dans la mesure où il y a deux occurrences de chacun des mots types *la*, *maison* et *de*. De même, *Le Cid* compte 16 690 mots occurrences, et seulement 1 518 mots types.

Le terme « mot » désigne également des unités phonologiques aussi bien que des unités orthographiques. Ainsi,

(2) {ʃãtɛ}

est un **mot phonologique**, qui peut correspondre aux trois **mots orthographiques** *chantais*, *chantait*, et *chantaient*.

Ces trois mots orthographiques correspondent à quatre **mots grammaticaux** différents, exprimant respectivement les première, deuxième et troisième personnes du singulier et la troisième personne du pluriel de l'imparfait.

Par ailleurs, à un certain niveau d'abstraction, ces différents mots orthographiques et grammaticaux représentent bien une seule même unité, celle que l'on identifie comme « le verbe *chanter* ». Lorsqu'on traite une unité à ce niveau d'abstraction, on parle de **mot lexical** ou **lexème**, et l'on désigne ainsi une unité du lexique (une entrée de dictionnaire). C'est une question débattue en syntaxe que de savoir si le lexique contient de telles unités relativement abstraites, ou si les formes « stockées » sont les formes complexes, fléchies, que sont les mots grammaticaux (Kerleroux).

Un unique mot orthographique ou phonologique, enfin, peut correspondre à plusieurs lexèmes, et manifester ainsi différents mots grammaticaux (homographes ou homophones), comme dans :

(3) Port (de tête), port (de pêche), port (d'arme)
(4)/p ɔʁ/ (port, porc, pore)

On peut résumer ainsi les différents sens du mot *mot* :

Les différents sens du mot mot

a. Mot type ou mot occurrence.
b. Mot phonologique ou orthographique.
c. Mot grammatical représenté par le mot orthographique ou phonologique.
d. *Lexème*, unité abstraite qui se présente sous différentes formes phonologiques ou orthographiques.

La notion de morphème

Le mot n'est pas la plus petite unité linguistique pourvue à la fois d'une forme et d'un sens. Dans le mot orthographique *inacceptables*, on peut identifier quatre éléments dotés à la fois d'une forme et d'un contenu (quatre signes) :

(5) inacceptables
in- (inconnu, invisible)
accept- (accepter, acceptation)
able- (aimable, capable)
-**s** (marque du pluriel)

Ces constituants du mot, unités ayant une forme et un contenu, susceptibles d'apparaître dans d'autres environnements, sont des **morphèmes**.

Définition du morphème

Le morphème est la plus petite unité d'analyse grammaticale ; dans une conception hiérarchique de la grammaire (chapitre 6), c'est l'unité de rang grammatical le plus bas, et le constituant immédiat du mot.
Le morphème est la plus petite unité linguistique ayant une forme et un sens ; il ne peut pas être décomposé en unités plus petites ayant les mêmes propriétés.

Les mots (phonologiques, orthographiques ou grammaticaux) comprennent fréquemment plusieurs morphèmes :

(6) Anticonstitutionnellement (anti-constitu-tionn-ell-ement)

Mais la composition morphologique des mots n'est pas nécessairement aussi manifeste. Ainsi, le mot *midi* pourra être perçu comme formé d'un morphème unique, sauf si d'une part on identifie le morphème *mi*- (*milieu*, *mitigé*), et si, d'autre part, on identifie le morphème *-di*, par association avec *diurne* (dont la décomposition en *di-urne* suppose à son tour minimalement l'association avec *noct-urne*).

Les morphèmes se répartissent en deux grandes classes, les **morphèmes lexicaux** (correspondant aux mots du dictionnaire), qui disposent d'une certaine autonomie ; et les **morphèmes grammaticaux** (affixes), qui ne peuvent pas apparaître isolés. Les morphèmes lexicaux constituent une classe ouverte, dans la mesure où les langues peuvent constamment intégrer des termes dans leur lexique (par emprunt ou formation propre), comme elles peuvent en éliminer d'autres ; les morphèmes grammaticaux, quant à eux, constituent un ensemble clos et limité, en raison de leur contenu, qui est l'expression d'un petit nombre de catégories et relations. Il est difficile d'imaginer qu'on puisse, par exemple, ajouter un nouveau nombre au français, distinguant le duel du singulier et du pluriel, comme le font certaines langues : cela reviendrait à modifier le système de la langue dans ses caractéristiques grammaticales les plus profondes.

Morphème, morphe et allomorphe

Il est fréquent qu'une unité de contenu morphologique se présente sous des formes relativement diverses, sans pour autant que son identité morphologique en soit affectée. Il est donc nécessaire d'établir une différence de principe entre le **morphème** (unité formelle, abstraite) et sa réalisation graphique ou phonique comme unité de substance, que l'on nomme **morphe**. Les différentes réalisations formelles d'un morphème sont des **allomorphes** de ce morphème (voir le parallélisme avec la notion d'*allophone*, chapitre 4). Le morphème est représenté entre accolades { }, le morphe entre barres obliques // (cette notation n'est pas unifiée avec celle de la phonologie, où les unités de substance sont notées entre parenthèses carrées [], et les unités formelles entre barres obliques //).

Par exemple, /v/, /al/ et /ir/ sont trois allomorphes du morphème lexical {aller}, comme le montre (7) :

(7) a./v/je **v**ais, tu **v**as, il **v**a, ils **v**ont
b./all/nous **all**ons vous **all**ez, j'**all**ais, etc.
c./ir/j'**ir**ai, tu **ir**as, il **ir**ait, etc.

Définition de l'allomorphe

Un allomorphe est une variante distributionnelle d'un morphème.

Pour prendre un exemple spécifique à l'oral, les morphèmes pronoms de troisième personne du pluriel, objets ou sujets (*les*, *ils*) sont réalisés par différents allomorphes :

(8) a./le/– /lez/: je les range, je les écoute
b./il/ou/i/– /ilz/ou/iz/: ils chantent, ils iront

Ou encore, on peut observer des allomorphes qui neutralisent une marque grammaticale, comme dans (9) la forme de l'adjectif *bon* au masculin, semblable à sa forme au féminin :

(9) Bon (masculin), bonne (féminin), mais
/bõga ʁ sõ/, /b ɔ nãfã/ bon garçon – bon enfant

Le choix entre variantes peut être **libre**, ou **conditionné** par différents paramètres (**variantes distributionnelles**). Ainsi dans (8), l'alternance entre les morphes/ø/ et /z/ exprimant le morphème grammatical {pluriel} est rigoureusement déterminée par le contexte phonétique : la liaison est obligatoire, comme dans (9). La présence d'une voyelle à l'attaque du mot suivant a pour effet de révéler le segment latent /z/, ou, dans (9), d'opérer un « déplacement » vers la droite du trait de nasalisation, qui n'affecte plus le phonème /ɔ/. Il n'y a là pas davantage de choix que dans la sélection des allomorphes du morphème lexical {aller}, qui est fonction, elle, non pas de l'environnement phonétique, mais de l'environnement grammatical (temps et personne).

Dans (8b) en revanche, l'alternance entre les morphes /i/ et /il/, /iz/ et /ilz/ est libre, la forme en /l/ indiquant en l'occurrence la sélection d'un niveau de langue soutenu.

Tout morphe est l'expression d'au moins un morphème, lexical ou grammatical. Ainsi dans (10, a et b) :

(10) a. *boutons* est composé des morphes /*bouton*/ et /*s*/ correspondant au morphème lexical {bouton} et au morphème grammatical {pluriel}

b. /ʃəvo/ est composé des deux morphes /ʃəv/ et /o/ correspondant au morphème lexical {cheval} et au morphème grammatical {pluriel}

Mais certains morphes peuvent représenter simultanément plusieurs morphèmes distincts :

(11) a. *chantais* est composé du morphe/*chant*/qui représente le morphème lexical {chanter}, et d'un morphe particulier, *-ais*, qui représente simultanément les morphèmes grammaticaux {imparfait} + {singulier} + {1re ou 2e personne}

b. dans sa forme orale,/ʃãt ɛ/ s'analyse à l'aide des morphèmes lexicaux et grammaticaux suivants : {chanter} + {imparfait} + {singulier} + {1re ou 2e ou 3e personne}, ou {chanter} + {imparfait} + {pluriel) + {3e personne}

On voit ici que, si chaque morphe représente un ou des morphèmes particuliers, tout morphème en revanche n'est pas nécessairement réalisé par un morphe spécifique.

On nomme **morphes « portemanteaux** » les morphes exprimant simultanément plusieurs morphèmes :

(12) le livre **de la** fille, le livre **du** garçon

(13) Je vais **à la** gare, j'ai rendez-vous **au** café

Dans (12) et (13), *du* et *au* sont des morphes-portemanteaux, qui expriment simultanément la préposition {de} et le déterminant défini, masculin singulier {le}.

Morphe-portemanteau

Un morphe-portemanteau est une unité morphologique exprimant simultanément (additionnellement) plusieurs morphèmes.

Structure interne du mot

La structure interne des mots en français peut résulter de deux types de processus de formation distincts : l'**affixation** (flexion et dérivation), et la **composition**.

L'**affixation** est le processus qui combine une **racine** ou base (un morphème lexical) et différents *affixes* (préfixes ou suffixes) :

(14) *découragés* (*dé* - **courag**-*é*- - *s*)

La **composition** quant à elle consiste à combiner plusieurs unités susceptibles individuellement d'emploi autonome :

(15) force de frappe, trompe-l'œil, machine à écrire

On peut caractériser ainsi la structure interne de l'unité **mot** :

Structure du mot

Le **mot** non composé est minimalement constitué d'une **racine** ou radical (morphème lexical), éventuellement accompagné d'un ou plusieurs **affixes** (morphèmes grammaticaux).

Affixation

Les morphèmes lexicaux, à un certain nombre d'exceptions près (prépositions, conjonctions), n'apparaissent pas sous forme nue, mais comme des racines accompagnées d'**affixes**. Les affixes sont des unités morphologiques non autonomes. Parmi eux, les **affixes de flexion** sont destinés à marquer les différents traits grammaticaux exigés par la catégorie de la racine (marques de genre, de nombre, de personne, etc.). Les **affixes de dérivation** quant à eux ont pour effet de modifier le contenu ou l'appartenance catégorielle de la racine.

On nomme **préfixes** les affixes qui précèdent la racine, **suffixes** ceux qui la suivent.

Définition des affixes

Les affixes sont des morphèmes grammaticaux non autonomes (nécessairement associés à une racine).
On distingue selon leur position les **préfixes** (précédent le radical) des **suffixes** (suivent le radical).
Selon leur fonction, on distingue les **affixes dérivationnels** (exprimant des contenus quasi-lexicaux), et les **affixes flexionnels** (exprimant des catégories grammaticales en nombre limité : nombre, genre, personne, cas, temps, etc.).

• *Flexion*

Les affixes de flexion sont les formes qui marquent les traits grammaticaux que demandent les unités des différentes catégories ; en français, la flexion est réalisée par des suffixes. Les adjectifs portent généralement des marques de genre (masculin, féminin) et de nombre (singulier, pluriel) :

(16) gentil, gentil-**le**, gentil-le-**s**

Pour les verbes, la flexion (conjugaison) détermine la personne (1re, 2e, 3e), le nombre (singulier, pluriel), le mode (indicatif, subjonctif), le temps et l'aspect (présent, passés, etc.) :

(17) je chante, tu chantes, nous chantions, vous chanteriez, etc.

Les substantifs ont en règle générale un trait de genre qui leur est propre (qui régit les déterminants et compléments), et ne fait pas l'objet d'un marquage flexionnel ; ils portent en revanche un morphème de nombre (à l'écrit tout au moins).

Les affixes flexionnels sont toujours plus éloignés de la racine que les affixes dérivationnels, et constituent en quelque sorte la couche externe du mot. En sens inverse, dès lors qu'une unité est susceptible de porter les suffixes flexionnels requis par sa catégorie grammaticale, elle constitue une unité potentiellement autonome, i.e. un mot.

• *Dérivation*

La dérivation est un processus productif de formation de mots non composés, à partir d'un seul morphème lexical ou racine :

(18) rapide - s (suffixe de flexion)
- ment (suffixe de dérivation)

La dérivation, contrairement à la flexion, se réalise par des préfixes aussi bien que par des suffixes. De plus, les **suffixes de dérivation** sont susceptibles de modifier la catégorie grammaticale des unités auxquelles ils s'appliquent, contrairement aux **préfixes de dérivation** qui (à l'exception de *anti-*) ne modifient pas la catégorie grammaticale :

(19)

	mort - (racine)	- e (suffixe flexionnel {féminin})	
	mort -	- *el* (suffixe dérivationnel adjectival)	
	mort -	(flexion Ø {masculin})	
im - (préfixe de dérivation)	*mort* -	- el	- *le* (suffixe flexionnel {féminin})
im -	*mort* -	- *aliser* (suffixe dérivationnel verbal)	

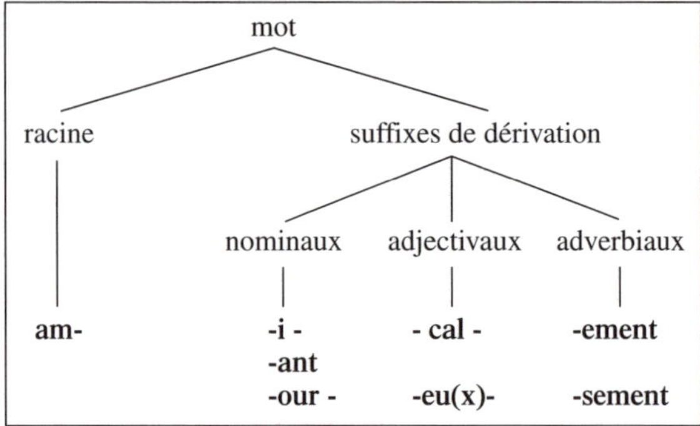

Figure 1 : Mots dérivés de la racine am-

Le français compte une soixantaine de préfixes, de *auto-* (*automobile*, *automatique*), à *vi (ce)-* (*vicomte*, *vice-président*), en passant par *dé-* (*défaire*, *débrancher*), *in-* (*im-*, *il-* etc.) (*inégal*, *impossible*), *mé-* (*mécontent*, *médire*) etc.

Les **suffixes** produisant des verbes à partir de noms, d'adjectifs ou de verbes sont peu nombreux (une quinzaine) :

(20) tyran → tyranniser ; solide → solidifier ; trotter → trottiner, tâter → tâtonner

Les suffixes adjectivaux transformant des noms, des verbes, des adjectifs, sont également en nombre très réduit en français :

(21) mang (er) → mangeable ; aliment → alimentaire ; haut → hautain

Les suffixes nominaux en revanche sont en nombre plus élevé (une centaine de morphèmes) ; l'application de certains d'entre eux peut s'étendre à la transformation nominale de noms, d'adjectifs, comme de propositions entières :

(22) Christ → christianisme ; commun → communisme ; j'm'en fous → j'm'enfoutisme

La dérivation nominale s'applique également régulièrement aux verbes et aux noms :

(23) embrasser → embrassade ; coller → collage ; diriger → dirigisme, etc. ;

(24) bon → bonté ; haut → hauteur ; fini → finition, etc.

La combinaison d'une racine et d'un affixe de dérivation forme un **thème ou base** ; c'est le thème qui reçoit les suffixes de flexion. On peut ainsi représenter, de façon plus précise, la structure abstraite du mot :

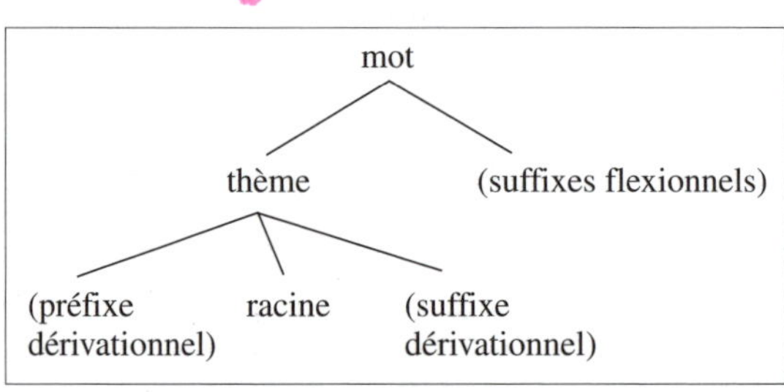

Figure 2 : Structure du mot

Ce type de représentation arborescente appliqué à la description du mot *inacceptables* en fait apparaître la structure interne :

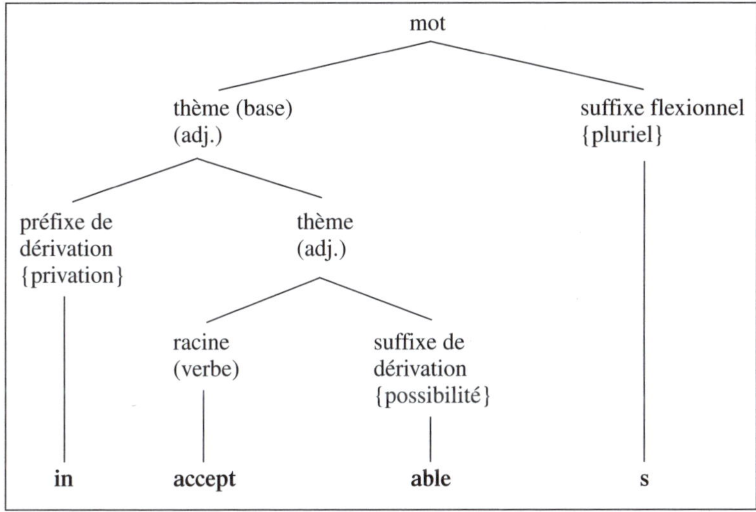

Figure 3 : Structure hiérarchique du mot « inacceptables »

Signalons encore l'existence d'un processus de changement de catégorie grammaticale (ou **transcatégorisation**) particulier, nommé *conversion*, qui a pour particularité de ne pas laisser de trace segmentale (pas de morphe). La conversion peut transformer en substantifs aussi bien des verbes (substantifs déverbaux) :

(26) (l') attaque, (la) commande

que des adjectifs (désadjectivaux) :

(27) le rouge, le sérieux, le vide

ou encore transformer en verbes des substantifs (dénominaux) :

(28) pioch (er), beurr (er).

• *La distribution des morphèmes de flexion à l'oral et à l'écrit*

L'approche morphologique structurale met en évidence des différences considérables dans la distribution, à l'oral et à l'écrit, de certains morphèmes de flexion – l'écrit étant, de manière régulière, plus redondant que l'oral. Prenons un exemple extrême, celui des marques de nombre dans la phrase suivante :

(29) leur**s** livre**s** étai**en**t ouvert**s**.

Chaque mot comprend un morphème indiquant le pluriel du syntagme nominal : ce morphème est donc répété quatre fois dans la phrase, où il est représenté par deux allomorphes (/en/ et /s/). Mais dans la forme orale :

(29) [lœ ʁ liv ʁɛt ɛ (t) uv ɛʁ]

aucune de ces marques n'apparaît, de sorte que le morphème {pluriel} du syntagme nominal n'y est purement et simplement pas représenté. De même, dans :

(30) [lœ ʁ mõta ʒɛt ɛ bõ] (leur montage était bon/leurs montages étaient bons)

il est impossible, à l'oral, de savoir si *montage* est au singulier ou au pluriel, ce que l'écrit, ici encore, exprimerait sur chacun des mots orthographiques.

Composition

On nomme **composition** le processus de formation de mots par combinaison de plusieurs mots, c'est-à-dire d'unités dotées de l'autonomie reconnue aux mots : ils peuvent apparaître isolés ; ils peuvent prendre chacun des suffixes de flexion, ou des modificateurs divers, adjectifs, etc. :

(31) chou (x), fleur(s), un chou en fleur, un chou-fleur

(32) un sac en plastique, des sacs en plastique, un sac vert en plastique

Les **mots composés** se distinguent des syntagmes, auxquels ils peuvent ressembler formellement, par une **cohésion interne** que les syntagmes ne possèdent pas :

(33) un sac plastique
*un sac vert plastique
un sac plastique vert

(34) la machine à ouvrir les boîtes de conserve → la machine rouge à ouvrir les boîtes de conserve
la machine à écrire → *la machine rouge à écrire
la machine à laver toute neuve → *la machine toute neuve à laver

(35) les pommes de mon verger → les pommes pourries de mon verger
les pommes de terre → *les pommes pourries de terre/les pommes de terre pourries
les fruits de la passion → (*)les fruits pourris de la passion

Les mots composés se distinguent également des syntagmes par le fait que leur assemblage produit une **signification globale** distincte de celle d'un syntagme : un *tableau noir*, on le sait, peut être vert – l'adjectif *noir* ne qualifie pas *tableau* comme il le ferait dans un syntagme.

La structure interne des mots composés peut relier des éléments divers, et selon des modalités de type syntaxique (36) aussi bien que non syntaxique (37) :

(36) force de frappe, chambre à coucher, boîte aux lettres, etc.

(37) timbre-poste, essuie-glace, papier-monnaie, etc.

Mais la composition peut également concerner la re-catégorisation de séquences syntaxiques maximales, soit des phrases entières, comme dans :

(38) Cessez le feu ! → le/un cessez-le-feu

(39) Qu'en dira-t-on ? → le/un qu'en-dira-t-on

(40) M'as-tu vu ? → le/un m'as-tu-vu

Si l'on constate différents cas de « composition spontanée », comme :

(41) Je fonce → c'est un je-fonce

toute phrase cependant n'est pas susceptible de subir de tels processus ; elle doit représenter un trait typique, de portée générale, susceptible de qualifier par métonymie un objet plus vaste associé à son énonciation : un état de fait pour (38), une attitude psychologique pour (39) et (40). On imagine mal (42) :

(42) As-tu faim ? → ? le/un as-tu-faim

Ces derniers exemples où une phrase entière est transformée en nom constituent un cas limite, à cheval entre la composition, où nous l'avons rangée, et la **conversion**, forme particulière de dérivation, qui ne laisse pas de trace morphologique autre que celles que demande la catégorie d'arrivée (en l'occurrence, l'apparition d'un déterminant).

Les exemples (38) à (40) ci-dessus illustrent un cas de figure particulier de dérivation, dite **délocutive** par Émile Benveniste, qui consiste à forger une expression à partir de l'occurrence d'une « locution » : ainsi *Merci !* donne, par dérivation délocutive, *remercier*, qui désigne l'action que l'on accomplit lorsqu'on dit *merci* (cf. chapitre 14).

Lectures conseillées

Sur la morphologie structurale, on consultera Lyons (1970), Dubois (1965) et (1967) ; Arrivé & al. (1986, articles dérivation, morphème, préfixe, suffixe, nom, verbe, adjectif) ; sur la dérivation verbale et la délocutivité, Benveniste (1966, chapitre 23) ; pour une approche contemporaine de la morphologie d'un point de vue syntaxique, Kerleroux (1996), Fradin (2003) dans une perspective constructionnelle.

À retenir

- Le **mot** est une unité complexe dont la structure interne est l'objet de la morphologie.
- Les unités de la morphologie sont les morphèmes.
- Les **morphèmes** sont les plus petites unités linguistiques ayant une forme et un contenu.
- Un **allomorphe** est une variante distributionnelle d'un morphème.
- Un **morphe-portemanteau** est un morphe qui réalise plusieurs morphèmes.
- Le **mot** est composé minimalement d'un morphème lexical, éventuellement accompagné d'un ou plusieurs affixes.
- Le mot en français peut être formé par **affixation** ou par **composition**.
- Les **suffixes de dérivation** changent généralement la catégorie grammaticale de l'unité à laquelle ils s'appliquent.

Chapitre 6

Catégories, fonctions et unités grammaticales

Objectifs de connaissance

- Définir la notion de catégorie grammaticale.
- Différencier fonction grammaticale et fonction sémantique.
- Expliciter les principes de l'analyse structurale de la phrase (unités de rang, analyse en constituants).

Ce chapitre est consacré aux catégories, fonctions et unités grammaticales. Le premier problème à l'établissement d'une grammaire (traditionnelle ou linguistique) est celui du classement des mots d'une langue en un petit nombre de catégories grammaticales ou parties du discours (nom, verbe, adjectif, déterminant, etc.). Le second problème est celui des fonctions, grammaticales et sémantiques, assignées aux groupes de mots dans la phrase. Enfin, le troisième problème est celui de l'analyse de la phrase en unités grammaticales et des principes qui la gouvernent.

Les catégories grammaticales

La nécessité de disposer d'un inventaire limité de catégories est d'ordre grammatical. Si la grammaire ne disposait pas de catégories du type Nom, Verbe, Déterminant, Préposition, etc., il serait impossible de formuler des règles de caractère général. Ainsi, pour rendre compte du caractère agrammatical de (1b) et (2b), il faudrait disposer des règles R_1 et R_2, alors qu'en disposant des catégories du type *Nom* et *Déterminant*, ces deux règles n'en constituent qu'une seule, notée R_i (cf. Gary-Prieur, 1985) :

(1) a. Le chien court.
  b. *Chien le court.

(2) a. J'ai vu un oiseau.
  b. *J'ai vu oiseau un.

> R_1 Le mot *le* doit précéder le mot *chien* pour constituer avec lui un groupe nominal dans une phrase.
> R_2 Le mot *un* doit précéder le mot *oiseau* pour constituer avec lui un groupe nominal dans une phrase.
> R_i Le déterminant doit précéder le nom pour constituer avec lui un groupe nominal dans une phrase.

La théorie des **parties du discours**, ou **catégories grammaticales**, permet de formuler des régularités syntaxiques générales, comme R_i. En d'autres termes, les règles syntaxiques sont formulées en termes de catégories grammaticales, de même qu'à chaque unité lexicale est associée une catégorie grammaticale.

Critères de définition des catégories

Admettre qu'un inventaire des catégories grammaticales est nécessaire est une chose, établir des critères distinctifs clairs et précis en est une autre. En fait, on constate que les dénominations et le nombre des parties du discours diffèrent d'une tradition grammaticale à l'autre ou d'une grammaire à l'autre. En voici deux exemples, tirés l'un de la grammaire de Port-Royal, l'autre de la grammaire générative (cf. chapitres 7-9).

• *La tradition de Port-Royal*

La tradition issue de la grammaire générale et raisonnée de Port-Royal (Arnault & Lancelot 1660/1969) distingue deux sous-ensembles disjoints de parties du discours ou catégories grammaticales :

– nom, article, pronom, participe, préposition, adverbe ;
– verbe, conjonction, interjection.

Si cette classification ne semble pas très cohérente du point de vue linguistique (on peut se demander en effet quelles sont les relations entre un pronom et un participe), elle s'explique cependant par le rapport entre le langage et la pensée, préoccupation qui gouverne la grammaire de Port-Royal. Cette classification reproduit en effet, sur le plan linguistique, la division des opérations mentales responsables du jugement ou de la proposition.

Port-Royal distingue ainsi les expressions linguistiques par lesquelles l'esprit conçoit les termes de celles qui interviennent pour lier ou dissocier les termes (*verbe* pour la proposition simple, *conjonction* pour la proposition composée). En d'autres termes, le premier ensemble est formé d'éléments qui signifient une idée et, par son intermédiaire, une chose, alors que le second ensemble est formé d'éléments qui signifient une opération de l'esprit.

• *La tradition de la grammaire générative*

Dans la tradition de la grammaire générative (cf. chapitres 7-9), on distingue principalement les catégories lexicales, les catégories syntagmatiques et les catégories non lexicales :

– **catégories lexicales** : verbe, nom, adjectif, adverbe ;
– **catégories syntagmatiques** : syntagme nominal, syntagme verbal, syntagme adjectival, syntagme prépositionnel ;
– **catégories non lexicales** : préposition, pronom, complémenteur, déterminant, etc.

Les catégories lexicales constituent une classe ouverte, alors que les catégories non lexicales définissent une classe fermée ; les catégories syntagmatiques sont organisées autour d'une **tête lexicale**, précédée d'un *spécifieur* et optionnellement suivie d'un ***complément***.

Ainsi, les différentes catégories syntagmatiques données en (3) – respectivement syntagme nominal, syntagme verbal, syntagme adjectival, syntagme prépositionnel – ont, à ce niveau de généralité, la même structure syntaxique (cf. chapitre 8) :

(3) a. *Le* **mari** ***de ma sœur***.
b. Marie *veut* **manger** ***une tarte***.
c. Jean est *très* **fier** ***de ses enfants***.
d. La maison est *tout* **près** ***de la rivière.***

Critères de classification des catégories grammaticales

Quels sont les critères de définition des catégories grammaticales ? On peut en distinguer principalement trois.

(i) La grammaire de Port-Royal, suivie en cela par la plupart des grammaires traditionnelles, utilise un **critère sémantique**, notamment pour distinguer la catégorie du nom substantif et de celle de l'adjectif. Voici une citation, très éclairante, tirée de la *Grammaire générale et raisonnée* de Port-Royal (p. 48-49) :

> Les objets de nos pensées sont ou les choses, comme *la terre, le soleil, l'eau, le bois*, ce qu'on appelle ordinairement *substance* ; ou la manière des choses, comme d'être *rond*, d'être *rouge*, d'être *dur*, d'être *savant*, etc., ce qu'on appelle *accident*. [...] C'est ce qui fait la principale différence entre les mots qui signifient les objets des pensées : car ceux qui signifient les substances ont été appelés noms substantifs ; et ceux qui signifient les accidents, en marquant le sujet auquel ces accidents conviennent, noms adjectifs.

(ii) Le deuxième type de critères, également utilisé par les grammaires traditionnelles, est **morphologique** : chaque catégorie grammaticale, ou chaque partie du discours, a des propriétés morphologiques (liées à sa forme) différentes. Ainsi :

– les **verbes** se conjuguent : ils sont porteurs de désinences qui portent les catégories de la personne, du temps et du nombre ;
– les **noms** portent des marques de genre et de nombre, qu'ils imposent à leurs déterminants et aux adjectifs qui dépendent d'eux ;
– les **adverbes** sont invariables ;
– les **pronoms** forment une classe finie de formes, variables en fonction des critères de la personne, du nombre, du genre, de la fonction, et de la position.

(iii) Enfin, il existe une troisième classe de critères, **fonctionnels** : les catégories grammaticales, ou parties du discours, se définissent par les relations qu'elles entretiennent dans la construction de la phrase :

– les **déterminants** déterminent le substantif ;
– les **adverbes** (mis à côté du verbe) se définissent par leur rapport au verbe. Cette définition fonctionnelle vaut pour les adverbes de constituants (*lentement* en 4a), que l'on oppose traditionnellement aux adverbes de phrases (*heureusement* en 4b) et aux adverbes d'énonciation (*franchement* en 4c) :

(4) a. Paul roule *lentement*.
b. Paul, *heureusement*, roule lentement.
c. *Franchement*, Paul roule lentement.

– les **prépositions** sont définies par leur position devant un groupe nominal ;
– les pronoms sont mis pour un groupe nominal, un nom ou un groupe prépositionnel.

On constate donc que ces critères ne sont pas homogènes, même s'ils sont très souvent utilisés de manière cumulative. Pour remédier à cette hétérogénéité de critères, la grammaire générative, dans ses versions classiques, préfère utiliser un système à base de trait catégoriel : le trait nominal [+*N*] et le trait verbal [+*V*]. Ainsi, les quatre principales catégories sont définies de la manière suivante :

Nom : [+*N*] [-*V*]
Verbe : [-*N*] [+*V*]
Adjectif : [+*N*] [+*V*]
Préposition : [-*N*] [-*V*]

Catégories, sous-catégories et restrictions sélectionnelles

Pour formuler une règle de grammaire, il est parfois nécessaire de spécifier la **sous-catégorie** impliquée dans la règle. Des distinctions comme verbe intransitif *vs* transitif, nom comptable *vs* nom massif sont des sous-catégories nécessaires pour éviter que la grammaire ne produise des phrases comme (5b) et (6b) :

(5) a. Nathanaël dort.
b. *Nathanaël dort son lit.
(6) a. Au menu, nous avons des haricots.
b. *Au menu, nous avons du haricot.

La grammaire doit donc contenir des règles qui indiquent les sous-catégories. Ces règles indiquent notamment le type de complément associé à un verbe particulier et son caractère optionnel : ce sont des **règles de sous-catégorisation**. En revanche, les **sélections** opérées par le verbe sur leurs sujets et leurs compléments définissent des règles de **restriction sélectionnelle**.

Ainsi, l'entrée lexicale du verbe *manger* donne des informations sur :

– sa catégorie lexicale : [+*V*] ;
– sa sous-catégorisation stricte : alors que son sujet (SN_{1}) est obligatoire, son objet (SN_2) est optionnel, mais dans ce cas implicite (emploi absolu) ;
– ses restrictions sélectionnelles : son sujet est animé, son objet réfère à un aliment solide.

Manger

Catégorie grammaticale : [+*V*]
Sous-catégorisation stricte : [SN_1 __ (SN2)]
Restriction sélectionnelle : [[$SN_{+\text{animé}}$] __ ([$SN_{+\text{solide}+\text{comestible}}$])]

Ces règles expliquent la grammaticalité et l'agrammaticalité des phrases (7) :

(7) a. Jean mange.
b. Jean mange une pomme.
c. Le chien mange.
d. *La banane mange (Jean).
e. *Jean mange le vin.

Fonctions grammaticales et fonctions sémantiques

Les **fonctions** définissent les relations que les mots ou groupes de mots ont les uns par rapport aux autres dans la structure de la phrase. Les termes de *verbe*, de *nom*, de *préposition* désignent des **catégories**, mais ceux de *sujet* et d'*objet* dénotent des **fonctions**. Nous allons examiner deux types de fonctions, que la grammaire traditionnelle a généralement confondu : d'une part les fonctions grammaticales, d'autre part les fonctions sémantiques.

Fonctions grammaticales

Les fonctions grammaticales (comme *sujet de*, *objet de*) désignent les relations que les groupes de mots (syntagmes nominaux, syntagmes prépositionnels par exemple) entretiennent avec le verbe. Ainsi, la fonction de **sujet** se définit en français par sa position généralement antéposée au verbe et par la relation d'accord qu'il a au verbe – le sujet détermine l'accord du verbe en personne et en nombre –, comme le montrent les exemples (8) :

(8) a. Paul aime Marie.
b. Marie aime Paul.
c. Paul et Marie s'aiment.

En (8a) et (8b), le sujet est défini par sa position (il précède le verbe) ; en (8c), le sujet (groupe nominal complexe) détermine l'accord pluriel du verbe.

L'une des questions qui se pose est de savoir s'il y a une relation univoque entre catégorie grammaticale et fonction grammaticale. Si tel était le cas, cela reviendrait à faire l'hypothèse qu'à un certain type de catégorie grammaticale correspond une fonction grammaticale spécifique. Mais cette hypothèse est fausse. Par exemple, la fonction grammaticale *sujet de* peut être remplie par un nom propre, un syntagme nominal, un verbe (à l'infinitif), et même une proposition grammaticale :

(9) a. *Paul* est ridicule.
b. *Ce clown* est ridicule.
c. *Pleurer et se plaindre* est ridicule.
d. *Que tu croies ces rumeurs* est ridicule.

À côté des **fonctions grammaticales**, il faut distinguer des **fonctions sémantiques**, qui lient les **arguments** et leur **prédicat** (cf. chapitre 10), à savoir les syntagmes et le verbe auquel ils sont attachés.

Par exemple, la relation entre les arguments d'un verbe transitif est au plan sémantique identique, que la phrase soit active ou passive. En (10a) et (10b), *Ève* est l'agent de l'action dénotée par le verbe *manger*. Mais du point de vue syntaxique, *Ève* est sujet dans la phrase active et complément d'agent dans la phrase passive. De même, en (11a) et (11b), *la branche* est sujet du verbe *casser* intransitif et objet de *casser* transitif, quand bien même sa relation au verbe n'est pas différente sémantiquement :

(10) a. Ève a mangé la pomme.
b. La pomme a été mangée par Ève.
(11) a. La branche a cassé.
b. Jean a cassé la branche.

Il convient donc de distinguer **fonction grammaticale** et **fonction sémantique**. Pour illustrer cette différence, nous examinerons les différentes fonctions sémantiques que la fonction grammaticale de sujet permet de remplir.

Les rôles sémantiques du sujet grammatical

Partons des exemples suivants :

(12) a. Jean frappe le ballon.
b. Jean reçoit un coup.
c. Jean reçoit un cadeau
d. Jean aime Marie.

Dans tous ces exemples, *Jean* est le sujet grammatical du verbe (il détermine son accord), mais il n'a pas le même rôle, ou la même fonction, sémantique : *Jean* est respectivement **agent**, **patient**, **bénéficiaire**, **expérienceur**. À une fonction grammaticale correspondent donc plusieurs fonctions sémantiques.

De façon converse, un rôle sémantique identique peut être traité de manière différente dans la grammaire. Ainsi, le rôle sémantique qu'entretient *la branche* vis-à-vis du prédicat *casser* en (13) est identique, quelle que soit sa fonction grammaticale (sujet ou objet). Ceci explique le caractère agrammatical des phrases (14), qui montre que le verbe *casser* ne peut avoir comme argument *l'oxygène*, pour des raisons de restrictions sélectionnelles (cf. chapitre 7) :

(13) a. La branche a cassé.
b. Jean a cassé la branche.
(14) a. *L'oxygène a cassé.
b. *Jean a cassé l'oxygène.

Critères de détermination des fonctions sémantiques

Quels critères permettent de déceler des fonctions sémantiques différentes sous une même fonction grammaticale ? On peut utiliser deux tests linguistiques, à savoir deux manipulations formelles ne recourant pas au sens ou à la signification : le test de **réduction de coordination**, qui vise à supprimer la partie commune d'un énoncé coordonné (15), et le test de l'**interrogation**, qui vise à interroger la relation entre le verbe et son complément (16) :

(15) a. **Jean** a cassé la vitre.
b. **Le pavé** a cassé la vitre.
c. **Jean et Paul** ont cassé la vitre.
d. **Le pavé et la grenade** ont cassé la vitre.
e. ***Jean et le pavé** ont cassé la vitre.
(16) a. Paul lit **un livre**.
b. Paul écrit **un livre**.
c. Qu'est-ce que Paul fait de ce livre ? Il le **lit**/*Il l'**écrit**.

On voit ainsi que si (15e) est agrammatical, c'est que *Jean* et *le pavé* n'ont pas la même fonction sémantique (Agent *vs* Patient), et que si la réponse en (16c) avec *Il l'écrit* n'est pas possible, c'est que *un livre* n'a pas la même fonction sémantique en (16a) et en (16b) – Thème *versus* Patient.

Les unités de la grammaire

La grammaire structurale est organisée principalement autour des deux idées directrices d'unités de rang et de constituants immédiats.

Les unités de rang

La première idée principale de la grammaire structurale est celle de **hiérarchie** ; les unités de la grammaire sont en relation hiérarchique, comme le montre la figure 1 :

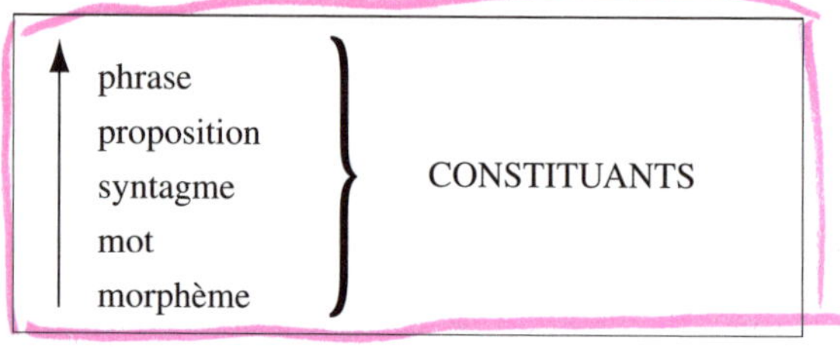

Figure 1

Chacune de ces unités est une unité de rang, à savoir une unité hiérarchique. La plus grande unité grammaticale est la phrase (unité de rang supérieur), la plus petite unité grammaticale est le morphème (unité de rang inférieur). La phrase est donc composée de proposition(s), la proposition de syntagmes, le syntagme de mot(s), et le mot de morphème(s). Ces unités sont des constituants grammaticaux.

Le tableau suivant est un exemple de décomposition de la phrase jusqu'aux unités mots :

phrase	je partirai et je prendrai le bus
propositions	je partirai, je prendrai le bus
syntagmes :	
— nominaux	je, le bus
— verbaux	partirai, prendrai le bus
— mots	je, partirai, et, je, prendrai, le, bus

L'analyse en constituants immédiats

Toute unité grammaticale complexe est analysable en unités de rang immédiatement inférieur, ce qu'on peut formuler de la manière suivante :

> Chaque constituant d'un rang *n* s'analyse en ses constituants immédiats de rang *n-1* (de rang immédiatement inférieur).

L'analyse de la phrase en constituants immédiats est une **analyse hiérarchique**, qui se représente généralement sous forme d'arbres. L'exemple (17) reçoit l'analyse donnée dans la figure 2, qui peut elle-même être simplifiée par la figure 3 grâce à l'introduction de catégories grammaticales :

(17) L'enfant déballe son cadeau.

Sur quels principes l'analyse en constituants immédiats est-elle fondée ? L'idée est de partir de la phrase, ici *l'enfant déballe son cadeau*. Quels sont ses constituants immédiats ? Les constituants immédiats de la phrase sont le syntagme nominal (*l'enfant*) et le syntagme

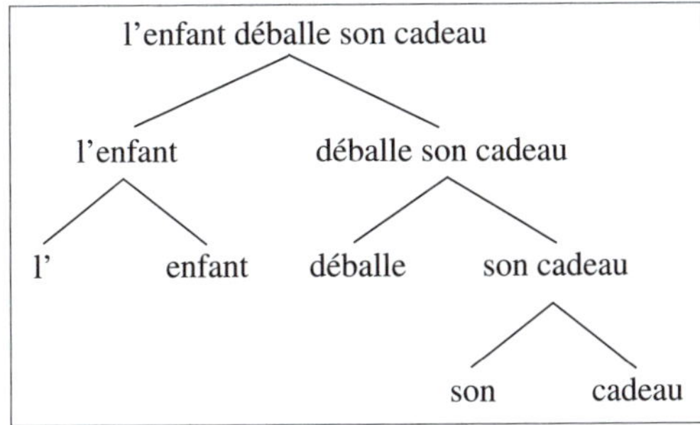

Figure 2

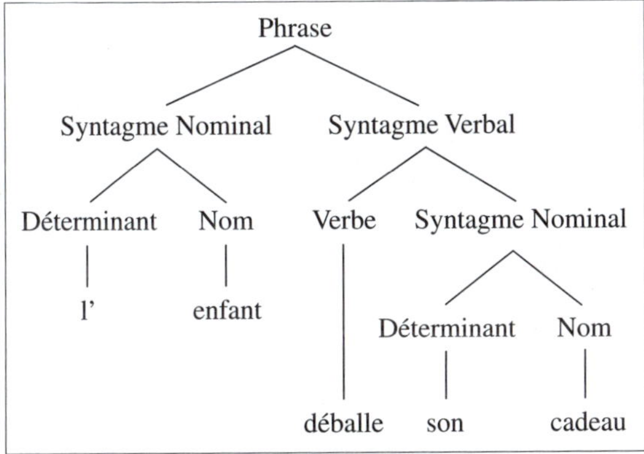

Figure 3

verbal (*déballe son cadeau*). Le critère qui détermine les constituants immédiats est le principe de **distribution** : *l'enfant* appartient à une **classe distributionnelle**, qui définit l'ensemble des expressions qui peuvent occuper la même position syntaxique (préverbale) et la même fonction grammaticale (sujet). Ainsi, *l'enfant déballe* n'est pas un constituant immédiat, car il n'y a aucune classe distributionnelle qui puisse le définir.

Quels sont les constituants immédiats de ces deux syntagmes ? Pour *l'enfant*, la réponse est simple : *l'* et *enfant*. Pour le syntagme verbal, les constituants immédiats en sont le verbe *déballe* et le syntagme nominal *son cadeau*, et non par exemple, *déballe son* et *cadeau*. Enfin, les constituants immédiats de *son cadeau* sont *son* et *cadeau*. Les raisons de ce découpage sont liées aux tests que nous pouvons opérer sur les constituants (substitution, déplacement), comme le montrent (18) et (19) :

(18) a. C'est le cadeau que l'enfant déballe.
b. Le cadeau a été déballé par l'enfant.
c. L'enfant a déballé son cadeau et son papa aussi.

(19) a. *C'est déballer que l'enfant a fait son cadeau.
c. *C'est l'enfant déballe qui a fait son cadeau.

La représentation arborescente indique ainsi le niveau hiérarchique de chaque constituant, simple (lexical) ou complexe (syntagmatique). Chaque nœud correspond à une catégorie grammaticale. Une analyse en constituants immédiats suppose donc une description préalable des catégories grammaticales. Mais elle ne suppose pas la nécessité d'une analyse fonctionnelle : les étiquettes *sujet de* et *objet de* ne font pas partie du matériel descriptif nécessaire pour l'analyse en constituants.

Lectures conseillées

Sur les notions de catégorie et de fonction grammaticale, on consultera Gary-Prieur (1985). Sur les fonctions sémantiques, on renverra à Fillmore (1968) et (1987), Gruber (1976) et plus récemment à Jackendoff (1990) et Parsons (1990). Voir aussi Haegeman (1994) pour une définition des fonctions sémantiques (rôles thématiques) en grammaire générative. Pour l'analyse structurale de la phrase, voir Roulet (1974).

À retenir

- Les catégories grammaticales déterminent la nature grammaticale des unités de la grammaire et interviennent dans les règles grammaticales.
- Les fonctions grammaticales déterminent les relations syntaxiques (comme l'accord) que les groupes de mots entretiennent entre eux dans la phrase.
- Les fonctions sémantiques déterminent les rôles sémantiques que les arguments entretiennent par rapport au prédicat.
- Les unités de la grammaire sont des unités hiérarchiques, i.e. des unités de rang.
- L'analyse structurale de la phrase est une analyse en constituants immédiats, basée sur le principe de distribution.

Deuxième partie

Syntaxe et sémantique formelles

Chapitre 7

La grammaire générative : généralités

Objectifs de connaissance

- Situer la grammaire générative par rapport à la grammaire structurale.
- Expliciter les raisons du changement théorique opéré par la grammaire générative.
- Définir les buts de la théorie linguistique selon Chomsky.
- Définir les notions de grammaire générative et de description structurale.

Sous l'étiquette *grammaire générative* se regroupent depuis cinquante ans un grand nombre de travaux descriptifs et théoriques relevant principalement de la syntaxe. À l'origine de ce paradigme scientifique, il y a un linguiste, Noam Chomsky (MIT, Cambridge, Massachusetts), dont les travaux ont à la fois permis un changement de cap dans l'histoire de la linguistique et un retour à la tradition rationaliste de Port-Royal.

Dans ce chapitre, nous allons définir les grandes lignes du modèle chomskien, tel qu'il a été formulé dans les premiers travaux de grammaire générative (nous renvoyons aux chapitres 8 et 9 pour les développements récents). Nous définirons principalement les buts de la grammaire générative, et donnerons la définition de l'adjectif *génératif*. L'adjectif *transformationnel*, qui lui est généralement accolé, sera défini au chapitre 9. Dans un premier temps, nous rappellerons les principes de la grammaire structurale (cf. chapitre 6), ainsi que les principales critiques que lui adresse Chomsky.

La grammaire distributionnelle

La linguistique américaine, à l'époque des premiers travaux de Chomsky (1955-1957), se caractérise par les propriétés suivantes.

Tout d'abord, les grammaires, élaborées pour un grand nombre de langues, sont des **grammaires distributionnelles**. La **distribution** d'une unité est la somme de ses environnements, à savoir l'ensemble des positions dans lesquelles elle peut prendre place. Le linguiste établit ainsi des **classes distributionnelles** (ou paradigmes), qui contiennent l'ensemble des éléments pouvant apparaître dans cette position. La grammaire est donc une **grammaire de listes**.

Ainsi, en (1), on dira que les éléments appartenant à l'ensemble (d) appartiennent à la même classe distributionnelle, car ils peuvent tous apparaître dans la même position en (1a-c) :

(1) a. le _ chante
b. un _ joue
c. le méchant _ est parti
d. {gamin, garçon}

De même, les exemples (2) indiquent deux positions pour les pronoms clitiques (attachés au verbe en position préverbale) : les pronoms se classent ainsi en trois classes distributionnelles.

(2) a. Jean {me, te, nous, vous} {le} donne.
b. Jean {le} {lui, leur} donne.

Ensuite, le modèle d'analyse linguistique est un **modèle taxinomique**. Il s'agit, à partir d'une **procédure de découverte** (l'analyse en constituants immédiats), de classer l'ensemble des constructions d'une langue donnée. L'analyse en constituants immédiats est basée sur le principe suivant : chaque constituant est analysé en constituants de rang immédiatement inférieur, le découpage se poursuivant jusqu'à ce que l'analyse atteigne les catégories lexicales (cf. chapitre 6).

Enfin, la conception taxinomique de la grammaire donne un rôle fondamental au **corpus**. Le linguiste doit dans un premier temps recueillir des données, et ensuite les traiter à l'aide des procédures de l'analyse distributionnelle et de l'analyse en constituants immédiats. L'approche est donc inductive : on part des faits pour induire des généralisations. Par conséquent, la conception de la grammaire est celle d'une **procédure de découverte** : à partir de données, la théorie produit la grammaire. Pour toute langue, il y a donc une et une seule grammaire, et c'est la théorie qui, à partir des données, fournit la grammaire.

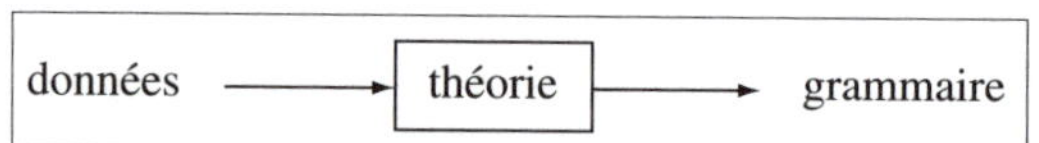

Figure 1. Procédure de découverte

La critique du structuralisme par Chomsky

Chomsky adresse deux critiques principales à la conception taxinomiste de la grammaire.

Première critique : le **corpus** ne contient qu'un **sous-ensemble des phrases grammaticales d'une langue**, de même qu'il contient également un sous-ensemble de phrases agrammaticales.

Deuxième critique : pour Chomsky, une théorie ne peut pas être une **procédure de découverte**. Au mieux, elle est une **procédure de décision :** elle permet de dire si une grammaire est ou non une grammaire à partir des données fournies. Au pire, elle n'est qu'une **procédure d'évaluation** : elle dit quelle est la meilleure grammaire parmi un ensemble de grammaires possibles.

À l'opposé d'une conception taxinomique, Chomsky défend une conception théorique de la grammaire. Il s'agit pour lui d'envisager la construction de théories générales (ce qu'il appelle des modèles hypothétiques), qui doivent :

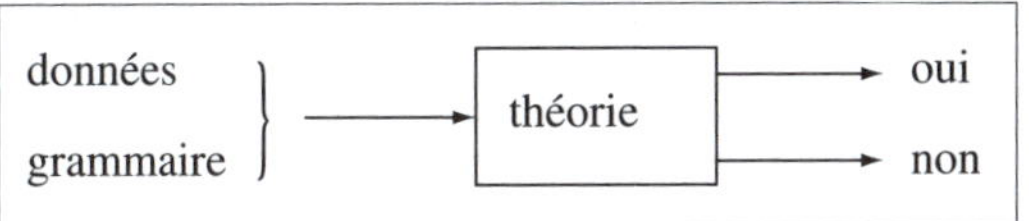

Figure 2. Procédure de décision

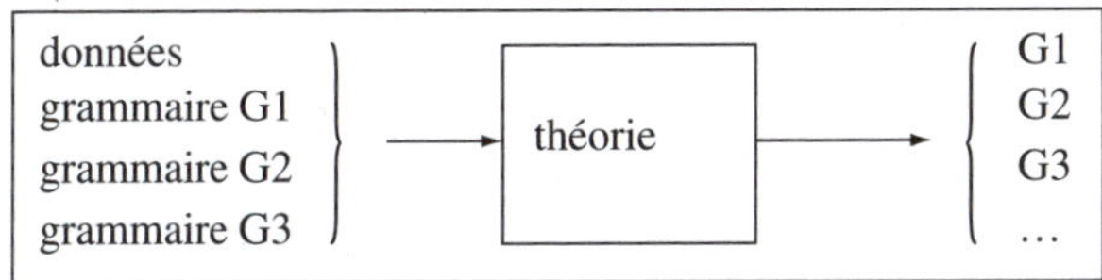

Figure 3. Procédure d'évaluation

- *décrire* les faits connus (satisfaire l'adéquation descriptive),
- *expliquer* ces faits connus (satisfaire l'adéquation explicative) et
- *prédire* de nouveaux faits.

De plus, Chomsky adopte un principe méthodologique courant en science, selon lequel on ne peut tirer que des généralisations négatives des observations ou des expériences. En d'autres termes, on ne pourra jamais dire d'une théorie qu'elle est vraie, mais on pourra essayer de montrer qu'elle est fausse. La valeur d'une théorie ne réside donc pas dans le fait qu'elle est vraie, mais dans le fait qu'elle est réfutable (falsifiable). Elle a donc les attributs suivants : valeur explicative, cohérence interne, compatibilité avec d'autres théories, économie, simplicité et enfin élégance. Pour arriver à ses fins, Chomsky propose la construction de **modèles explicites et précis**. Ces modèles sont les **grammaires génératives.**

Buts de la théorie linguistique

Pour Chomsky, le but de la théorie linguistique est de décrire la **faculté de langage**, à savoir la capacité des sujets parlants à distinguer les phrases grammaticales des phrases agrammaticales. Cette capacité de langage, qui est à l'origine de l'acquisition du langage, fait partie de la compétence des sujets parlants.

Compétence et performance

Chomsky distingue la *compétence* de la *performance*. Si la performance est l'utilisation de la compétence, i.e. la compétence mise en œuvre dans des actes de parole par les sujets parlants, la compétence renvoie au système de règles sous-jacent à l'utilisation et à la compréhension du langage. Plus précisément, la compétence définit un système internalisé de règles (la grammaire) associant des sons à des sens, ou des séquences de signaux acoustiques à des interprétations sémantiques.

Pour Chomsky, la compétence est un héritage biologique, quelque chose d'inné par opposition à quelque chose d'acquis. De plus, la description de la compétence doit indiquer non pas simplement le système de règles propres à chaque langue, mais les universaux du langage (les propriétés universelles communes à toutes les langues). Le but de la grammaire est ainsi d'approcher la description de la **grammaire universelle** (cf. chapitre 8).

Priorité de la compétence sur la performance

Pour Chomsky, l'étude de la compétence est prioritaire par rapport à l'étude de la performance. Quels sont les arguments qui lui permettent de défendre cette thèse ? Tout sujet parlant français, indépendamment du contexte d'emploi, peut exprimer des jugements induits par sa compétence linguistique (Ruwet 1967) :

- (1) est une phrase grammaticale et univoque ;
- (2) est une phrase grammaticale, mais ambiguë ;
- (3) est une phrase grammaticale, mais ininterprétable ;
- (4) est une phrase agrammaticale, mais interprétable.

(1) Le jeune homme rencontre la vieille dame.
(2) Pierre aime mieux Paul que Jean.
(3) Le silence vertébral indispose le voile licite.
(4) Vous faire moi rigoler.

La récurrence de ces jugements (grammaticalité, ambiguïté, interprétabilité) autorise le linguiste à utiliser son **intuition linguistique** comme support de jugement, plutôt que de recourir à des faits de performance (dépendants de corpus).

Autonomie de la syntaxe

Pour Chomsky, l'approche formelle du langage (l'étude de la syntaxe) est autonome et indépendante par rapport à l'étude de la sémantique. Pour le montrer, il faut distinguer phrases grammaticales et phrases agrammaticales, phrases grammaticales et phrases interprétables, phrases grammaticales et phrases correctes, et enfin phrases grammaticales et phrases fréquentes (Ruwet 1967).

Une phrase agrammaticale n'est pas une phrase **ininterprétable**. Ainsi, dans les exemples (5)-(8), toutes les phrases (b) sont agrammaticales, mais parfaitement interprétables. Les phrases (8) sont intéressantes, car (8a), qui est ambiguë et peut s'interpréter soit comme (8b) soit comme (8c), est la seule réalisation syntaxique possible :

(5) a. Jean mange une pomme.
b. * Pomme une mange Jean.
(6) a. Je n'ai vu personne.
b. * Je n'ai personne vu.
(7) a. Que fait Pierre ?
b. * Quoi Pierre fait-il ?
(8) a. Pierre m'a proposé de venir.
b. * Pierre m'a proposé que je vienne.
c. * Pierre m'a proposé qu'il vienne.

La grammaticalité ne dépend pas de l'**interprétabilité**. Si (9a) est grammaticale, mais ininterprétable (ou en tout cas difficilement interprétable), (9b) est à la fois agrammaticale et ininterprétable.

(9) a. D'incolores idées vertes dorment furieusement.
b. Furieusement, dormir idée vert incolore.

La grammaticalité ne recouvre pas la **correction grammaticale**. La phrase (10b) est incorrecte et s'oppose à (10a) sur des critères de niveau de langue. Par contre, les phrases (10c) et (10d) sont agrammaticales, pour des raisons de placement de la particule négative (forclusif) *rien :*

(10) a. Je n'ai rien vu.

b. ? J'ai rien vu.
c. * Je n'ai vu rien.
d. * J'ai vu rien.

Enfin, la grammaticalité est indépendante de la **fréquence** d'emploi. Dans le contexte *le _ est fragile*, *gorille* est aussi improbable du point de vue de sa fréquence d'emploi que *de*. Mais les deux phrases (11a) et (11b) n'ont pas le même statut grammatical, seule (11a) étant agrammaticale :

(11) a. * Le de est fragile.
b. Le gorille est fragile.

Ainsi, on peut affirmer que la syntaxe, i.e. l'ensemble des principes déterminant la grammaticalité des phrases, est autonome et prioritaire relativement à la sémantique, i.e. l'ensemble des principes déterminant l'interprétation des phrases.

Buts de la théorie linguistique

La capacité de distinguer entre phrases grammaticales et phrases agrammaticales fait partie de la compétence linguistique des sujets parlants. La grammaire comme modèle de la compétence a donc pour première tâche d'énumérer explicitement toutes les phrases qui sont grammaticales (bien formées) et d'exclure toutes les séquences qui sont agrammaticales. On peut dès lors donner la définition d'une grammaire générative :

> Une **grammaire générative** est une grammaire explicite, capable d'énumérer toutes et rien que les phrases grammaticales d'une langue.

On notera qu'une grammaire générative n'est pas synonyme de grammaire de production : *générer* signifie *engendrer*, à savoir énumérer explicitement au moyen de règles.

Grammaire générative et grammaire traditionnelle

La critique principale de la grammaire générative à la grammaire traditionnelle tient au fait que la grammaire traditionnelle n'est pas une grammaire explicite (cf. chapitre 1). Elle consiste en la formulation de règles générales, illustrées par des exemples, suivis de listes d'exceptions. Les règles ne sont donc pas des ensembles explicites d'instructions : au contraire, elles permettent d'engendrer des séquences agrammaticales (cf. chapitre 1).

Par contre, en tant qu'ensemble d'instructions explicites applicables mécaniquement (algorithmes), la **grammaire** doit être capable :

– d'**engendrer un ensemble infini de phrases grammaticales** à partir d'un ensemble fini d'éléments (catégories, unités lexicales, règles) ;
– de leur associer automatiquement une **description structurale**.

Les aspects de la description structurale

La description structurale d'une phrase fournit un ensemble de renseignements qui déterminent d'une part la représentation phonétique et d'autre part la représentation sémantique de la phrase. Ruwet (1967) relève les aspects suivants de la description structurale.

• *Structure syntaxique et forme de surface*

Certaines phrases sont différentes du point de vue superficiel alors qu'elles ont une même structure syntaxique. La grammaire doit donc leur assigner un niveau de représentation structurale identique. Ainsi, les phrases (12a) et (12b) ont, à un certain degré de généralité, une même structure syntaxique (construction *SN-V-SN*, cf. les structures (12')) :

(12) a. Pierre aime Marie.
b. Le petit vieillard alerte qui habite en face de chez nous a perdu les lunettes qu'il avait achetées hier soir.

(12') a. [$_S$ [$_{SN}$ Pierre] [$_{SV}$ [$_V$ aime] [$_{SN}$ Marie]]]
b. [$_S$ [$_{SN}$ le petit vieillard alerte [$_S$ qui habite en face de chez nous]] [$_{SV}$ [$_V$ a perdu [$_{SN}$ les lunettes [$_S$ qu'il avait achetées hier soir]]]]

• *Structure profonde et structure de surface*

Certaines phrases sont semblables du point de vue superficiel, mais ont des structures profondes différentes. Ainsi, (13a) et (14a) se ressemblent du point de vue superficiel (un seul mot a été modifié, *tailleur* vs *fils*), mais ont des structures profondes différentes, (13b) et (14b) :

(13) a. J'ai fait faire un veston à mon tailleur.
b. [j'ai fait [mon tailleur faire un veston]]

(14) a. J'ai fait faire un veston à mon fils.
b. [j'ai fait [x faire un veston à mon fils]]

Il est donc fondamental de distinguer la **structure profonde**, définie comme le lieu de représentation de la description structurale et produite par les règles de la syntaxe et l'information lexicale, de la **structure de surface**, définie comme l'entrée de la représentation phonétique, et produite par des **règles de transformation** appliquées à la structure profonde (cf. chapitre 9).

• *Phrases ambiguës*

Le troisième aspect de la description structurale est lié aux ambiguïtés. Une phrase ambiguë est une phrase dont la structure de surface est le produit de deux (au moins) structures profondes. Ainsi, la phrase (15a) reçoit les deux lectures (15b) et (15c), qui correspondent à deux structures profondes simplifiées :

(15) a. J'ai lu la critique de Chomsky.
b. [j'ai lu [x a critiqué Chomsky]]
c. [j'ai lu [Chomsky a critiqué x]]

On notera qu'une manière de désambiguïser (15) consiste à lui ajouter un syntagme prépositionnel, dont le choix n'est pas libre :

(16) a. J'ai lu la critique de Chomsky du livre de Postal.
b. J'ai lu la critique de Chomsky par Postal.

La description structurale doit donc être capable de fournir, pour toute phrase ambiguë syntaxiquement, une **structure profonde** correspondant à chacune de ses interprétations sémantiques.

• *Fonctions grammaticales*

La description structurale doit aussi expliquer les relations ou fonctions grammaticales entre les éléments des phrases (cf. chapitres 6 et 8), bien que les fonctions grammaticales ne soient pas des primitives linguistiques. Par exemple, *Pierre* et *Marie* ont les mêmes relations avec le verbe *aimer* en (17a) et (17b), mais pas en (17a) et (17c) :

(17) a. Pierre aime Marie.
  b. Marie est aimée de Pierre.
  c. Marie aime Pierre.

De même, *Pierre* ne joue pas le même rôle en (18) (il n'a pas la même relation avec *vivre* et *comprendre*), comme le montrent les structures profondes (19) :

(18) a. Pierre est difficile à vivre.
  b. Pierre est difficile à comprendre.
(19) a. [il est difficile [x vivre avec Pierre]]
  b. [il est difficile [x comprendre Pierre]]

• *Sous-catégorisation et relations de sélection*

La description structurale doit aussi permettre de comprendre la manière dont les différentes langues naturelles **sous-catégorisent** leurs unités lexicales (cf. chapitre 6). Une sous-catégorie est le sous-type d'une catégorie. Ainsi, les **noms** du français se classent en différentes sous-catégories :

– nom masculin *vs* féminin ;
– nom animé *vs* non animé ;
– nom comptable *vs* massif.

Les **verbes** sont sous-catégorisés en :

– verbe intransitif *vs* transitif ;
– verbe transitif direct *vs* indirect ;
– verbe transitif avec *vs* sans suppression de l'objet.

Le rôle des **sous-catégorisations** apparaît dans les **relations de sélection**. On définira les relations de sélection de la manière suivante (Ruwet 1967) :

Relation de sélection

Un élément de catégorie *A* (verbe), qui a dans son environnement un élément de catégorie *B* (nom), requiert, s'il appartient à une sous-catégorie *a*, que *B* appartienne à une sous-catégorie *b*.

Par exemple, les sous-catégories de verbes données en (20) imposent des relations de **sélection** ou **restrictions sélectionnelles**, d'une part sur leur sujet (verbes du groupe (20a)), d'autre part sur leur objet (verbes du groupe (20b)), ce que montrent les phrases (b), agrammaticales, de (21)-(23) :

(20) a. {admirer, redouter,...} sujet [+ animé]
  b. {effrayer, intriguer, étonner,...} objet [+ animé]
(21) a. Pierre admire la sincérité.
  b. * La sincérité admire Pierre.
(22) a. Les soldats redoutent le danger.
  b. * Le danger redoute les soldats.
(23) a. La sincérité effraie Pierre.
  b. * Pierre effraie la sincérité.

• *La distinction animé/inanimé*

Enfin, la description structurale doit tenir compte de la distinction animé/inanimé dans la syntaxe, afin de rendre compte du choix des morphèmes interrogatifs d'une part, et des pronoms de troisième personne d'autre part :

(24) a. Qui vois-tu ? {Pierre, *un livre}
b. Que vois-tu ? {*Pierre, un livre}
(25) a. Je pense à lui lui = {à Pierre, *à ce travail}
b. J'y pense y = {à ce travail, * à Pierre}

Ainsi, une grammaire générative ne doit pas simplement produire l'ensemble des phrases grammaticales d'une langue à l'aide de règles syntaxiques explicites. Elle doit de plus en fournir une **description structurale**, qui conditionne à la fois leur **interprétation phonétique** et leur **interprétation sémantique**.

Lectures conseillées

On se reportera prioritairement à l'œuvre fondatrice de Chomsky publiée en 1957 (cf. Chomsky 1969a pour la traduction française), qui est un condensé de sa thèse de 1955, publiée en 1975 (cf. Chomsky 1975a). Ruwet (1967) reste une introduction toujours actuelle à la grammaire générative, et a le grand avantage de situer la grammaire générative par rapport à la linguistique structurale. Pour les relations entre la grammaire générative et Port-Royal, voir Chomsky (1969b). Pour une définition de la faculté de langage et de la grammaire universelle, voir Chomsky (1977a) et Chomsky (1986). Pour une présentation complète du modèle standard, on renvoie à Chomsky (1971).

À retenir

- La méthode scientifique de la grammaire générative est hypothético-déductive et s'oppose à la méthode inductive de la grammaire structurale.
- Le but de la grammaire générative est de décrire la compétence des sujets parlants et d'approcher la description de la faculté de langage propre à l'espèce humaine.
- La syntaxe est définie comme prioritaire et autonome par rapport à la sémantique.
- Une grammaire est générative si elle est capable, à partir d'un ensemble explicite de règles, de générer l'ensemble des phrases grammaticales d'une langue donnée et de leur assigner une description structurale.

Chapitre 8

Structures des constituants et de la phrase

Objectifs de connaissance

- Rappeler les grandes étapes de cinquante ans de grammaire générative.
- Introduire à la théorie *X*-barre.
- Appliquer l'hypothèse des projections fonctionnelles à la description de la structure de la phrase et du syntagme nominal.

Dans ce chapitre, nous allons introduire le lecteur à la version la plus répandue et acceptée de la grammaire générative actuelle, la **théorie des principes et des paramètres**. Nous montrerons dans un premier temps quelles ont été les grandes étapes de développement de la grammaire générative, puis nous fixerons les principales hypothèses de la théorie des principes et des paramètres. Nous développerons ensuite une hypothèse maintenant bien acceptée sur la structure des constituants syntaxiques, et appliquerons ce modèle à la structure de la phrase, à l'aide de la notion de projection fonctionnelle.

Les différentes étapes de la grammaire générative

La grammaire générative peut être considérée comme un véritable paradigme scientifique, qui a marqué les cinquante dernières années de la recherche en linguistique et en sciences cognitives. On peut, schématiquement, décrire son développement en quatre étapes principales (selon l'analyse qui en est faite dans Pollock, 1997).

La théorie standard

La théorie standard (TS), représentée par *Structures syntaxiques* et *Aspects de la théorie syntaxique* (Chomsky), pose les fondements descriptifs et théoriques du paradigme de la grammaire générative. Les principales thèses sont les suivantes.

– La définition de la langue comme une grammaire formelle (générative), qui comporte un **système de règles.** Ce système de règle comprend un ensemble de règles syntagmatiques (règles de réécriture) produisant les structures profondes, et un ensemble de règles de transformation produisant les structures de surface.

– L'**autonomie de la syntaxe** par rapport à la sémantique (cf. chapitre 7).

– La définition de la **compétence linguistique** des sujets parlants comme relevant de la faculté de langage.

– La recherche d'**universaux linguistiques** de substance (traits phonologiques, catégories syntaxiques) et de forme (types de règles).

Le principe de base de l'analyse linguistique (limitée à la syntaxe) est l'application des méthodes formelles des langages artificiels aux langues naturelles, permettant de dériver les représentations linguistiques, c'est-à-dire de générer des suites de morphèmes ou phrases. Le système a pour but de ne générer que les suites bien formées (phrases grammaticales) à l'exclusion des suites mal formées (phrases agrammaticales) (cf. chapitre 7).

La théorie standard étendue

La théorie standard étendue (TSE) se caractérise principalement par quatre aspects.

– Le **rejet des hypothèses de la sémantique générative**, théorie qui fait des représentations profondes de la syntaxe des représentations logiques ou sémantiques (de type prédicat-argument, cf. chapitres 10-12). La sémantique générative a eu une influence considérable dans les années 1960 et 1970, notamment en ce qui concerne les relations entre la syntaxe et la sémantique et les relations entre la syntaxe et la pragmatique, par l'**hypothèse performative** qui assigne un prédicat performatif à la structure profonde des phrases pour expliquer leur valeur pragmatique (cf. chapitre 14).

– La **contribution des représentations superficielles (structures de surface) à l'interprétation sémantique**, alors que la théorie standard localisait les informations pertinentes pour la représentation sémantique au seul niveau des structures profondes.

– L'établissement de **contraintes sur les transformations**, notamment les contraintes de cyclicité (déjà présente dans la TS), la contrainte de c-commande, la contrainte de préservation des structures, ainsi que l'indication des traces (catégories vides) laissées par les constituants après mouvements (transformations).

– La formulation d'une hypothèse générale sur la structure des constituants, la **théorie X-barre**, propres aux constructions endocentriques (syntagmes *vs* phrase).

Les principaux livres de Chomsky relevant de la TSE sont *Questions de sémantique*, *Réflexions sur le langage*, *Essais sur la forme et le sens*.

La théorie des principes et des paramètres

Si le passage de la TS à la TSE s'est fait dans le contexte de la « guerre » entre les tenants de la sémantique générative et ceux de la TSE (cf. Harris 1983) dans les années 1960 à 1970, la publication en 1981 des conférences de Pise (*Théorie du gouvernement et du liage*) a provoqué une véritable révolution dans le paradigme générativiste. La révolution provoquée par Chomsky peut, schématiquement, se caractériser par les trois aspects suivants.

1. Le passage d'une théorie fondée sur des règles formelles à une **théorie des principes et des paramètres**. La grammaire est organisée autour de principes universels, communs à toutes les langues, qui définissent la **grammaire universelle** (GU). Les principes de la grammaire universelle font partie du dispositif biologique propre à l'espèce humaine permettant l'acquisition du langage. Les paramètres que définit la théorie grammaticale caractérisent la manière dont les langues satisfont ces principes et permettent de comparer les différences et les analogies entre langues typologiquement proches ou éloignées (par exemple le paramètre de l'ordre des constituants dans les syntagmes).

2. La définition de la grammaire comme un ensemble de **modules** autonomes (cf. Fodor 1986 pour une théorie générale de la modularité). Ainsi les règles de réécriture, définissant la base dans la TS et la TSE, constituent le module *X*-barre. D'autres modules, comme la théorie du liage (expliquant les relations entre antécédents, anaphores et réfléchis), de même que la théorie du gouvernement (déterminant les relations structurales entre les constituants), la théorie du cas (déterminant l'attribution de cas abstraits ou morphologiques aux arguments), la théorie des fonctions thématiques (déterminant l'attribution de fonctions sémantiques ou thématiques aux arguments), la théorie du contrôle et la théorie des barrières complètent la théorie X-barre. Un ensemble de principes vient gérer la coexistence des différentes informations traitées par les modules.

3. La limitation à quatre **niveaux de représentation linguistique :** les **structures-D**, anciennement structures profondes, les **structures-S**, résultat de l'application d'une unique opération (anciennement transformations) de déplacement (« déplacer α »), la **forme phonétique** et la **forme logique**, sorties des structures-S, dont le but est de servir d'entrées aux interprétations phonétiques et sémantiques des phrases traitées par le système.

Le programme minimaliste

La dernière version de la grammaire générative, présentée notamment dans *The Minimalist Program* (1995), constitue une tentative d'économie et d'optimisation formelle et cognitive de la théorie. Des principes d'économie gèrent les computations syntaxiques (notamment la recherche des dérivations les plus simples). De plus, les représentations (formes phonétiques et formes logiques) doivent satisfaire des conditions d'interface imposées par les deux dispositifs que sont le système articulatoire et perceptif d'une part, le système conceptuel/intentionnel d'autre part (cf. Pollock 1997 pour une introduction en français au programme minimaliste).

La théorie X-barre

Au chapitre 6, nous avons proposé un type d'analyse classique de la structure de la phrase : l'analyse en constituants immédiats. Ce type d'analyse structurale est basé sur l'idée que les unités complexes de la grammaire (syntagmes, propositions, phrases) sont composées d'unités plus simples, le dernier niveau correspondant aux unités lexicales (lexèmes, cf. chapitre 5).

L'analyse en constituants immédiats a été à la base des **règles syntagmatiques** ou **règles de réécriture**, qui ont constitué la TS (cf. chapitre 11 pour une petite grammaire formelle du français interprétée sémantiquement). Très vite cependant, il est apparu que les principes de structuration des constituants complexes ne reflétaient aucun principe général ou universel des langues naturelles. La théorie *X*-barre constitue une tentative pour remédier aux faiblesses des modèles classiques, et permet au contraire de faire des hypothèses générales qui alimentent les principes de GU.

Une première description des syntagmes

Examinons dans un premier temps les différents types de syntagmes :

(1) le fils de mon voisin

(2) bien manger une pomme

(3) très content de son fils

(4) juste devant la maison

Ces quatre exemples illustrent les quatre types de syntagmes examinés jusqu'ici (cf. chapitre 6) : syntagme nominal (1), syntagme verbal (2), syntagme adjectival (3) et syntagme prépositionnel (4). Ces exemples illustrent les trois propriétés suivantes que la théorie X-barre a révélées :

– ils sont tous organisés autour d'une **tête lexicale**, respectivement *fils*, *manger*, *content* et *devant* ;

– la tête lexicale donne le nom du **syntagme**, i.e. syntagme nominal (*NP*), syntagme verbal (*VP*), syntagme adjectival (*AP*), syntagme prépositionnel (*PP*) ;

– ces différents syntagmes ont tous la **même structure** : la **tête** est précédée d'un **spécifieur** (respectivement *le*, *bien*, *très*, *juste*) et est suivie d'un **complément** (respectivement *de mon voisin*, *une pomme*, *de son fils*, *la maison*).

(5) donne une représentation aplatie de cette structure commune, où *SpecX* est le spécifieur de *X* et *XP* un syntagme de type *X* :

(5) XP = SpecX + X + Complément

Projections maximales, intermédiaires et minimales

Cette première description n'est pas suffisante : d'une part elle ne représente nullement la structure des syntagmes, d'autre part elle ne reflète pas l'idée fondamentale de la théorie *X*-barre, à savoir que les syntagmes ont une structure à niveaux. Une manière simple de rendre compte de ce phénomène consiste :

– à définir tout syntagme de type *XP* comme la **projection maximale** de la tête *X* ;

– à définir la structure commune sur la base d'une hiérarchie de relations, que l'on peut formuler de la manière suivante (Rizzi 1998) :

(6) a. XP = {X', ϕ}
b. X'= {X°, ψ}

ϕ est le spécifieur de X, ψ son complément, *X'* la projection intermédiaire de *X* et *X°* la projection minimale, à savoir la tête lexicale. ϕ et ψ sont elles-mêmes des projections maximales, qui peuvent être nulles.

Une version plus classique consisterait à représenter la structure d'un constituant *XP* à l'aide de règles syntagmatiques, comme (7), ce qui aurait l'avantage de permettre de rendre compte de la structure des différents types de syntagmes du français. Il suffit pour cela de remplacer la variable *X* par l'une ou l'autre catégorie (non) lexicale que sont *N, V, A* et *P* :

(7) a. XP → SpecX + X'
b. X'→ X + Complément
(8) a. NP → D + N'
b. N'→ N (PP)
(9) a. VP → Adv + V'
b. V'→ V (NP) (PP)
(10) a. AP → Adv + A'
b. A'→ A (PP)
(11) a. PP → Adv + P'
b. P'→ P + NP

Cependant ce mode de représentation n'est pas satisfaisant pour deux raisons.

Premièrement, il suppose que les représentations syntaxiques sont le résultat de l'application de règles syntagmatiques, ou de règles de réécriture ; or l'idée de la théorie des principes et des paramètres est que les représentations syntaxiques sont fondées sur un principe, le **principe de projection**. Ce principe stipule que les informations lexicales (notamment la sous-catégorisation, l'assignation de rôle thématique) sont conservées dans les dérivations syntaxiques :

Principe de projection

L'information lexicale est représentée syntaxiquement.

Deuxièmement, exprimer les relations hiérarchiques propres aux projections maximales permet d'aboutir à une généralisation que ne peuvent capturer les règles de réécriture. Dans la structure des projections maximales, il y a des éléments invariants, constants, représentés en (6a-b). Il y a aussi des **paramètres** variables, qui concernent l'ordre entre la projection intermédiaire *X'* (invisible en surface) et le spécifieur de *X* d'une part, entre *X* et son complément d'autre part, ce que l'on peut noter par (6c-d) (Rizzi 1988) :

(6) c. X' précède/suit ϕ.
    d. X° précède/suit ψ.

Cette formulation permet de distinguer ce qui relève des principes de la grammaire universelle (6) de ce qui relève des paramètres propres à une langue. Ainsi, on dira qu'en français, ϕ précède *X'* et ψ suit *X°* :

$$[_{XP}\ \phi\ [_{X'}\ X°\ \psi]]$$

Constructions endocentriques et exocentriques

Qu'en est-il maintenant de la structure de la **phrase** ? La théorie X-barre permet-elle d'en rendre compte ? Répondre positivement reviendrait à considérer que la phrase est la projection maximale d'une catégorie. Mais de quelle catégorie la phrase peut-elle être la projection maximale ? En second lieu, la tradition de l'analyse linguistique a généralement considéré que la phrase est une **construction exocentrique**, et non **endocentrique** : elle n'est pas organisée autour d'un noyau, ou d'une tête, mais le résultat de la construction de différentes types de catégories syntagmatiques, qui sont, elles, des projections maximales de têtes, à savoir des constructions endocentriques (*S* → *NP* + *VP*, cf. chapitre 11).

D'un autre côté, la tradition grammaticale, notamment la tradition de la grammaire structurale de Tesnière, a défini la phrase comme s'organisant autour d'un noyau, représenté par le verbe : si le verbe subit l'accord de son sujet (cf. chapitres 6 et 9), pour le français en particulier et les langues nominatif-accusatif en général, il régit ses arguments, notamment ses arguments internes (compléments directs et indirects) et externe (sujet), en ce qu'il en détermine l'assignation du cas. Il ne serait, dès lors, pas aberrant de définir la **phrase comme un constituant endocentrique**, à savoir comme la projection maximale d'une tête. Mais la tête de cette projection maximale ne peut pas être lexicale, comme c'est le cas pour le verbe : elle est au contraire fonctionnelle. C'est l'hypothèse des **projections fonctionnelles**.

Les projections fonctionnelles

La phrase comme projection maximale de I

Nous allons introduire une nouvelle catégorie fonctionnelle, *I* ou *INFL*, pour **inflexion**. *I* est une projection minimale, à savoir une catégorie de type *X*°, qui correspond à l'inflexion verbale. Sous cette position seront marquées les flexions verbales, les auxiliaires, par exemple *avoir* et *être*, ainsi que les différents verbes modaux (nous donnerons une représentation plus complète de l'inflexion au chapitre 9). L'hypothèse de la phrase comme projection maximale de *I* suppose que l'argument externe du verbe (son sujet) occupe la position de Spécifieur de *IP*, que le syntagme verbal (*VP*), constitué du verbe et de son ou ses arguments internes (s'il en a), occupe la position de Complément de *I* (cf. chapitre 9). On peut ainsi donner la représentation hiérarchique suivante de la structure de IP :

(12) a. IP = NP + I'
b. I'= I + VP

Par exemple, (13) sera analysé comme suit :

(13) Max va venir.

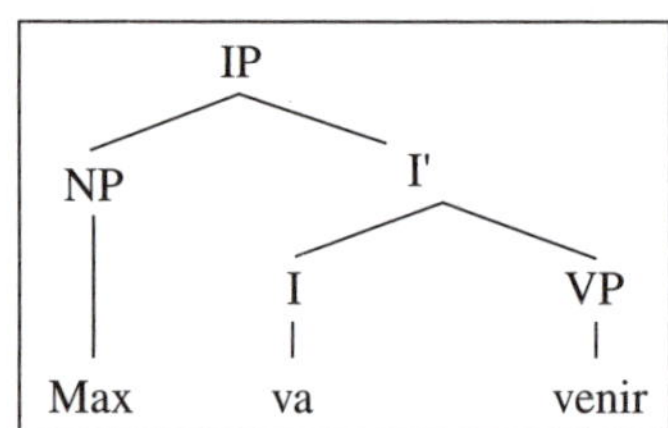

Dans le cas de phrases qui ne contiennent pas d'auxiliaire, l'hypothèse est que le verbe se déplace en position *I*, pour recevoir les marques morphologiques de l'accord, comme en (14) :

(14) Marie chanta le récitatif.

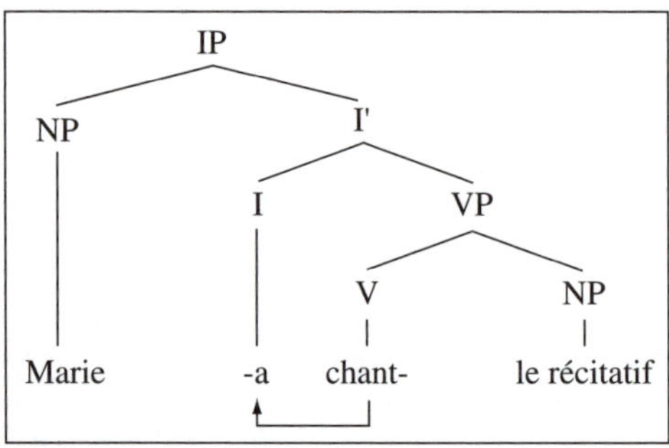

Pour obtenir (14), il faut que le prédicat verbal (*V*) se déplace en *I* et, par **incorporation**, se compose avec la marque de temps *-a* (cf. chapitre 9 pour le détail du mouvement du verbe). Dans l'hypothèse des projections fonctionnelles, l'accord verbal se produit ainsi à la suite d'un **mouvement (déplacement) de tête à tête**.

Deux questions doivent être abordées brièvement ici, qui nous permettront d'expliciter la différence entre argument externe et argument interne du verbe.

Premièrement, pour que le verbe puisse être en relation avec son **argument interne** – pour que *chanta* puisse être en relation avec *le récitatif* –, il faut qu'il puisse lui attribuer une fonction thématique, ce que la théorie des principes et des paramètres appelle un **rôle-θ**. Le prédicat, à savoir le verbe, détermine lexicalement la nature et le nombre de ses arguments, ce qui est spécifié dans sa grille thématique. Le critère-θ explicite cette contrainte :

Critère-θ

a. Chaque argument reçoit l'assignation d'un et d'un seul rôle-θ.
b. Chaque rôle-θ est assigné à un et à un seul argument.

Deuxièmement, pour distinguer les différentes formes des pronoms, notamment la distinction entre *il* et *le*, il faut assigner à l'argument du verbe un **cas** (par exemple NOMINATIF pour *il*, ACCUSATIF pour *le*). L'assignation d'un cas est liée au **filtre du cas**, qui spécifie que **tout argument doit recevoir un cas**. Pour éviter de générer des phrases comme (15a), en contraste avec (15b), il faut que le cas NOMINATIF soit assigné par *I* (pour le français et bien d'autres langues, il s'agit d'un accord spécifieur-tête) :

(15) a. * La chanta le récitatif.
b. Elle chanta le récitatif.

La phrase comme projection maximale de C

L'hypothèse de la phrase comme projection maximale de l'inflexion (*I*) n'est pas encore suffisante pour représenter la structure de la phrase. Elle ne nous permet ni d'expliquer la présence de mots subordonnants comme *que* et *si* en français (16), ni d'expliquer l'antéposition des mots interrogatifs ou des pronoms relatifs (17)-(18), comme l'antéposition du verbe en (17b) :

(16) a. Paul soutient **que** Jean viendra.
b. Paul se demande **si** Jean viendra.
(17) a. **Qui** Paul aime-t-il ?
b. **Qui** crois-tu que Paul a rencontré ?
(18) a. L'homme **qui** est venu est mon père.
b. La femme **que** j'aime est linguiste.

On appelle **complémenteurs** les mots subordonnants, comme *que* et *si*, et on notera *C* la projection fonctionnelle minimale que peut occuper un complémenteur (cf. la catégorie *COMP* de la TSE). Si *C* est une projection fonctionnelle minimale, il doit satisfaire les principes de la théorie X-barre. Il doit donc être possible de postuler une projection maximale *CP*, un spécifieur de *C* et de déterminer la nature du complément de *C*. L'hypothèse la plus répandue est que le complément de *C* est *IP*, à savoir la projection maximale de l'inflexion. Nous aurions ainsi la structure suivante pour la phrase :

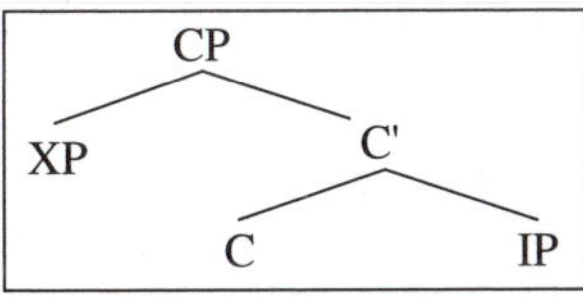

C n'est pas nécessairement occupé par du matériel morphologique interprété phonétiquement, comme le montre (19) :

(19) Max dit aimer la linguistique.

En revanche *CP* ne peut être occupé que par un seul morphème fonctionnel (complémenteur). Les constructions interrogatives indirectes montrent en effet, pour le français standard en tout cas, que les mots interrogatifs, s'ils peuvent occuper une position dans *CP*, ne peuvent se combiner avec le complémenteur qui occupe la position dominée par *C* : soit ils restent en position canonique (dans la subordonnée), soit ils montent dans le *CP* de la phrase principale (matrice) :

(20) a. Tu dis **que** Pierre viendra ***quand*** ?
b. *Tu dis **que** ***quand*** viendra Pierre ?
c. ***Quand*** dis-tu **que** Pierre viendra ?

Lorsque la phrase subordonnée ne contient pas de complémenteur (*que*, *si*), un mot interrogatif (mot *qu-* comme *qui*, *quand*, *où*) peut se déplacer dans *CP* :

(21) Tu demandes **quand** viendra Pierre.

Des données comme celles du français québécois (22a) ou du français non standard (22b) permettent de penser que les positions occupées par les complémenteurs et les mots interrogatifs ne sont pas les mêmes :

(22) a. Qui que tu as vu ?
b. C'est qui que tu as vu ?

En (22), *qui* se déplace en position de spécifieur de *CP*, qui est occupée par une projection maximale (*NP*), alors que le complémenteur *que* occupe la position de la tête du *CP*, à savoir *C* :

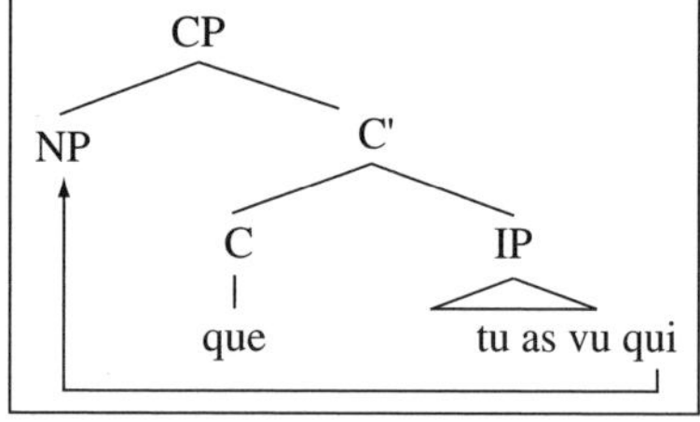

Nous disposons ainsi d'une hypothèse forte sur la structure endocentrique de la phrase :

> La **phrase** est une projection maximale de la catégorie fonctionnelle Inflexion, qui est interprétée syntaxiquement comme le complément de *C*, dont la projection maximale, *CP*, est le niveau de représentation supérieur de la phrase.

Le syntagme nominal comme projection maximale du déterminant

Le dernier type de projection maximale que nous allons examiner brièvement est la structure du *NP*. Un argument pour décrire la structure du syntagme nominal comme la projection maximale d'une tête fonctionnelle, le déterminant (*D*), est morphologique, et lié au processus d'**incorporation**. On sait qu'en français le déterminant peut s'incorporer à la préposition, comme le montre (23), qui contraste avec (24) :

(23) a. à + le garçon → au garçon
b. de + le garçon → du garçon

(24) a. à + la fille → à la fille
b. de + la fille → de la fille

L'incorporation *à* + *le*, comme *de* + *le*, concerne des têtes fonctionnelles (et non lexicales), respectivement *P* et *D*. Pour rendre compte de ce processus morphologique, on représentera la structure du syntagme nominal comme la projection maximale de *D*, le *NP* devenant son complément. *Le garçon* et *au garçon* recevront ainsi les analyses respectives suivantes :

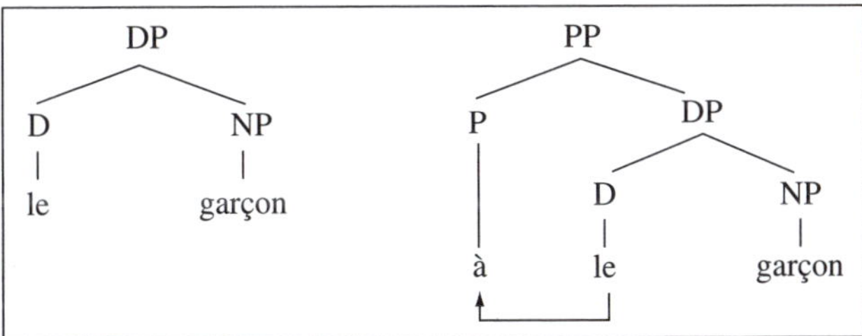

Lectures conseillées

On renvoie, pour la TS, à Chomsky (1969a) et Chomsky (1971). Pour la TSE, on consultera Chomsky (1975b), (1977a), (1977b) et (1980). Pour la théorie Principes & Paramètres, on renvoie à Chomsky (1987), (1991) et Rizzi (1990), et pour le programme minimaliste à Chomsky (1995) et Pollock (1997). Pour une introduction à la TS, on lira avec bonheur Ruwet (1967). Les travaux classiques de syntaxe du français dans le cadre de la TS et de la TSE sont Ruwet (1972), (1982) et (1991), ainsi que Milner (1978) et (1982), et Kayne (1977). Une introduction accessible à la théorie P & P est donnée dans Rouveret (1987). Laenzlinger (2003) est une analyse détaillée de la syntaxe du français dans le cadre P & P. Les meilleures introductions en anglais sont, pour la TSE, Radford (1988), et pour la théorie P & P Haegeman (1994), qui constitue la référence principale de ce chapitre. Rizzi (1988) est une présentation concise et explicite de la théorie *X*-barre dans la théorie P & P. Sur le conflit TSE-sémantique générative, voir Harris (1993). Sur l'histoire de la grammaire générative jusqu'en 1980, cf. Newmeyer (1980).

À retenir

- Le modèle contemporain de la syntaxe générative, la théorie des principes et des paramètres, est basé sur l'hypothèse de la grammaire universelle (GU), définie par des principes partagés par toutes les langues, et de paramètres définissant les propriétés morpho-syntaxiques des langues particulières.
- La phrase est définie comme une projection fonctionnelle maximale de l'inflexion (accord), dominée par une autre projection fonctionnelle, dont la tête est le complémenteur.
- Toutes les catégories, lexicales et fonctionnelles, ont la même structure : la projection maximale est composée d'un spécifieur et d'une projection intermédiaire, invisible ; la projection intermédiaire est composée de la tête et de son complément.

Chapitre 9

Mouvements des constituants

Objectifs de connaissance

- Indiquer le passage des règles de transformation des modèles classiques de la grammaire générative aux règles de mouvement de la théorie des principes et des paramètres.
- Indiquer les principaux sites d'accueil des mouvements du verbe (*I*, *C*, *AGR*).
- Indiquer le rôle des mouvements des syntagmes nominaux dans les constructions passives et les constructions à montée.

Ce chapitre est consacré aux mouvements (ou déplacement) de constituants dans les représentations syntaxiques. Les mouvements des constituants correspondent à ce que l'on appelait, dans les modèles classiques (TS et TSE, cf. chapitre 8), des **transformations**. Dans ce chapitre, nous examinerons deux types de mouvements : les mouvements du verbe et les mouvements du syntagme nominal (plus généralement mouvements de tête *vs* mouvement de projections maximales).

Mouvements

Des transformations aux mouvements

L'idée de transformation a été formulée pour la première fois dans le cadre du modèle standard (TS). L'idée centrale, qui sera conservée dans toutes les versions de la grammaire générative, est la suivante : un certain nombre d'opérations (principalement de déplacement) opèrent sur les structures profondes (structures-D) et produisent des structures superficielles (structures-S). Ces opérations ont été appelées à l'origine **règles de transformation**. On peut représenter la place des processus de transformation dans les computations syntaxiques de la manière suivante (cf. p. 97).

Formellement, les règles de transformation n'ont pas le même statut que les règles générant les structures profondes (respectivement structures-D). Traditionnellement, elles indiquent le type de structures qui autorisent leur application (description structurale), et les changements opérés par les transformations (changement structural). Dans les versions

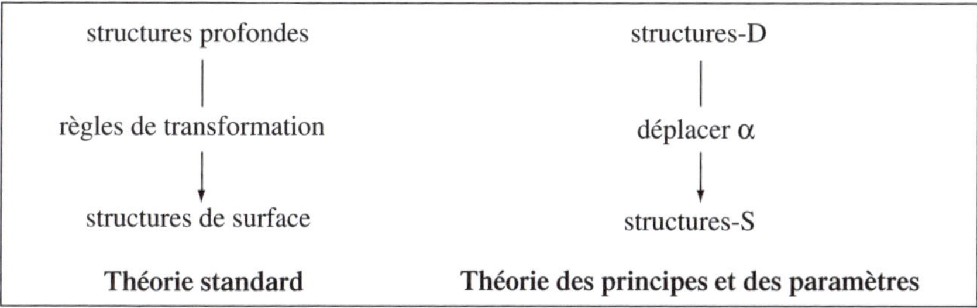

actuelles de la grammaire générative, des conditions spécifiques autorisent ou bloquent le déplacement des constituants.

Déplacer α

Les transformations, dans la théorie des principes et des paramètres, se limitent à un seul type d'opération, le **mouvement**, opération qui se formule de la manière suivante : « **déplacer** ***α*** », où *α* est une projection maximale ou une tête.

Nous examinerons deux types de mouvements, les mouvements du verbe (*V*) et les mouvements des syntagmes nominaux (*NP*). Les mouvements autorisés sont toujours des mouvements de positions inférieures à des positions supérieures. Nous verrons également quelques contraintes impliquées par le mouvement, et notamment l'idée que les éléments déplacés laissent une trace (une catégorie vide) dans leur position d'origine (dans le programme minimaliste, on parle de *copie effacée*).

Mouvements du verbe

Le mouvement du verbe dans I

Au chapitre 8, nous avons formulé une première hypothèse sur le mouvement du verbe : pour que le verbe puisse incorporer les marques d'accord (temps et personne), il faut qu'il se déplace de sa position d'origine (tête lexicale du *VP*) à la position de tête fonctionnelle de *IP*.

Ainsi, selon que le sujet est à la première personne ou à la troisième personne, au singulier ou au pluriel, en français, la morphologie du verbe sera différente. Le verbe se déplace ainsi de la position *V* à la position *I*, la forme verbale conjuguée s'expliquant par **incorporation** (cf. Haegeman 1994) :

(1) a. Cantona frappe le ballon.
b. Les enfants frappent le ballon.
c. Nous frappons le ballon.

Le déplacement du verbe est un déplacement de tête à tête : le verbe passe de la position *V* à la position *I*.

Le mouvement du verbe dans C

En français, le verbe fléchi peut précéder son sujet, comme dans les questions directes :

(2) Quand partira-t-elle ?

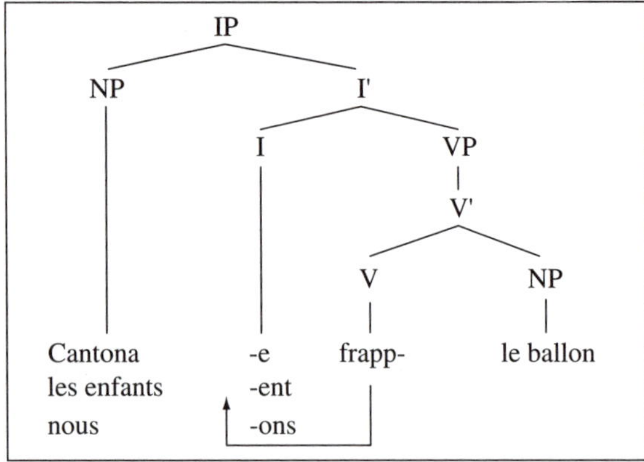

Nous avons admis (cf. chapitre 8) que les constituants interrogatifs se déplacent en position de *Spec* de *CP*. Mais, si l'on veut éviter que le pronom ne se déplace à droite et en bas, il faut admettre que le verbe monte dans une position supérieure à *I* ; la seule position disponible est la tête de *CP*, à savoir *C* (selon le critère-*wh* de Rizzi 1991) *:*

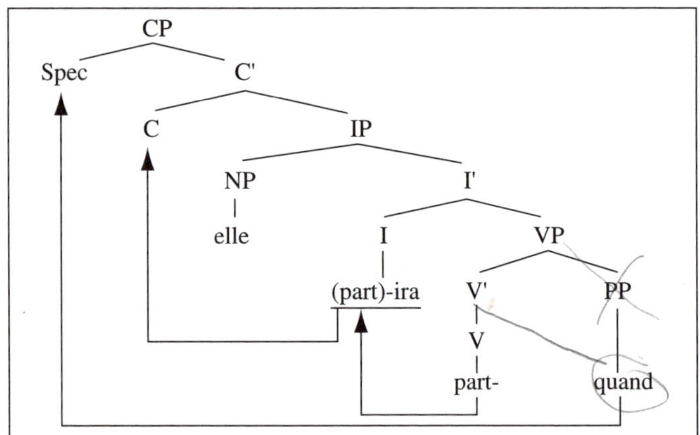

Nous avons ainsi deux mouvements successifs du verbe : *V* dans *I*, et *I* (plus précisément *I* + *V*) dans *C*.

Nous allons maintenant examiner un troisième mouvement, qui suppose une structure plus complexe de *IP*.

Le mouvement du verbe dans AGR

L'hypothèse de la phrase comme projection maximale de *I* est basée sur une analyse incomplète de l'inflexion. En fait, si l'on prend la structure morphologique des verbes réguliers du français, par exemple du premier groupe (verbe en *-er*), on obtient, pour le singulier de l'imparfait, le paradigme suivant :

	NP	V	T	AGR
imparfait	je	chant	ai	s
	tu	chant	ai	s
	il	chant	ai	t

Ce tableau montre que l'accord contient deux types d'informations morphologiques : des marques de temps (*T*) et des marques d'accord (*AGR*, pour *agreement*), indiquant la personne et le nombre.

L'hypothèse nouvelle est que *IP* est une structure complexe, éclatée, organisée autour de deux projections fonctionnelles, ***AGRP***, projection maximale de *AGR* (*agreement* pour accord), et ***TP***, projection maximale de *T* (temps). Une troisième catégorie fonctionnelle, ***NegP*** (projection maximale de la négation *Neg*), intervient pour expliquer notamment les faits suivants : la négation (*pas*) suit le verbe aux temps simples et elle précède le verbe (la tête lexicale) aux temps composés :

(3) a. Marie ne joue pas du piano.
b. Max n'est pas parti.

On peut faire l'hypothèse que la négation, en structure-D, est entre *I* et *V* : en structure-S, le verbe passe par-dessus *Neg*. Mais comme la négation en français est composée d'un élément qui fonctionne comme un clitique (*ne*), à savoir qui précède toujours le verbe (conjugué ou non) et d'un élément (*pas*) qui suit le verbe conjugué dans les phrases finies, il faut expliquer les mouvements du verbe en tenant compte de la structure de l'accord et de la négation. On donnera la structure de la phrase (4) et les différents mouvements de la manière suivante (cf. p. 100), où le *NP* sujet occupe la position de *Spec* de *AGR* (cf. 3.2. pour le mouvement du *NP* sujet) :

(4) Max ne partira pas.

Sous l'hypothèse de la décomposition de *IP* en *AGRP* et *TP*, nous obtenons ainsi une structure fonctionnelle plus complexe, ce qui impose des mouvements multiples du verbe de sa position d'origine dans sa position d'accueil, qui est le nœud *AGR*.

Mouvements de syntagmes nominaux

Passif et montée

Nous allons présenter deux mouvements de *NP*, qui intervenaient, dans les versions antérieures de la grammaire transformationnelle, dans les transformations passives et de montée (du sujet).

• *Mouvement-NP dans le passif*

Nous avons indiqué (cf. chapitre 8) qu'un verbe transitif assigne un rôle-θ à son argument interne (son objet). Ainsi, le verbe *croire* assigne un rôle-θ à *cette histoire* en (5b). Pour qu'une telle assignation soit le cas dans la phrase passive, il faut que le *NP cette histoire* soit l'argument interne du verbe passif.

(5) a. Cette histoire est crue par les villageois.
b. Les villageois croient cette histoire.

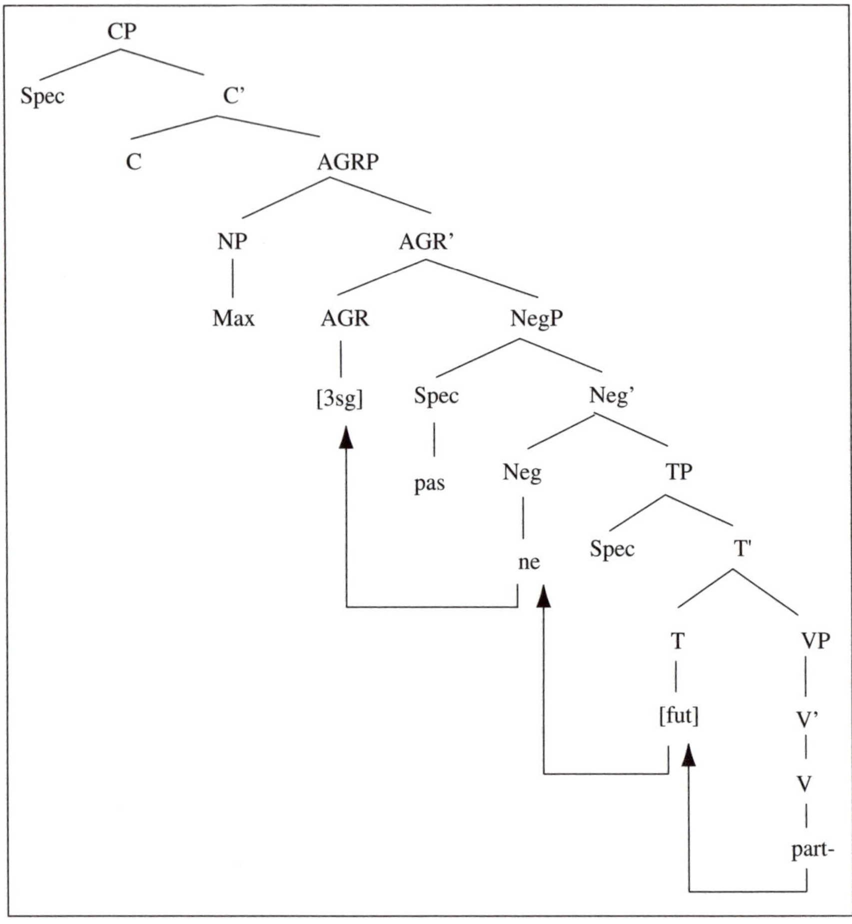

Cette contrainte, liée au critère-θ, explique la description donnée au **passif** : la structure de la phrase, comme la morphologie du verbe, est passive. Ainsi, le mouvement-*NP*, qui caractérise la phrase passive, ne concerne que l'argument interne du verbe transitif, à savoir son objet ; le sujet logique de la phrase active, lorsqu'il y en a un, est directement représenté en structure-D dans sa position d'argument externe et introduit par une préposition (*par*). De plus, le mouvement du *NP* est autorisé parce qu'une **position vide**, notée *e*, est disponible : c'est la position de *Spec* de *IP*, caractéristique des sujets. (6) est la structure-D de (5a) :

(6) $[_{IP}$ *e* $[_{I'}$est $[_{VP}$ crue cette histoire par les villageois$]]]$

La structure-S obtenue à partir de (6) implique le mouvement du *NP* en position de *Spec* de *IP,* lequel laisse une trace, notée t_i, indicée à son antécédent (*cette histoire*$_i$). *I* est représenté par *est* et après déplacement du *NP* assigne le cas NOMINATIF au sujet (*cette histoire*$_i$), car le V passif ne peut assigner un cas ACCUSATIF. Ce mouvement est donc motivé pour des raisons de Cas :

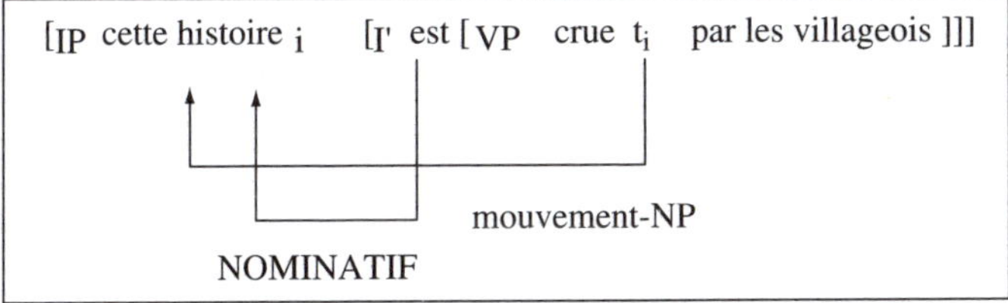

• *Mouvement-NP et montée*

Le mouvement de **montée du *NP*** est illustré dans (7) :

(7) Max semblait avoir mangé une pomme.

Un verbe à montée, comme *sembler*, est un prédicat à une place : son sujet ne reçoit aucun rôle-θ, et est normalement rempli par le pronom impersonnel *il* (pronom dit *explétif* ou *impersonnel*, comme dans *il semblait que Max avait mangé une pomme*). La position de sujet du verbe *sembler* est donc occupée par une catégorie vide en structure-D :

(8) $[_{IP}$ *e* $[_{I'}$-ait $[_{VP}$ sembl- $[_{IP}$ Max avoir mangé une pomme]]]]

La structure-S suppose le mouvement du *NP* sujet de *avoir mangé* en position de *Spec* de *IP*, ce qui lui permet de recevoir le cas NOMINATIF par *I*, alors que le verbe (*sembl-*) se déplace en *I* pour recevoir les marques d'accord par incorporation :

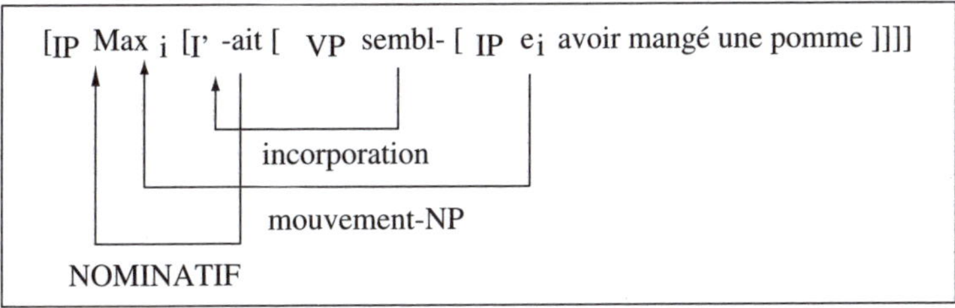

• *Mouvement-NP dans les structures passives à montée*

Comment maintenant représenter le double mouvement du *NP* dans les structures passives à montée ? Partons de (9). Sa structure-D est (10), en fonction de la description donnée aux phrases passives et aux phrases à montée :

(9) Cette histoire semble être crue par chacun.

(10) $[_{IP}$ *e* semble $[_{IP}$ *e* être crue cette histoire par chacun]]

Le sujet de la phrase subordonnée, comme celui de la phrase matrice, est occupé par une position vide (*e*). Cet argument ne peut recevoir de rôle-θ assigné par *sembler* : l'argument de *sembler* n'est pas nominal, mais phrastique, à savoir *IP*. Le seul candidat pour recevoir un rôle-θ est donc *cette histoire*, puisqu'il est l'argument interne du verbe (passif) *être cru*.

Pour obtenir (9), il faut d'une part que *cette histoire* monte dans la position sujet de phrase la plus haute pour recevoir un cas, d'autre part qu'il laisse une trace dans la position de sujet intermédiaire. En effet, si *cette histoire* pouvait passer directement en position de sujet de la phrase la plus haute, alors on ne comprendrait pas comment les marques d'accord du participe passé pourraient être assignées au verbe passif.

On peut ainsi représenter les mouvements du *NP* dans les constructions passives à montée de la manière suivante :

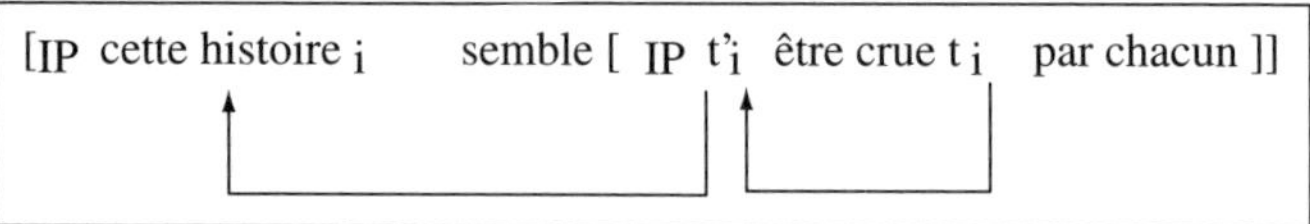

[IP cette histoire i semble [IP t'i être crue t i par chacun]]

Ce qui garantit la bonne formation de la structure-S, c'est la **chaîne** formée de l'antécédent et de ses traces : on dit que **l'antécédent lie sa/ses traces**. La **théorie du liage** explicite les conditions sous lesquelles les chaînes sont bien formées (Haegeman 1994, et Rizzi 1986 pour la formation des chaînes) : la tête de la chaîne (*cette histoire*$_i$) est une position-θ', à laquelle aucune rôle-θ n'est assignée ; le pied de la chaîne (t_i) est une position-θ, qui reçoit un rôle-θ ; les membres de la chaîne sont co-indicés ; la chaîne ne contient qu'un argument (*cette histoire*) ; la chaîne ne contient qu'un rôle-θ (*cette histoire* porte le rôle-θ) ; la chaîne ne contient qu'une position casuelle (ici la position sujet de *sembler*).

La chaîne < *cette histoire,* t'_i, t_i > est bien formée. Ainsi, la dérivation, dans laquelle le *NP cette histoire* se déplace dans la position de sujet de la phrase matrice, est bien formée.

Mouvement des *NP* en position sujet

Jusqu'à présent, nous avons admis que la position du sujet était celle de *Spec* de *IP*. Cette position est actuellement bien admise, mais des arguments ont été donnés pour montrer que cette position était le résultat d'un mouvement de la position de base, *Spec* de *VP*, dans celle de *Spec* de *IP*. Voici l'argument, donné par Sportiche (1988, repris dans Haegeman 1994).

(11a) et (11b) sont en relation de paraphrase. Ils nous indiquent en plus quelle peut être la position d'origine du sujet :

(11) a. Tous les garçons ont lu ce livre.
b. Les garçons ont tous lu ce livre.

Si l'on exclut le fait que *tous* se déplace d'une position haute (*Spec* de *IP*) dans une position basse (*Spec* de *VP*), on peut faire l'hypothèse d'un mouvement inverse. Ainsi, la position d'origine est *Spec* de *VP*, et le sujet se déplace en position de *Spec* de *IP*. En (11a), tous les éléments du sujet, y compris le quantificateur, se déplacent ; en (11b), le quantificateur (*tous*) reste dans sa position d'origine, ce que montrent les structures suivantes (cf. p. 103).

L'hypothèse est que *tous* en (13b) indique la position de la trace du *NP* sujet, à savoir la position de *Spec* de *VP*. On peut montrer qu'il y a une relation entre la trace et le *NP* déplacé : pour que la phrase soit grammaticale, il faut que le *NP* sujet **c-commande** son antécédent.

C-commande

Un nœud *A* c-commande un nœud *B* si et seulement si :
(i) *A* ne domine pas *B* et *B* ne domine pas *A* ;
(ii) le premier nœud branchant dominant *A* domine aussi *B*.

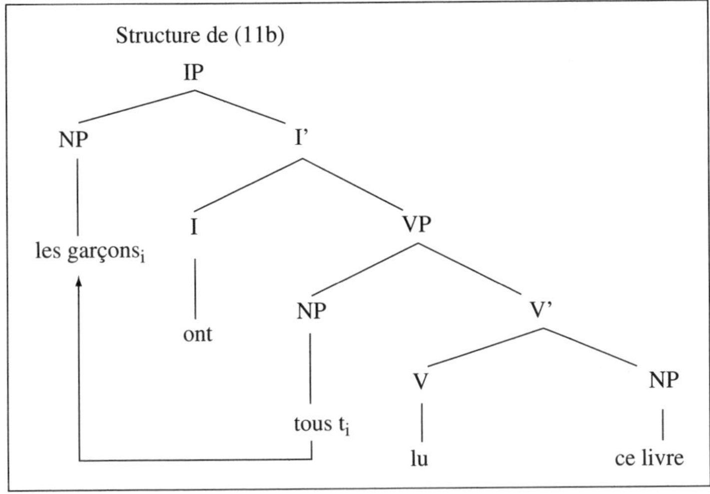

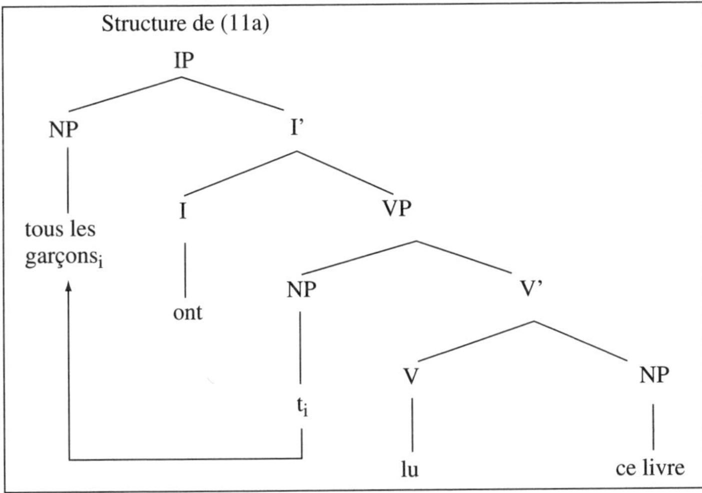

Dans la structure-S de (11b), le premier nœud dominant le *NP* sujet *les garçons* est *IP* ; or *IP* domine le *NP* sujet d'origine, qui contient la trace t_i et le quantificateur *tous* ; *les garçons* c-commande donc *tous* t_i, alors que l'inverse n'est pas vrai.

Lectures conseillées

On se reportera principalement à Haegeman (1994) pour une présentation détaillée des mouvements du verbe et du syntagme nominal, ainsi que pour une présentation d'ensemble des conditions sur les mouvements (c-commande, critère-θ, filtre du cas, liage, formation des chaînes, etc.). On renvoie aussi à Pollock (1997), pour des développements dans le cadre du minimalisme. On consultera Pollock (1989) pour la structure éclatée de *IP*, et Sportiche (1988) pour le mouvement du *NP* sujet. En ce qui concerne les mouvements des syntagmes nominaux en français, le lecteur consultera avec profit les descriptions classiques de Ruwet (1972) et (1991) des constructions à montée, ainsi que Kayne (1977) pour les transformations en français dans la théorie standard. Pour l'évolution théorique du modèle transformationnel, on renvoie à Newmeyer (1980).

À retenir

- Les mouvements sont des déplacements de constituants (têtes ou projections maximales) d'un niveau de représentation (structure-D) dans un autre niveau de représentation (structure-S).
- Les mouvements du verbe sont des mouvements de tête à tête et s'expliquent en raison de la morphologie du verbe (incorporation) et de sa position (postposée ou antéposée au sujet).
- Les mouvements du syntagme nominal se font dans des structures qui ont une position vide, définie comme le lieu d'accueil du *NP*.
- Le *NP* déplacé laisse une trace, avec laquelle il forme une chaîne.

Chapitre 10

Sémantique formelle et logique

Objectifs de connaissance

- Définir l'objet de la sémantique formelle.
- Expliciter le sens et la fonction de l'usage des langages formels en sémantique.
- Montrer en quoi la notion de vérité joue un rôle dans la sémantique des langues naturelles.

Depuis une quarantaine d'années, un courant important, d'origine anglo-saxonne, s'est développé en sémantique. On y renvoie de manière conventionnelle par le terme de *sémantique formelle*. On peut situer l'origine de la sémantique formelle dans le programme du philosophe logicien Richard Montague, dont l'influence a été déterminante. Son projet est un développement mathématiquement fondé du programme logiciste inauguré par Frege et Russell il y a plus d'un siècle et prolongé par les philosophes du langage. L'impact de Montague a été tel que la majorité des travaux de sémantique formelle contemporains s'inscrivent dans le cadre qu'il a fondé, notamment par l'utilisation de son formalisme. C'est à une présentation des thèses de Montague que seront consacrés les chapitres 10 à 12. Le chapitre 13 traitera des versions récentes de la sémantique formelle, à savoir la sémantique des événements.

Sémantique et signification

On admet généralement que la sémantique a pour objet d'étude la *signification des unités de la langue et des phrases*. Nous avons examiné deux approches classiques en sémantique lexicale au chapitre 3, la sémantique structurale et la sémantique cognitive. Dès que l'on s'intéresse au niveau supérieur, à savoir la phrase, des problèmes nouveaux surgissent.

La différence entre la syntaxe et la sémantique

La première difficulté pour élaborer une sémantique de la phrase tient au fait suivant : la sémantique des langues naturelles n'est pas parallèle (isomorphe) à leur syntaxe. Prenons trois exemples pour montrer ce fait.

Le premier exemple est lié à l'**usage des connecteurs logiques** en langue naturelle, et notamment à l'usage de *et*. Dans (1), *et* relie deux propositions grammaticales, dans (2a) deux noms propres sujets, dans (3) deux syntagmes prépositionnels. Or si (2a) peut être interprété comme la réduction de (2b), par la transformation de réduction de coordination (cf. chapitre 6), (3a) ne peut pas être la réduction de (3b) :

(1) Pierre travaille et Marie dort.
(2) a. Pierre et Marie travaillent.
b. Pierre travaille et Marie travaille.
(3) a. J'aimerais une pizza au fromage et au jambon.
b. J'aimerais une pizza au fromage et j'aimerais une pizza au jambon.

Le deuxième exemple est celui des **quantificateurs** (mots ou locutions comme *chaque, tous, un, des, la plupart, beaucoup,* etc.), qui se comportent dans la syntaxe des langues naturelles comme des déterminants, à savoir des spécifieurs de groupes nominaux (cf. chapitre 8). Mais la représentation logique des syntagmes quantifiés n'a pas cette propriété linguistique. Par exemple, en (4), si *chaque* modifie un nom (le nom commun *étudiant*), il est exprimé, du point de vue sémantique, par le **quantificateur universel** *pour tout x*, qui a pour domaine non pas un nom, mais une formule logique :

(4) Chaque étudiant travaille.
Pour tout *x*, si *x* est étudiant, alors *x* travaille.

De plus, les quantificateurs peuvent générer de vraies **ambiguïtés sémantiques**. (5), en effet, reçoit deux lectures :

(5) Chaque homme aime une femme.
a. Pour tout x, si x est un homme, alors il existe un *y* tel que *y* est une femme et x aime *y*.
b. Il existe un *x*, tel que pour tout *y*, *x* est une femme et *y* est un homme et *y* aime *x*.

On dira que ces deux lectures n'ont pas les mêmes **formes logiques**, et qu'elles ne sont pas directement dérivables de la structure syntaxique de (5), qui est une structure de phrase transitive (*NP-V-NP*).

Le troisième exemple de différence entre la syntaxe et la sémantique est illustré par l'interprétation des **pronoms de troisième personne en reprise**. En (6a), il n'est pas possible de considérer que le pronom de la troisième personne du pluriel est en relation de coréférence avec son antécédent : en aucun cas il ne désigne un référent (un ou des individus) identique à l'expression nominale qu'il reprend. (6b) n'est donc pas synonyme de (6a), comme (7b) n'est pas synonyme de (7a) :

(6) a. Tous les candidats espèrent qu'ils vont gagner.
b. ≠ Tous les candidats espèrent que tous les candidats vont gagner.
(7) a. Chaque Français aime sa mère.
b. ≠ Chaque Français aime la mère de chaque Français.

Tous ces exemples montrent que l'interprétation sémantique ne peut se faire sur la seule base des indications syntaxiques fournies par la phrase.

Forme logique et forme propositionnelle

La deuxième difficulté pour la sémantique de la phrase tient à la délimitation de son domaine. On peut se demander en effet où doit s'arrêter la description sémantique. Prenons les deux exemples suivants au passé composé :

(8) J'ai déjeuné.
(9) J'ai visité les États-Unis.

Dans la première phrase, l'intervalle qui sépare le moment de la parole du moment de l'événement est court, de quelques minutes plutôt que de quelques heures, dans un contexte normal comme (10) :

(10) Tu nous accompagnes au restaurant pour déjeuner ?

Par contre, telle n'est pas l'interprétation à donner à (9) : l'intervalle entre le moment de la parole et celui de l'événement ne se situe pas dans une période de quelques minutes ou de quelques heures, mais correspond plus probablement à la vie de l'individu.

Ces informations relèvent-elles de la signification des phrases et sont-elles communiquées par le passé composé ? On peut au contraire considérer qu'elles sont calculées sur la base d'informations non linguistiques (contextuelles), et que la signification linguistique (ici du passé composé) s'arrête à l'indication que l'événement décrit par la phrase est antérieur au moment de la parole, sans qu'il soit nécessaire de demander à la sémantique d'en spécifier l'intervalle.

> On appellera *forme logique* le lieu de la représentation sémantique, et *forme propositionnelle* le lieu de la représentation pragmatique qui enrichit la forme logique à l'aide d'indications contextuelles.

La sémantique a ainsi pour tâche de dériver les formes logiques des phrases à partir de la syntaxe, alors que la pragmatique doit développer les formes logiques pour en dériver des formes propositionnelles. On dira d'une représentation qu'elle est propositionnelle lorsqu'on peut lui attribuer une valeur de vérité, notamment lorsqu'elle attribue une interprétation aux variables qu'elle contient. Par exemple, la distance temporelle entre le moment de la parole et le moment de l'événement indiqué par le passé composé en français est une variable qui reçoit des valeurs différentes selon les contextes. Cette valeur relève de la forme propositionnelle, donc de la pragmatique, et ne ressortit pas à la sémantique.

La signification en sémantique formelle

Si nous définissons la sémantique comme l'étude de la signification des phrases, il nous faut donner un sens précis à ce que l'on entend par signification. Le terme de *signification* doit être compris en sémantique formelle dans une acception référentielle : **la signification renvoie à un état de choses, à une situation, à un événement**. Par exemple, si on peut dire que (5) a deux significations différentes, c'est parce que dans un monde ou une situation qui comprend les individus Pierre, Jean, Jacques, Marie et Sophie, elle peut décrire, par exemple, deux états de choses différents représentés respectivement par les deux figures suivantes, où la flèche désigne la relation d'*aimer* :

(5) Chaque homme aime une femme.

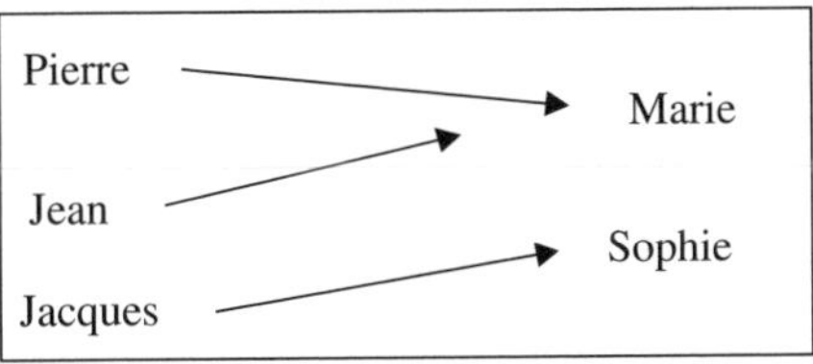

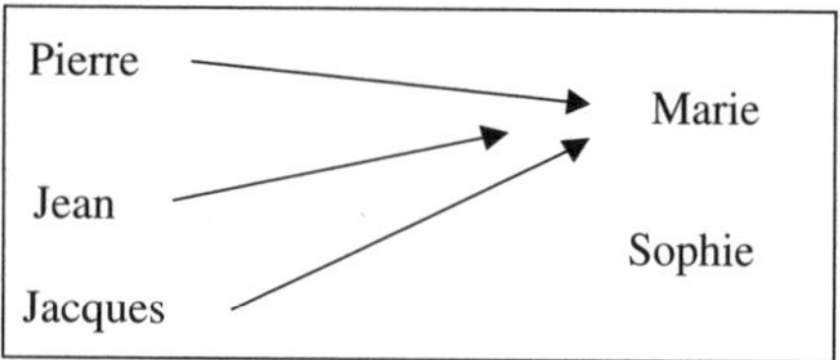

Nous pouvons maintenant répondre à la question de la signification. **La signification est quelque chose qui n'est pas du langage** : les mots réfèrent à des objets (des individus, des choses), comme les phrases parlent d'événements, d'états du monde, de processus, etc.

La sémantique formelle fait donc deux hypothèses majeures :

> 1. Les langues ont des significations.
> 2. Les significations sont des choses qui ne sont pas du langage.

La première hypothèse est nécessaire si l'on veut savoir de quoi parlent les phrases à propos du monde ; la seconde l'est si l'on veut éviter de confondre le langage et la signification. La thèse de la sémantique formelle est donc qu'il faut séparer le domaine du langage et celui de la signification.

Nous pouvons maintenant définir de manière plus précise la sémantique formelle :

> La **sémantique formelle** est le domaine de la sémantique qui étudie la signification à partir des langages formels de la logique, et plus particulièrement la relation de dénotation entre une expression linguistique et une entité du monde.

On comprend maintenant le rôle des descriptions sémantiques de (5) : les deux significations (5a) et (5b) ne sont que les traductions en pseudo-français de formules logiques associées à la description sémantique de la phrase (5). Il faut maintenant expliquer pourquoi la sémantique formelle recourt au langage de la logique pour décrire la signification des phrases.

Le rôle des langages logiques en sémantique formelle

Pour comprendre le rôle des langages logiques en sémantique, il faut tout d'abord expliquer en quoi consiste un langage logique.

Syntaxe et sémantique des langages formels

Un langage logique est un *langage formel constitué d'une syntaxe et d'une sémantique.* Pour présenter de manière plus explicite la notion de langage formel, nous allons l'illustrer à l'aide d'un langage élémentaire bien connu, le calcul des propositions.

• *Syntaxe de la logique des propositions*

La syntaxe des langages logiques décrit l'ensemble du matériel formel (vocabulaire) et des règles de formation permettant de générer l'ensemble des expressions bien formées (*ebf*) du langage.

1. Le **vocabulaire** de la logique des propositions est constitué d'un ensemble ouvert de variables de propositions, d'un ensemble fermé de connecteurs logiques, ainsi que de parenthèses (aucun autre signe n'apparaît dans les expressions de la logique des propositions). Connecteurs logiques et parenthèses sont des **expressions syncatégorématiques**, car elles n'apparaissent que dans les formules générées à l'aide des **règles de formation**. On dira en revanche que les propositions sont des **expressions catégorématiques**. Voici la liste des éléments du vocabulaire :

– un ensemble de **variables de propositions** : $\{p, q, r, s, t, p_1, q_1,..., p_2, q_2...\}$;

– un ensemble de **connecteurs logiques** : $\{\neg, \wedge, \vee, \rightarrow, \leftrightarrow\}$, où $\neg$ est la négation propositionnelle (*il n'est pas le cas que*), $\wedge$ le connecteur de conjonction (*et*), $\vee$ le connecteur de disjonction inclusive (*ou*), $\rightarrow$ le connecteur d'implication matérielle (*si... alors*), $\leftrightarrow$ le connecteur d'équivalence logique (*si et seulement si*) ;

– des **parenthèses** : ().

2. Les **règles de formation** définissent l'ensemble des expressions bien formées (*ebf*) du langage :

a. Toutes les variables propositionnelles sont des *ebf*.
b. Si α et β sont des *ebf* quelconques, alors $\neg\alpha$, $(\alpha \wedge \beta)$, $(\alpha \vee \beta)$, $(\alpha \rightarrow \beta)$, $(\alpha \leftrightarrow \beta)$ sont des *ebf*.
c. Une expression n'est une *ebf* que si elle a été construite par ces règles.

Ainsi, les propositions complexes données en (6) sont bien formées, alors que celles données en (7) ne le sont pas :

(6) a. $(p \rightarrow (q \wedge p))$
$(p \vee (p \vee q))$
(7) a. $(p \rightarrow (q \wedge))$
b. $(p \neg\vee (p \vee q))$

• *Sémantique de la logique des propositions*

Les règles sémantiques de la logique des propositions indiquent sous quelles conditions les propositions complexes formées à l'aide des règles de formation sont vraies :

a. $\neg\alpha$ est vraie si et seulement si (ssi) α n'est pas vraie.
b. $(\alpha \wedge \beta)$ est vraie ssi à la fois α et β sont vraies.
c. $(\alpha \vee \beta)$ est vraie ssi au moins une des expressions α et β est vraie.
d. $(\alpha \rightarrow \beta)$ est vraie ssi α n'est pas vraie ou β est vraie.
e. $(\alpha \leftrightarrow \beta)$ est vraie ssi α et β ont la même valeur de vérité.

Ainsi, si *p* est donnée comme vraie (V) et *q* fausse (F), les propositions de (6) seront définies comme suit :

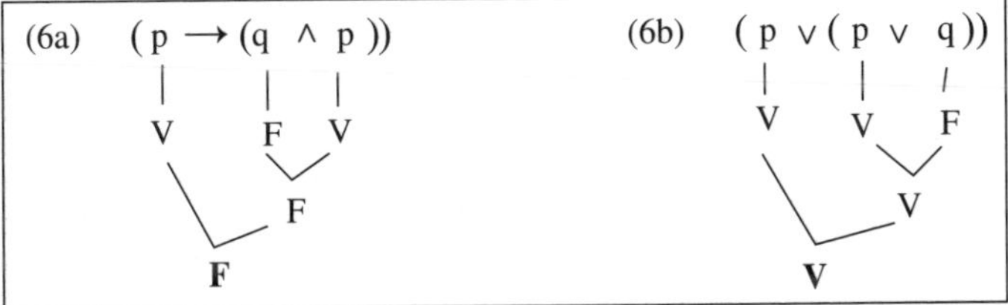

Les règles sémantiques sont donc les contreparties des règles de formation syntaxique. À toute règle syntaxique correspond une règle sémantique interprétant l'*ebf* ainsi formée.

L'interprétation des phrases

L'idée principale de la sémantique formelle est que **les phrases des langues naturelles sont traduites dans des langages formels et ensuite interprétées dans ces langages**. L'intérêt de recourir aux langages formels est de se donner les moyens d'interpréter de manière explicite les phrases des langues naturelles. C'est ce qui est à l'origine du traitement formel des langues naturelles, que ce soit en syntaxe (cf. chapitres 7-9) ou en sémantique. Emmon Bach résume ainsi les deux thèses de la linguistique formelle :

> a. Les langues naturelles peuvent être décrites comme des systèmes formels (thèse de Chomsky).
> b. Les langues naturelles peuvent être décrites comme des systèmes formels interprétés (thèse de Montague).

L'apport de Montague est donc clairement du côté de la sémantique : la sémantique formelle, en utilisant comme langage de traduction des langages dotés d'une sémantique explicite, permet de donner des interprétations aux phrases des langues naturelles.

De quelle nature sont ces interprétations ? L'idée est que **les interprétations des phrases sont des interprétations vériconditionnelles** : elles consistent en l'assignation d'une valeur de vérité (vraie ou fausse) aux phrases et sont relatives à un modèle.

La notion de modèle

> Un modèle M est une paire ordonnée $< A, F >$, où A est un ensemble d'individus et F une fonction qui assigne une valeur sémantique (ou une *dénotation*) aux expressions du langage.

Un modèle est donc un système d'interprétation qui dépend d'une part d'une ontologie (quelles sont les entités du monde ?) et d'autre part d'une fonction d'interprétation.

Pour définir un modèle, il faut fixer l'ontologie (dire ce qui est), indiquer quelles sont les expressions basiques du langage (les mots), et enfin indiquer comment les interpréter.

La première étape correspond à la définition de l'ensemble A. Par exemple, A peut comprendre trois individus, Cécile, Joanna et Sandrine, ce que nous notons :

> A = {Cécile, Joanna, Sandrine}

Dans un deuxième temps, on définit les mots ou expressions basiques du langage. Les expressions basiques sont (i) des termes, ou constantes d'individus, (ii) des prédicats à une place (se combinant avec un terme) et (iii) des prédicats à deux places (se combinant avec deux termes). Pour désigner les mots du langage, nous utiliserons des lettres (minuscules pour les termes, majuscules pour les prédicats). Dans notre exemple, les expressions basiques sont les suivantes :

– termes : *c, j, s* ;
– prédicats à une place : *T, S* (pour les verbes *travailler* et *sourire*) ;
– prédicats à deux places : *C, D* (pour *connaître* et *distraire*).

Enfin, on définit la fonction *F* qui interprète les mots. L'application de *F* à une expression donne comme **valeur** soit un individu, soit un ensemble d'individus, soit un ensemble de paires ordonnées d'individus, selon que l'expression basique est respectivement un terme, un prédicat à une place ou un prédicat à deux places. *F* est donc une fonction de dénotation, qui fait correspondre à chaque expression basique du langage une ou des entités du monde. On appelle **valeur sémantique** la valeur de *F* appliquée à une expression. Par exemple, *F* dans *M* donne aux mots les valeurs suivantes :

F (c) = Cécile
F (j) = Joanna
F(s) = Sandrine
F (T) = {Joanna, Sandrine}
F (S) = {Cécile, Joanna, Sandrine}
F (C) = {< Cécile, Joanna >, <Cécile, Sandrine >, <Sandrine, Joanna >, <Joanna, Cécile > }
F (D) = ø

Cette liste signifie que la valeur sémantique du terme *c* est l'individu Cécile, que la valeur sémantique du prédicat *T* est l'ensemble constitué des individus Joanna et Sandrine, que la valeur sémantique de *S* est l'ensemble constitué par les individus Cécile, Joanna et Sandrine, etc. En d'autres termes, dans notre modèle, seules Joanna et Sandrine travaillent, Cécile, Joanna et Sandrine sourient, Cécile connaît Joanna et Sandrine, Sandrine connaît Joanna et Joanna connaît Cécile. *F* indique aussi que personne ne distrait quelqu'un.

Nous allons maintenant montrer ce que signifie cette représentation des valeurs sémantiques et comment interpréter les phrases de ce langage.

La notion de conditions de vérité

Soit la phrase *C (c, s)*. Que peut-on dire de son interprétation dans le modèle *M* ? En d'autres termes, *C (c, s)* est-elle vraie ou fausse dans *M* ?

Pour répondre à cette question, il faut tout d'abord se demander si elle est bien une phrase de notre langage. Pour savoir si *C (c, s)* est une phrase, il faut disposer de **règles de formation**. Voici deux règles de formation du langage formel qu'est la logique des prédicats :

(R1) Si α est un prédicat à une place et β un terme, alors $\alpha(\beta)$ est une phrase.
(R2) Si γ est un prédicat à deux places et α et β sont des termes, alors $\gamma(\alpha,\beta)$ est une phrase.

Selon (R2), *C (c, s)* est une phrase, car *C* est un prédicat à deux places, et *c* et *s* sont des termes.

Il faut maintenant se demander si cette phrase est vraie ou fausse. On dira que la **dénotation**, c'est-à-dire l'interprétation sémantique, de *C (c, s)* est la valeur vraie (1), car la paire ordonnée < Cécile, Sandrine > appartient à *F (C)*. Par convention, on notera $[[\alpha]]$ la dénotation d'une expression α quelconque. On écrira ainsi [[*C (c, s)*]] = 1.

Pour être précis, on indiquera par $[[\alpha]]^M$ la dénotation de α relative au modèle *M*. Cette précision s'impose, car la formule *C (c, s)* peut très bien être fausse dans un autre modèle, qui définit de manière différente *F*. On écrira $[[\ C\ (c,\ s)]]^M = 1$.

Puisque notre langage contient les connecteurs de la logique des propositions, il faut se demander comment calculer la valeur de vérité des **phrases complexes**. Pour toute phrase complexe, par exemple $T(j) \wedge D(s, c)$, sa dénotation est fonction de la dénotation des phrases qui la composent. Il faut donc trouver la dénotation de $T(j)$ et celle de $D(s, c)$, et ensuite trouver la dénotation de $T(j) \wedge D(s, c)$ en fonction de ces deux valeurs et de la sémantique du connecteur de conjonction ($\wedge$). Le raisonnement est donc le suivant :

a. $[[\ T(j)]]^M = 1$, car Joanna appartient à $F(T) : j \in F(T)$.
b. $[[D(s, c)]]^M = 0$, car < Sandrine, Cécile > n'appartient pas à $F(D) : < [[\ s]], [[c]]> \notin F(D)$.
c. $[[T(j) \wedge D(s, c)]]^M = 0$, selon la règle sémantique (S3) correspondant à (R3).

(R3) Si ϕ et ψ sont des formules, alors $[\phi \wedge \psi]$ est une formule.
(S3) Si ϕ et ψ sont des formules, alors $[[\ \phi \wedge \psi\ ]] = 1$, ssi $[[\ \phi\ ]] = 1$ et $[[\psi\ ]] = 1$.

L'analyse de cette formule complexe illustre le **principe de compositionnalité** que la sémantique formelle a hérité du logicien Frege :

Principe de compositionnalité

Le sens d'une phrase est fonction du sens de ses parties.

Nous disposons maintenant d'une **méthode** pour l'analyse sémantique des langues naturelles, méthode recourant aux langages formels de la logique. Il nous faut cependant plus : des langages adaptés à la syntaxe et à la sémantique des langues naturelles. Nous allons examiner les propriétés de ces langages dans les deux chapitres suivants.

Lectures conseillées

On consultera le chapitre 6 de Moeschler & Reboul (1994) pour une introduction simplifiée à la logique des propositions et aux connecteurs logiques, ainsi que le chapitre 3 pour la distinction forme logique forme propositionnelle. Pour une introduction à la sémantique formelle, on renvoie à Bach (1989), ainsi qu'à Chierchia & Ginet-MacConnell (1990) pour un ouvrage plus complet et plus technique. Cann (1994) est une excellente introduction à la sémantique formelle, mais l'ouvrage de base pour introduire au modèle de Montague reste Dowty, Wall & Peters (1981). Pour une introduction aux méthodes formelles en sémantique, cf. Allwood, Andersson & Dahl (1977) et Hall Partee (1978).

À retenir

- La sémantique formelle est la partie de la sémantique qui utilise des langages formels (logiques) pour décrire la signification.
- La sémantique formelle définit la signification des mots et des phrases par leur dénotation.
- La dénotation d'une expression ou d'une formule est relative à un modèle.
- Un modèle est défini par un ensemble d'individus (l'ontologie) et par une fonction attribuant une valeur sémantique (dénotation) aux mots du langage.
- La sémantique formelle adopte le principe de compositionnalité comme principe d'analyse des unités complexe.

Chapitre 11

Un fragment de langage interprété

Objectifs de connaissance

- Introduire à la description formelle et explicite d'un fragment de langage interprété.
- Donner l'interprétation sémantique des catégories lexicales et non lexicales dans un langage formel.
- Définir les règles d'interprétation sémantique correspondant aux règles syntaxiques.

Dans ce chapitre, nous présentons un fragment de langage interprété.

Par *langage interprété*, nous désignons un langage formel contenant non seulement une syntaxe explicite (produisant des phrases grammaticales), mais aussi des règles sémantiques interprétant les unités lexicales et les phrases.

Le langage que nous présenterons est un *fragment* du français, dans la mesure où il ne contient aucune morphologie, aucune phrase subordonnée et pas de temps verbaux autres que le présent à la troisième personne.

Le langage que nous allons examiner correspond à la logique des prédicats du premier ordre adaptée aux langues naturelles. La syntaxe sera formulée à l'aide de **règles syntagmatiques**, à savoir de règles permettant de réécrire une catégorie grammaticale en une autre catégorie grammaticale ou en un mot du langage. La sémantique permettra d'expliciter par quelles procédures nous pouvons attribuer une valeur de vérité aux phrases que le langage engendre.

Syntaxe

Nous commençons par définir les **mots** de notre langage, ainsi que les **catégories lexicales** et **non lexicales** qui interviennent dans les règles syntagmatiques.

Mots, catégories lexicales et catégories non lexicales

Donnons les catégories lexicales et les mots qui leur correspondent :

Catégories lexicales	Symboles	Mots
noms propres	N	Cécile, Joanna, Sandrine
verbes intransitifs	V_i	sourit, travaille
verbes transitifs	V_t	connaît, distrait
négation	Neg	il n'est pas le cas que
conjonction	Conj	et, ou

Les verbes transitifs et intransitifs sont exprimés directement avec leur morphologie à la troisième personne du présent, afin qu'ils puissent apparaître comme symboles terminaux. Un symbole est **terminal** s'il ne peut pas être l'objet d'une règle de réécriture.

Nous donnons ici une version simplifiée de la négation, sous forme périphrastique (*il n'est pas le cas que*), afin qu'elle corresponde à la négation de la logique des propositions. Il est en effet plus difficile d'introduire la négation dans le groupe verbal et d'en indiquer la sémantique. De plus, nous n'avons introduit ni déterminant, ni nom commun : nous verrons au chapitre 12 les problèmes liés à leur interprétation.

En plus des catégories lexicales, il nous faut introduire deux autres catégories (non lexicales), qui correspondent à la phrase (*S* pour *Sentence*) et au groupe ou syntagme verbal (*VP* pour *Verbal Phrase*). *S* est l'axiome du système, à savoir le symbole qui intervient à gauche de la première règle syntagmatique.

Les règles syntagmatiques

Les règles syntagmatiques sont des règles de réécriture, à savoir des règles qui réécrivent un symbole par un autre symbole. La structure du langage est la suivante.

a. S est l'axiome, et désigne la catégorie maximale, à savoir la phrase (*S*).
b. Les règles syntagmatiques ont la forme : $X \rightarrow Y$, qui se lit « *X* est réécrit (remplacé par) *Y* ». Le signe $\rightarrow$ est le signe de l'opération qui substitue *Y* à *X*.

Voici les règles syntaxiques :

$$\text{(R1) S} \rightarrow \left\{ \begin{array}{l} \text{S Conj S} \\ \text{Neg S} \\ \text{N VP} \end{array} \right\}$$

$$\text{(R2) S} \rightarrow \left\{ \begin{array}{l} \text{V}_i \\ \text{V}_t \end{array} \right\}$$

(R3) Conj $\rightarrow$ *et, ou*
(R4) N $\rightarrow$ *Cécile, Joanna, Sandrine*
(R5) $V_i \rightarrow$ *sourit, travaille*
(R6) $V_t \rightarrow$ *connaît, distrait*
(R7) Neg $\rightarrow$ *il n'est pas le cas que*

Les symboles à droite de la flèche dans (R1) et (R2) correspondent à l'une ou l'autre option de réécriture de la règle. *S* peut donc se réécrire en *S Conj S*, en *Neg S* ou encore en *N VP*. Les mots à droite de la flèche dans (R3)-(R6) correspondent à l'une ou l'autre réécriture de la catégorie lexicale.

Les règles (R1) et (R2) ont à droite de la flèche des catégories non lexicales (*S, VP*) ou des catégories lexicales (*Conj, Neg, N,* V_i, V_t), à savoir des symboles non terminaux, alors que (R3) à (R7) n'ont à droite de la flèche que des symboles terminaux, à savoir des mots. De plus, la règle (R1) introduit à droite de la flèche l'axiome, le symbole *S*. Cela implique une nouvelle application de la règle (R1) pour développer *S*. On appelle **récursivité** cette propriété des langages de permettre l'introduction à droite de la flèche de l'axiome. La récursivité permet ici de produire des phrases complexes, reliées par une conjonction (de coordination).

L'application de ces règles génère les phrases suivantes, qui sont dites *grammaticales*, car produites par les seules règles syntagmatiques de notre langage.

(1) Sandrine sourit.
(2) Joanna travaille.
(3) Il n'est pas le cas que Cécile travaille.
(4) Cécile travaille ou Joanna sourit.
(5) Joanna travaille et Cécile distrait Sandrine.

On peut représenter la structure syntaxique de la phrase (5) à l'aide de l'arbre ci-dessous, où les parenthèses indiquent la règle utilisée pour réécrire la catégorie dominante :

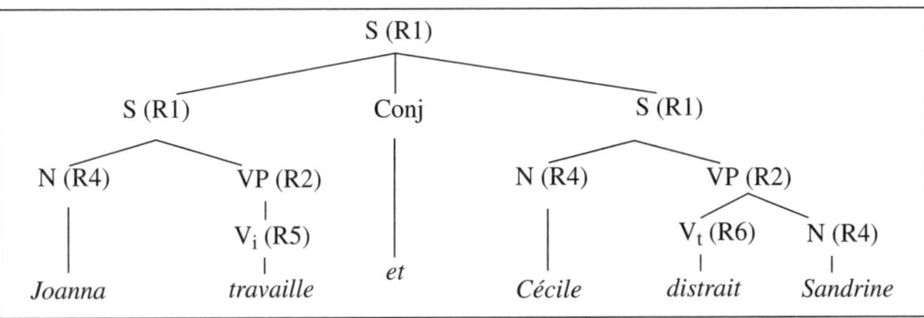

Cette structure arborescente illustre une relation importante des grammaires syntagmatiques, formulées à l'aide de règles syntagmatiques :

> Tout symbole terminal (mot) dominé par une catégorie lexicale est en relation « être-un » avec la catégorie qui la domine.

On dira ainsi, que *Joanna* est un *N*, *travaille* est un V_i, etc.

Sémantique

Les principes de la sémantique sont les suivants (cf. encadré p. 116).

Ainsi, la valeur sémantique d'un constituant à gauche d'une règle de réécriture est fonction de la valeur sémantique des constituants à sa droite. Adopter ce principe permet de préserver le principe de compositionnalité, selon lequel le sens d'une unité quelconque est

a. On donne une **valeur sémantique** à chaque mot du langage.
b. On construit une **règle sémantique** déterminant la valeur sémantique de tout constituant syntaxique.
c. À toute règle syntaxique correspond une règle sémantique.

formé à partir du sens de ses parties (cf. chapitre 10). De plus, les principes de l'analyse sémantique correspondent à une analyse en miroir de l'analyse syntaxique. Si l'analyse syntaxique est une analyse de haut en bas (on part de l'axiome *S* pour arriver à une suite de symboles terminaux formant une phrase), l'analyse sémantique procède de bas en haut (on part des valeurs sémantiques des mots pour construire la valeur sémantique de la phrase).

Valeurs sémantiques des catégories lexicales (N, V_i, V_t)

Nous allons maintenant donner les valeurs sémantiques (ou dénotation ou encore interprétation sémantique) des catégories lexicales que sont les noms propres (*N*), les verbes intransitifs (V_i) et les verbes transitifs (V_t).

• *Valeur sémantique des N*

On interprétera les noms propres *Cécile*, *Joanna* et *Sandrine* de la manière suivante :

[[*Cécile*]] = Cécile
[[*Joanna*]] = Joanna
[[*Sandrine*]] = Sandrine

Les *noms propres* en italique sont les noms des individus, alors que Cécile, Joanna et Sandrine désignent des individus. La valeur sémantique d'un nom propre est donc un individu.

• *Valeur sémantique des V_i*

Quelle est la valeur sémantique d'un verbe intransitif ? Nous avons vu au chapitre 10 que la dénotation d'un prédicat à une place (équivalent logique d'un V_i) correspond à un ensemble d'individus, l'ensemble des individus qui satisfont le prédicat. Nous allons reprendre la même analyse en introduisant une variante notationnelle et décrire la même idée en termes de **fonction**.

Supposons que nous définissions, dans notre ensemble d'individus *A*, un sous-ensemble *S* : par exemple, *S* comprend Cécile et Joanna. Nous pouvons faire correspondre une valeur, disons 1, à chacun des éléments de *S*, et une autre valeur, disons 0, à l'unique membre de A qui n'est pas dans *S* (Sandrine). De manière plus générale, si un individu *a* appartient à *S*, la valeur de la fonction f_S appliquée à *a* est 1 si *a* appartient à *S*, et 0 si *a* n'appartient pas à *S*. Une telle fonction est appelée **fonction caractéristique**. Elle appartient à l'ensemble des fonctions de *A* dans l'ensemble {0,1}, ce que l'on note $\{0,1\}^A$.

On définit ainsi **la valeur sémantique d'un V_i comme une fonction caractéristique d'un ensemble d'individus**.

Cette fonction fait correspondre la valeur 1 à l'individu qui satisfait la propriété dénotée par le V_i, et la valeur 0 à l'individu qui ne la satisfait pas. 1 et 0 décrivent respectivement la valeur de vérité *vraie* et *fausse*, à savoir la valeur que prendra la phrase lorsque le V_i se combine avec le *N* dénotant l'individu qui lui correspond. On peut donner les valeurs sémantiques suivantes au V_i de notre langage :

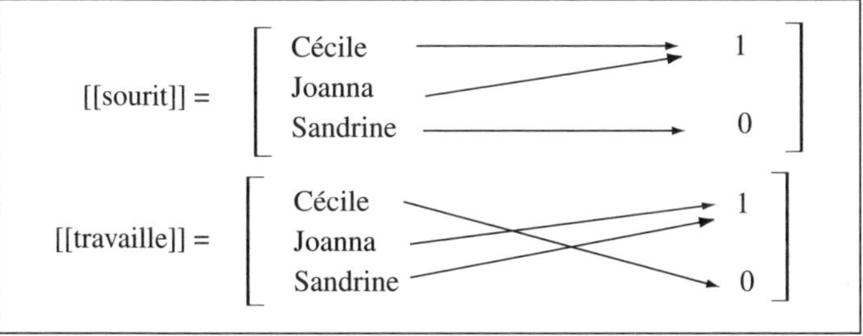

L'application d'un argument à cette fonction produit donc une valeur de vérité (1 ou 0). Cette valeur correspond à la valeur donnée par la fonction à chacun des arguments de la fonction. Ainsi, les phrases simples construites avec le V_i *sourit* reçoivent les interprétations suivantes :

[[Cécile sourit]] = 1
[[Joanna sourit]] = 1
[[Sandrine sourit]] = 0

• *Valeur sémantique des V_t*

Examinons maintenant la valeur sémantique d'un verbe transitif (V_t). Nous avons défini la dénotation d'un prédicat à deux places, qui correspond linguistiquement à un verbe transitif, comme un ensemble de paires ordonnées d'individus. Si nous réfléchissons à ce qu'est linguistiquement un V_t, nous observons qu'un V_t suivi d'un *N* donne un *VP*. Ce dont nous avons besoin, c'est donc d'une fonction qui fasse correspondre à la valeur sémantique d'un *N* (un individu) la valeur sémantique d'un *VP*, à savoir une fonction d'un ensemble d'individus dans une valeur de vérité.

Le domaine (l'ensemble de départ) de la fonction est un ensemble d'individus, et son co-domaine ou rang (l'ensemble d'arrivée) un ensemble de fonctions d'individus dans des valeurs de vérité. La valeur sémantique d'un V_t appartient donc à $(\{0,1\}^A)^A$. Nous pouvons représenter la valeur sémantique du V_t *connaît* de la manière suivante :

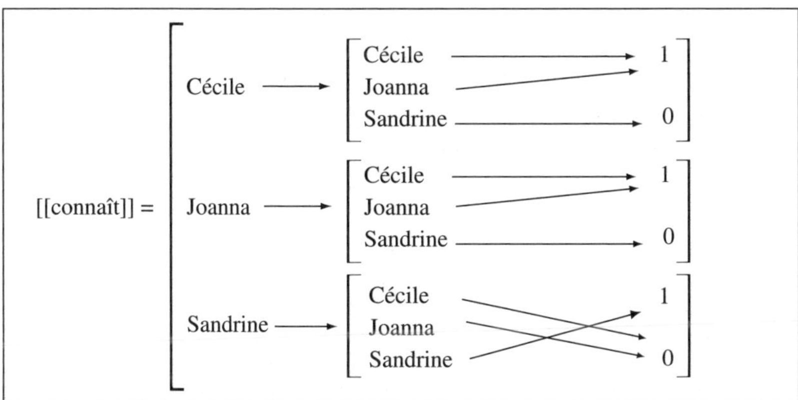

Selon cette description, on dira que si Cécile, Joanna et Sandrine se connaissent elles-mêmes, Joanna et Sandrine connaissent Cécile, seule Cécile connaît Joanna.

La valeur sémantique d'un *VP* composé d'un V_t et d'un *N* doit ainsi correspondre à la valeur sémantique d'un V_i. Par exemple, la valeur sémantique de *connaît Joanna* est la suivante :

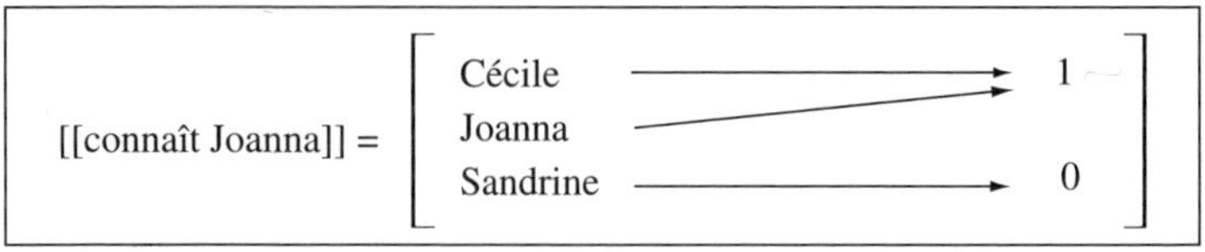

$$[[\text{connaît Joanna}]] = \begin{bmatrix} \text{Cécile} \rightarrow 1 \\ \text{Joanna} \rightarrow 1 \\ \text{Sandrine} \rightarrow 0 \end{bmatrix}$$

Les règles sémantiques

Nous allons maintenant donner les règles sémantiques correspondant à chaque règle syntaxique, et nous illustrerons l'application de ces deux ensembles de règles à quelques exemples.

• *Règles sémantiques de N et de V_i*

Supposons que nous réécrivions *N* par *Cécile*, et V_i par *sourit*. Les règles syntaxiques (R4) et (R5) ont pour correspondants sémantiques (S4) et (S5) :

(R4) N → *Cécile*

(S4) Si α est un N dominant un β et si β est *Cécile*, alors [[α]] = [[β]]

(R5) V_i → *sourit*

(S5) Si α est un V_i dominant un β et si β est *écrit*, alors [[α]] = [[β]]

Pour les règles qui contiennent à gauche une catégorie lexicale et à droite une unité lexicale, nous pouvons proposer la formulation générique suivante :

> Si α est n'importe quel γ dominant un β, où γ est une catégorie lexicale et β est n'importe quelle unité lexicale, et $\gamma \rightarrow \beta$ est une règle syntaxique, alors [[α]] = [[β]]

• *Règles sémantiques de VP*

Examinons maintenant les deux manières de réécrire le *VP* données par la règle (R2). Les règles sémantiques sont respectivement en (S2) :

> (R2) a. VP → V_i
>
> b. VP → V_t N
>
> (S2) a. Si α est un VP et β est un V_i, alors [[α]] = [[β]]
>
> b. Si α est un V_t et β est un N, et si γ est un VP, alors [[γ]] = [[α]] ([[β]])

Illustrons tout d'abord (S2a). Cette règle nous dit que l'interprétation du *VP* est celle du V_i, et comme l'interprétation du V_i est celle de l'unité lexicale, cela revient à interpréter le *VP* comme l'unité lexicale. Nous pouvons représenter cela par les deux dérivations syntaxique et sémantique partielles suivantes :

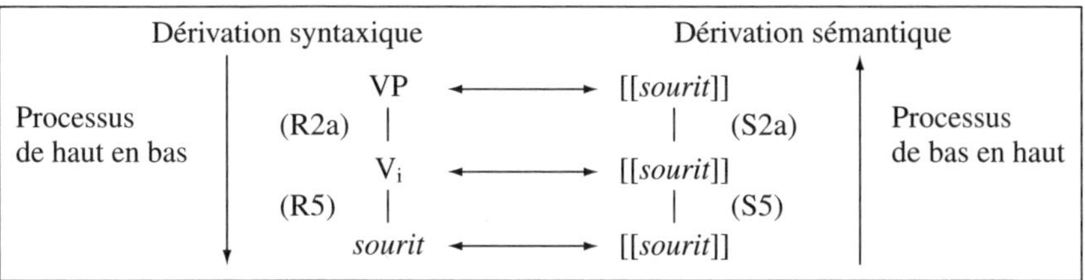

Prenons maintenant la règle (S2b). Cette règle mérite quelques commentaires, car elle fait intervenir un **principe de traduction** important en sémantique. Elle consiste à dire que le *N* fonctionnant comme argument du V_t doit s'interpréter comme l'argument d'une fonction correspondant au V_t. En d'autres termes, la séquence V_t *N* s'interprète comme [[V_t]] ([[*N*]]). Nous pouvons illustrer cela à l'aide de la double dérivation suivante :

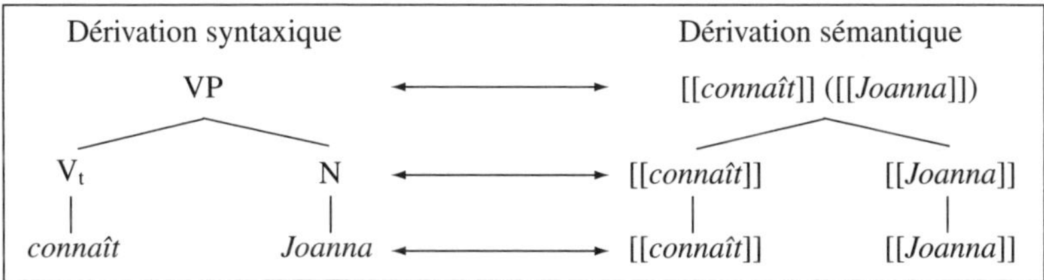

• *Règles sémantiques de S*

Il nous reste maintenant à examiner la contrepartie sémantique de la règle (R1), ainsi que l'interprétation de la négation et des connecteurs. Si (R1) se réécrit comme en (R1a), alors la règle correspondante (S1a) indique que l'interprétation de la phrase prend *N* comme argument et *VP* comme fonction :

(R1) a. S $\rightarrow$ N VP
(S1) a. Si α est un N et β est un VP, et si γ un S dominant un N et un VP, alors $[[\ \gamma]] = [[\ \beta\ ]]\ ([[\ \alpha\ ]]\ )$.

Nous pouvons donner les dérivations syntaxiques et sémantiques complètes d'une phrase, par exemple *Cécile connaît Joanna :*

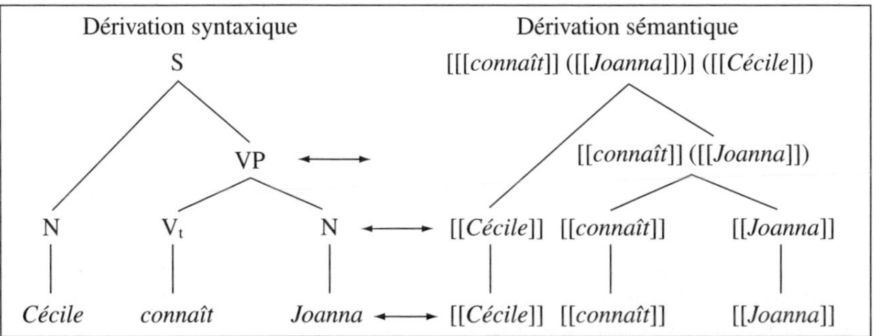

Nous pouvons maintenant donner l'interprétation sémantique de la phrase *Cécile connaît Joanna* étant donné l'interprétation de *Cécile*, de *connaît*, de *Joanna* et de *connaît Joanna* rappelées sous forme simplifiée :

[[*Cécile*]] = Cécile
[[*connaît*]] = {... < Cécile, Joanna >...}
[[*Joanna*]] = Joanna
[[*connaît Joanna*]] = {Cécile,...}
[[Cécile connaît Joanna]] = 1, car Cécile ∈ [[connaît Joanna]]

• *Règle sémantique de Neg*

La règle d'interprétation de la négation nous est donnée par une matrice, et la règle sémantique (S1b) correspond à la règle (R1b), qui génère les phrases négatives. L'interprétation de la négation stipule que toute phrase vraie est interprétée sous la négation comme fausse, et toute phrase fausse comme vraie :

$$[[\text{Neg}]] = \begin{bmatrix} 1 \rightarrow 0 \\ 0 \rightarrow 1 \end{bmatrix}$$

(R1) b. S → Neg S
(S1) b. Si α est Neg et si ϕ est une S, et si ψ est une S, alors $[[\psi]] = [[\alpha]]([[\phi]])$

Ainsi, l'interprétation sémantique de *il n'est pas le cas que Sandrine connaît Cécile* est donnée comme suit :

[[*il n'est pas le cas que Cécile connaît Joanna*]] =
[[*il n'est pas le cas que*]] ([[*Cécile connaît Joanna*]]) =
[[Neg]] (1) = 0

• *Règle sémantique de Conj*

Enfin, la règle (R1) formant une phrase à partir de deux phrases et de la conjonction est donnée par (R1c), et la règle sémantique lui correspondant est (S1c) :

(R1) c. S → S Conj S
(S1) c. Si α est une Conj, ϕ une S et ψ une S, et si ω est une S, alors $[[\omega]] = [[\alpha]] (<[[\phi]], [[\psi]]>)$

La valeur sémantique des conjonctions *et* et *ou* est donnée par les deux matrices suivantes, qui traduisent en termes fonctionnels la sémantique des connecteurs de conjonction et de disjonction inclusive de la logique des propositions :

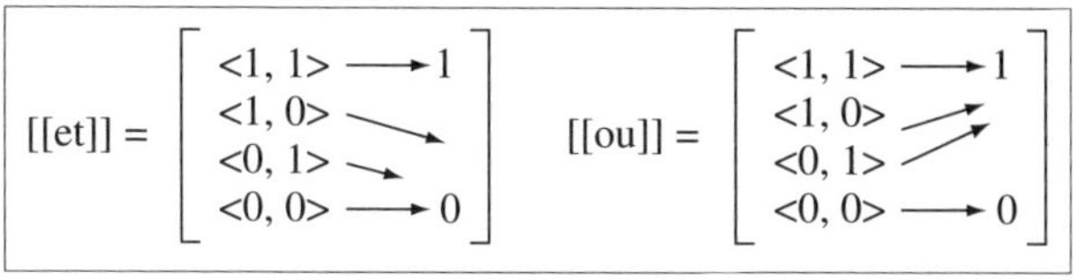

$$[[\text{et}]] = \begin{bmatrix} \langle 1, 1\rangle \longrightarrow 1 \\ \langle 1, 0\rangle \searrow \\ \langle 0, 1\rangle \searrow \\ \langle 0, 0\rangle \longrightarrow 0 \end{bmatrix} \qquad [[\text{ou}]] = \begin{bmatrix} \langle 1, 1\rangle \longrightarrow 1 \\ \langle 1, 0\rangle \nearrow \\ \langle 0, 1\rangle \nearrow \\ \langle 0, 0\rangle \longrightarrow 0 \end{bmatrix}$$

Si nous appliquons ces règles à la phrase complexe *Joanna travaille et Cécile connaît Joanna*, nous obtenons le résultat (simplifié) suivant :

[[*Joanna travaille et Cécile connaît Joanna*]] =
[[et]] (< [[*Joanna travaille*]] >, < [[*Cécile connaît Joanna*]] >) =
[[*et*]] (<1, 1>) = 1

Lectures conseillées

Ce chapitre est basé principalement sur Dowty, Wall & Peters (1981), qui reste la meilleure introduction à la sémantique de Montague, la plus didactique, la plus complète et la plus sûre. Pour une introduction accessible en français, nous renvoyons à Galmiche (1991).

À retenir

- La syntaxe d'un langage formel comprend un axiome du système (S), un ensemble de catégories lexicales et non lexicales, ainsi qu'un nombre de règles de bonne formation syntaxique.
- La sémantique d'un langage formel associe une interprétation sémantique à chaque catégorie lexicale, de même qu'elle fait correspondre une règle sémantique à chaque règle syntaxique.
- La valeur sémantique d'un nom propre est un individu.
- La valeur sémantique d'un verbe intransitif est une fonction d'un ensemble d'individus dans des valeurs de vérité.
- La valeur sémantique d'un verbe transitif est une fonction d'un ensemble d'individus dans une fonction d'ensembles d'individus dans des valeurs de vérité.

Chapitre 12

La quantification

Objectifs de connaissance

- Introduire aux principes de la logique des prédicats et de l'interprétation des quantificateurs (introduction de variables d'individus dans la syntaxe).
- Introduire les notions de type syntaxique et de variables de prédicat.
- Expliquer les définitions des quantificateurs permettant la traduction des phrases quantifiées du français en formes logiques.

Dans ce chapitre, nous allons passer d'une représentation de la sémantique des phrases utilisant un langage classique, la logique des prédicats, à une représentation plus puissante basée sur la notion de type syntaxique et d'opérateur d'abstraction, cela pour résoudre le problème de la quantification.

Une première description de la quantification

Quantification logique et quantification linguistique

Nous avons vu au chapitre 10 les problèmes que pose la quantification en langue naturelle : il n'y a pas de correspondance entre la structure syntaxique des phrases (1) et (2) et leurs formes logiques, formulées dans la logique des prédicats :

(1) Chaque étudiante marche.
$\forall x\ [E\ (x) \rightarrow M\ (x)]$, où $\forall x$ = pour tout *x*, E = *étudiante* et M = *marche*

(2) Une étudiante marche.
$\exists x\ [E\ (x) \wedge M\ (x)]$, où $\exists x$ = il existe (au moins) un *x*

La quantification en langue naturelle est le résultat de la combinaison d'un déterminant et d'un nom, qui forment ensemble un syntagme nominal, alors que la logique des prédicats exprime la quantification à l'aide de variables d'individus (notées *x, y,* etc.) et de règles de quantification, permettant la formation d'une formule à partir d'une formule. Ainsi, dans un langage des prédicats contenant, entre autres, les règles (R1) à (R3), la génération de la forme logique de (1) sera le résultat des étapes suivantes :

(R1) Si δ est un prédicat à une place et α est un terme, alors $\delta(\alpha)$ est une formule.
(R2) Si ϕ et ψ sont des formules, alors $[\phi \rightarrow \psi]$ est une formule.
(R3) Si ϕ est une formule et *u* une variable, alors $\forall u\ \phi$ est une formule.

a. E (x)	à partir de (R1)
b. M (x)	à partir de (R1)
c. [E (x) → M (x)]	à partir de (R2)
d. ∀x [E (x) → M (x)]	à partir de (R3)

L'introduction des variables d'individus

L'idée de produire des phrases quantifiées dans la portée d'un quantificateur suppose donc que l'on puisse produire dans un premier temps des formules contenant des variables. Mais si nous revenons à (1) et à (2), rien dans ces phrases ne s'apparente à des variables. Par contre, dans les phrases (3), les *NP* semblent fonctionner comme des variables (cf. *sa mère, il*), quand bien même les pronoms ne sont pas ici des substituts de *NP*, ce que montre (4) :

(3) a. Chaque Français aime sa mère.
b. Chaque Français croit qu'il est grammairien.
(4) a. Chaque Français aime la mère de chaque Français.
b. Chaque Français croit que chaque Français est grammairien.

Par contre, on peut paraphraser les phrases (3) en disant que les phrases (5) sont vraies pour chaque valeur de la variable v_1 qui est un Français :

(5) a. v_1 aime la mère de v_1
b. v_1 croit que v_1 est grammairien

Pour produire des phrases contenant un quantificateur comme (4), on passe ainsi par une étape intermédiaire comme (5). (R1)-(R7) sont les règles syntaxiques permettant l'introduction des variables et leur quantification :

(R1) Si α est un V_t et β est un *N*, alors $\alpha\beta$ est un V_i.
(R2) Si α est un V_i et β est un *N*, alors $\beta\alpha$ est une *For* (formule).
(R3) Si α est une *Neg* et ϕ une For, alors $\alpha\phi$ est une *For*.
(R4) Si α est une *Conj* et ϕ et ψ sont des For, alors $\phi\alpha\psi$ est une *For*.
(R5) Si α est un *CN*, *u* une variable et ϕ une *For* contenant au moins une occurrence de *u*, alors ϕ' est une *For*, où ϕ' provient de ϕ en remplaçant l'occurrence la plus à gauche de *u* par *chaque* α et chaque occurrence subséquente de *u* par *ce* α.
(R6) *Idem* pour *un*.
(R7) *Idem* pour *le*.

Mises à part (R5)-(R7), ces règles sont proches de celles du chapitre 11, mais introduisent quatre différences principales :

– les règles ne sont pas formulées à l'aide de règles syntagmatiques (cf. chapitre 11), mais de manière axiomatique (cf. chapitre 10) ;

– on introduit de nouvelles expressions basiques : les variables v_1, v_2... v_n sont de catégorie *N* ;

– on introduit une nouvelle catégorie lexicale, les noms communs (*CN* pour *Common Noun*), comme par exemple *étudiante*, *homme*, *femme*, etc. ;

– enfin, comme on construit des expressions à l'aide de variables et de V_i ou de V_t, on distingue les **formules**, qui contiennent des variables, des **phrases**, qui ne contiennent plus de variables.

Structure des phrases quantifiées

On peut maintenant dériver les phrases quantifiées. Par exemple, *une étudiante sourit* est généré sur la base de la dérivation suivante :

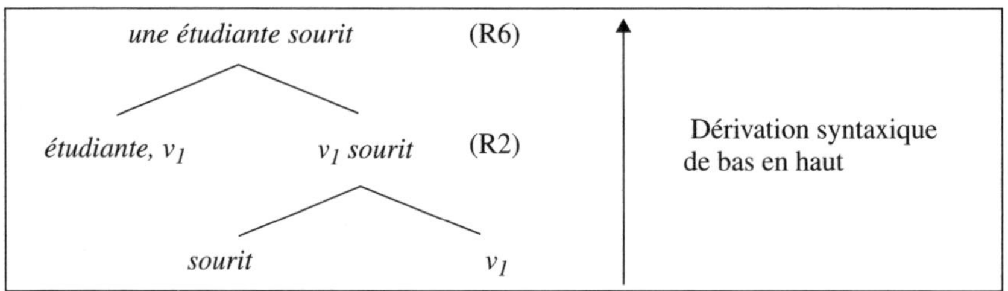

Une formule est d'abord construite, à l'aide d'une variable (v_1) et d'un V_i (*sourit*) par la règle (R2). À l'aide du *CN étudiante* et de la règle (R6), on forme ensuite un *NP* quantifié (*une étudiante*) qui remplace la variable v_1. Cette procédure explique l'ambiguïté de la phrase (6) : dans la Dérivation I, l'ordre d'application des règles de la quantification est (R6) et (R5), alors que c'est l'inverse dans la Dérivation II :

(6) Chaque homme aime une femme.

Dérivation I			Dérivation II		
chaque homme aime une femme		(R5)	*chaque homme aime une femme*		(R6)
homme, v_2	v_2 *aime une femme*	(R6)	*femme*, v_1	*chaque homme aime* v_1	(R5)
femme, v_1	v_2 *aime* v_1	(R2)	*homme*, v_2	v_2 *aime* v_1	(R2)
v_2	*aime* v_1	(R1)	v_2	*aime* v_1	(R1)
v_1	*aime*		v_1	*aime*	

Si ces représentations syntaxiques explicitent la différence de la portée des quantificateurs, elles ne permettent pas encore de dériver les bonnes formes logiques. De plus, nous ne savons pas encore comment interpréter les règles (R5)-(R7) introduisant les quantificateurs.

L'interprétation des quantificateurs

Comment doit-on interpréter la phrase (7) contenant un quantificateur ?

(7) Chaque étudiante sourit.

Interprétation ensembliste

Une première réponse consiste à dire que *chaque étudiante sourit* est vraie au cas où **la formule v_1 *sourit* est vraie de toutes les assignations de valeurs possibles *g* à la variable v_1.** Par *assignation de valeur*, on désigne une fonction qui attribue à la variable une dénotation, à savoir un individu.

Mais cette condition n'est pas suffisante : si la formule était vraie de toutes les assignations de valeur, on aurait alors déterminé les conditions de vérité de *chacun sourit* et non de *chaque étudiante sourit*. Ce que l'on veut, c'est interpréter la variable comme étant une étudiante. On dira alors que la quantification est restreinte à un sous-domaine indiqué par le nom commun introduit par le quantificateur.

On comprend maintenant pourquoi les noms communs peuvent être introduits par des règles de quantification : ils déterminent le sous-domaine dans lequel on va tester l'assignation de valeur aux variables. Ainsi, toutes les valeurs possibles du sous-domaine doivent être vérifiées pour *chaque*, une au moins doit l'être pour *un*, et exactement une seule pour *le*.

On comprend également pourquoi la sémantique donne comme dénotation aux noms communs (*CN*) celle des prédicats à une place : de même que les V_i prennent l'ensemble des individus appartenant à l'ensemble *A* défini par *M* pour leur associer la valeur 1 ou 0, les *CN* fonctionnent de même et opèrent une autre partition de *A* pour déterminer le sous-ensemble d'individus qu'il faut tester dans le V_i. En d'autres termes, pour comprendre la phrase *chaque étudiante sourit*, il faut vérifier que chaque interprétation de variable dans le sous-domaine des étudiantes appartient également au sous-domaine dénoté par *sourit*, ce qu'illustre la figure suivante :

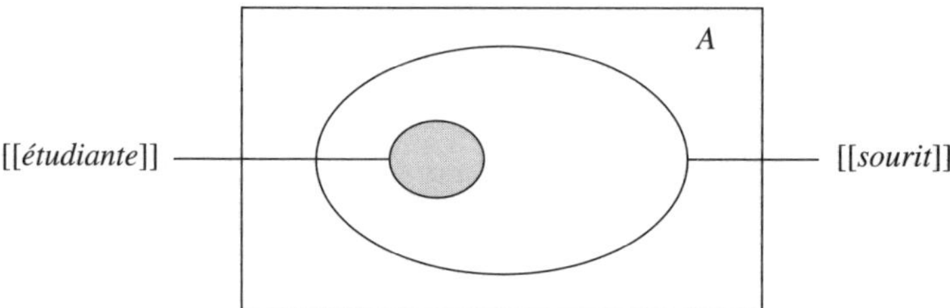

Les règles sémantiques

Nous donnerons une version informelle des règles d'interprétation des phrases quantifiées contenant *chaque CN, un CN* ou *le CN*. L'idée est la suivante. Pour savoir si une phrase quantifiée est vraie, il faut se demander si elle est vraie au cas où l'on assigne une valeur quelconque à la variable, valeur sélectionnée dans le sous-domaine défini par le nom commun. Ce qu'il faut donc définir préalablement, c'est une **fonction d'assignation de valeurs aux variables**. On dira ainsi :

> Si *u* est une variable individuelle, alors $[[\ u\ ]]^{M,g} = g\ (u)$.

En d'autres termes, une variable d'individu reçoit, via *g*, une interprétation quelconque. Par exemple, v_1 peut dénoter, de manière arbitraire et libre, Annik, v_2 Cécile, v_3 Joanna, v_4 Sandrine. Supposons maintenant que l'on interprète le nom commun *doctorante* comme suit :

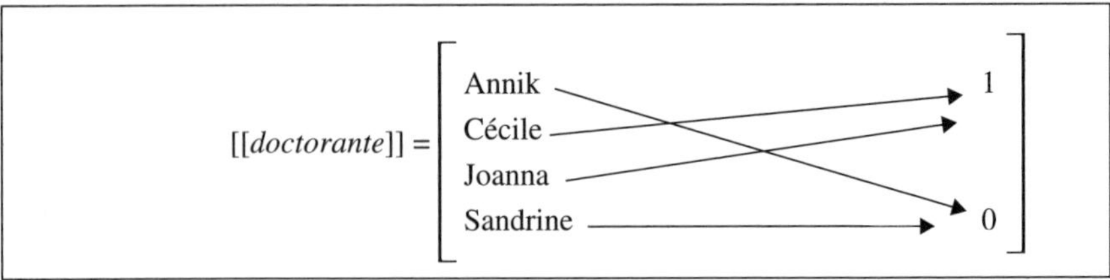

Pour qu'une formule comme *chaque CN VP* soit vraie, il faut que l'on vérifie que toutes les valeurs possibles de la variable relativement au sous-domaine défini par le *CN* donnent une interprétation vraie à la formule. Ainsi, pour que *chaque doctorante sourit* soit vraie, il faut que chaque élément de l'ensemble des doctorants, à savoir Cécile et Joanna, satisfasse la propriété de *sourire*. Le principe est le même pour les autres quantificateurs, avec la condition d'une vérification au moins pour *un*, et une et une seule pour *le*.

Types syntaxiques et variables de prédicats

Pour exprimer les quantificateurs de manière catégorématique, à savoir pour les introduire directement comme catégorie lexicale, il nous faut introduire un langage plus puissant que la logique des prédicats, le **langage-type**, qui se caractérise par deux propriétés :

– le langage-type redéfinit les catégories lexicales et non lexicales à partir de deux catégories de base, ou types syntaxiques, notées *e* (pour *entity*) et *t* (pour *truth*) ;
– le langage-type permet l'introduction de variables de n'importe quel type, à savoir de n'importe quelle catégorie, notamment des variables de prédicat.

Nouvelle définition des catégories

Nous donnerons les nouvelles définitions des catégories suivantes :

a. La catégorie des *termes* (noms et variables d'individus) est désignée par le symbole *e*.
b. La catégorie des *formules* (incluant les phrases) est désignée par le symbole *t*.
c. La catégorie des V_i est désignée par le symbole $< e, t >$.
d. La catégorie des V_t est désignée par le symbole $< e, < e, t >>$.

L'application de ces définitions aux règles de la syntaxe produit les résultats suivants :

– un *N* combiné à un V_i donne une formule : $e + < e, t > = t$
– un *N* combiné à un V_t donne un *VP* : $e + < e, < e, t >> = < e, t >$
– un *N* combiné à un *VP* donne une formule : $e + < e, t > = t$

Les principes de combinaison entre types sont simples : si la combinaison $e + < e, t >$ donne *t*, c'est que le type $< e, t >$ signifie qu'il est le résultat d'une fonction d'une expression de catégorie *e* dans une expression de catégorie *t*. On peut donner les noms des autres catégories lexicales :

La négation (*Neg*) est de type $< t, t >$.
Les connecteurs (*Conj*) sont de type $< t, < t, t >>$.

– La négation, combinée avec une formule, produit une formule : $< t, t > + t = t$;

– les connecteurs se combinent avec deux formules pour produire une formule : $< t, < t, t >> + t + t = t$.

Langage-type

Un langage-type est donc un langage dont les types sont définis récursivement :

> a. *e* est un type.
> b. *t* est un type.
> c. Si *a* et *b* sont des types quelconques, alors $< a, b >$ est un type.

Un langage-type contient des constantes et des variables de toute catégorie syntaxique. On dit que c'est un *langage d'ordre supérieur*. L'intérêt de recourir au langage-type est triple.

1. *Simplification des règles syntaxiques.* La syntaxe est limitée à trois types de règles : une règle de formation des formules, une règle d'introduction des connecteurs et une règle d'introduction des quantificateurs :

> (R1) Pour tout type *a* et *b*, si α est une expression de type $< a, b >$ et β une expression de type *a*, alors $\alpha(\beta)$ est une expression de type *b*.
> (R2) Si ϕ et ψ sont des expressions de types *t*, alors ϕ, $[\phi \wedge \psi]$, $[\phi \vee \psi]$, $[\phi \rightarrow \psi]$, $[\phi \leftrightarrow \psi]$ sont des expressions de type *t*.
> (R3) Si ϕ est une expression de type *t* et *u* est une variable (de n'importe quel type), alors $\forall$ u ϕ et $\exists$ u ϕ sont des expressions de type *t*.

2. *Construction de nouvelles catégories.* Par exemple, on peut construire des catégories comme la négation de prédicat, qui modifie un *VP* (expression de type $<< e, t >, < e, t >>$). Ainsi, *Paul ne vient pas* sera traduit par *Paul non-vient*, ce qui donne :

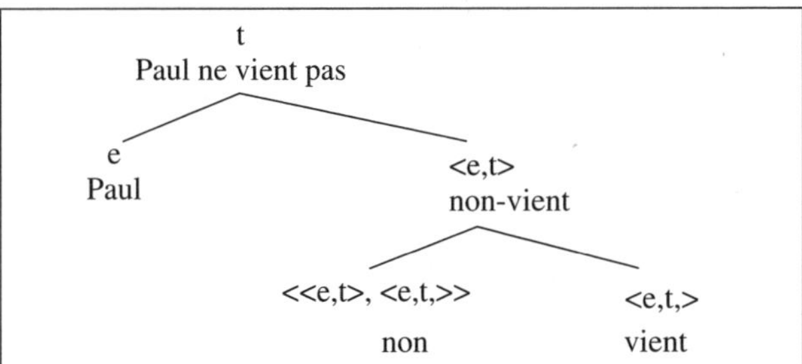

3. *Introduction de nouveaux types de variables*, par exemple des **variables de prédicats** (de type $< e, t >$). Cette faculté des langages d'ordre supérieur est à l'origine d'une conception nouvelle de la quantification et le passage obligé des conceptions **extensionnelles** de la sémantique à une conception **intensionnelle**, basée sur la notion de propriété (cf. § 4).

Abstraction-λ et quantification

Abstraction-λ et conversion-λ

Nous allons introduire une méthode consistant dénommer des ensembles à l'aide d'un langage formel. Les ensembles sont souvent spécifiés par une notation prédicative. Voici la notation traditionnelle d'un ensemble, celui des entiers naturels compris entre 3 et 7, mais formulée en pseudo-français :

$\{x: \; 3 < x < 7\}$: l'ensemble des x tel que x est plus grand que 3 et plus petit que 7.

Une méthode plus explicite consiste à exprimer la formule définissant l'ensemble comme lié à un opérateur d'abstraction, l'**opérateur-λ**. Ainsi (a) désigne un ensemble et (b) la formule à laquelle λ est attachée :

(a) λx [... x...]
(b) [... x...]

De manière plus générale, on dira que si ϕ est une formule, alors $\lambda x \, \phi$ dénote un ensemble. Nous pouvons appliquer cette opération d'abstraction à notre langage. Si, par exemple, (a) dénote une formule, (b) dénote un ensemble :

(a) A (x) (j) = Jean aime x
(b) λx [A (x) (j)] = l'ensemble des individus que Jean aime

(b) a la même dénotation qu'un prédicat à une place. On parlera d'**abstraction de prédicat** pour décrire le passage de (a) à (b). Puisque (b) est un prédicat à une place, (c), à laquelle on a ajouté un terme (*m*), est une formule :

(c) λx [A (x) (j)] (m) = « m est un x tel [A (x) (j)] » = A (m) (j)

La règle qui permet de convertir une formule de la forme (i) en une formule (ii) est le **principe de conversion-λ**, explicité en (iii) :

(i) λx [...x...] (α)
(ii) [...α...]
(iii) remplacer toutes les occurrences libres de la variable x dans [... x...] par α.

Nous disposons ainsi d'une **méthode pour définir des ensembles à partir de formules**. Nous allons maintenant appliquer cette méthode aux phrases quantifiées et introduire des variables de prédicat.

Dénotation des NP quantifiés

Comparons les phrases quantifiées suivantes du français et leurs traductions logiques usuelles dans la logique des prédicats :

Phrases du français	Traductions logiques usuelles
Chaque étudiante sourit	$\forall x\ [E\ (x) \rightarrow S\ (x)]$
Une étudiante sourit	$\exists x\ [E\ (x) \wedge S\ (x)]$
Aucune étudiante ne sourit	$\neg \exists x\ [E\ (x) \wedge S\ (x)]$

L'idée de la sémantique formelle est que ces phrases sont des assertions de forme sujet-prédicat, bien qu'elles ne soient pas à propos d'individus particuliers, mais des assertions sur la propriété de sourire :

– *Chaque étudiante sourit* dit que la propriété de sourire a la propriété (dite de second ordre) d'être vraie de chaque étudiante.

– *Une étudiante sourit* dit que la propriété de sourire a la propriété (de second ordre) d'être vraie d'une étudiante quelconque.

– *Aucune étudiante ne sourit* dit que la propriété de sourire a la propriété (de second ordre) de n'être vraie d'aucune étudiante.

Introduisons maintenant une variable de prédicat *P*, de type $< e, t >$. *P* dénote ce que le *VP* de ces phrases dénote. On dira ainsi que les phrases ci-dessus sont vraies si, respectivement, les formules suivantes sont vraies :

$\forall x\ [E\ (x) \rightarrow P\ (x)]$
$\exists x\ [E\ (x) \wedge P\ (x)]$
$\neg\exists x\ [E\ (x) \wedge P\ (x)]$

On obtient alors la valeur sémantique de *chaque étudiante*, de *une étudiante* et d'*aucune étudiante* en opérant une abstraction-λ sur ces formules :

chaque étudiante	$\lambda P\ [\forall x\ [E\ (x) \rightarrow P\ (x)]]$
une étudiante	$\lambda P\ [\exists x\ [E\ (x) \wedge P\ (x)]]$
aucune étudiante	$\lambda P\ [\neg\exists x\ [E\ (x) \wedge P\ (x)]]$

Ces formules dénotent des **ensembles**, puisque nous avons, à partir de formules, opéré une abstraction. Pour obtenir la forme logique de ces phrases, nous allons appliquer la valeur sémantique de l'expression quantifiée à celle du prédicat et le principe de conversion- λ, ce qui produit les formes logiques classiques :

chaque étudiante sourit	$\lambda P\ [\forall x\ [E\ (x) \rightarrow P\ (x)]]\ (S) \leftrightarrow\ \forall x\ [E\ (x) \rightarrow S\ (x)]$
une étudiante sourit	$\lambda P\ [\exists x\ [E\ (x) \wedge P\ (x)]]\ (S) \leftrightarrow\ \exists x\ [E\ (x) \wedge S\ (x)]$
aucune étudiante ne sourit	$\lambda P\ [\neg\exists x\ [E\ (x) \wedge P\ (x)]]\ (S) \leftrightarrow\ \neg\exists x\ [E\ (x) \wedge S\ (x)]$

Dénotation des quantificateurs

Pour obtenir la dénotation des quantificateurs *chaque*, *une* et *aucune*, il suffit de procéder de manière identique. Nous introduisons ainsi une nouvelle variable de prédicat *Q*, de type $< e, t >$, qui dénote ce que les *CN* des *NP* quantifiés dénotent :

chaque	$\lambda Q\ [\lambda P\ [\forall x\ [Q\ (x) \rightarrow P\ (x)]]]$
une	$\lambda Q\ [\lambda P\ [\exists x\ [Q\ (x) \wedge P\ (x)]]]$
aucune	$\lambda Q\ [\lambda P\ [\exists x\ [Q\ (x) \wedge P\ (x)]]]$

En appliquant aux quantificateurs ainsi décrits le *CN étudiante* et le V_i *sourit*, nous obtenons les formules logiques usuelles :

$\lambda Q\ [\lambda P\ [\forall x\ [Q\ (x) \rightarrow P\ (x)]]]\ (E)\ (S) \leftrightarrow \forall x\ [E\ (x) \rightarrow S\ (x)]$
$\lambda Q\ [\lambda P\ [\exists x\ [Q\ (x) \wedge P\ (x)]]]\ (E)\ (S) \leftrightarrow \exists x\ [E\ (x) \wedge S\ (x)]$
$\lambda Q\ [\lambda P\ [\neg\exists x\ [Q\ (x) \wedge P\ (x)]]]\ (E)\ (S) \leftrightarrow \neg\exists x\ [E\ (x) \wedge S\ (x)]$

Nous pouvons résumer ce processus de dérivation des formes logiques en présentant la dérivation de la phrase *chaque étudiante sourit*. Nous sommes maintenant à même de donner une traduction logique à chaque mot, de même qu'une catégorie syntaxique, et surtout une analyse sémantique isomorphe (parallèle) à l'analyse syntaxique. Le processus d'interprétation se fera ainsi en trois étapes :

I. dérivation de la structure syntaxique de la phrase ;
II. traduction logique des expressions (mots, syntagmes, phrases) ;
III. interprétation sémantique de la phrase sur la base du principe de compositionnalité.

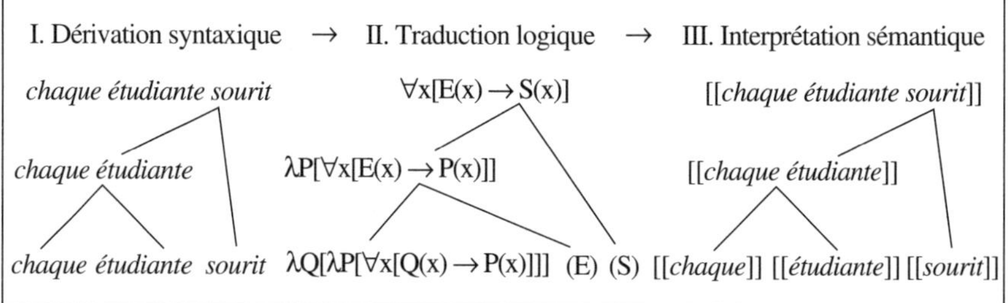

Lectures conseillées

On se reportera à Dowty, Wall & Peters (1981) pour plus de détails sur le langage-type et l'abstraction- λ, ainsi que sur la logique intensionnelle. On consultera également avec profit Chierchia & McConnell-Ginet (1990), ainsi que Cann (1994) pour leurs chapitres sur la quantification. Pour une introduction moins technique, nous renvoyons à Bach (1989). Enfin, la version a plus à jour est donnée dans Heim & Kratzer (1998), ainsi que dans Swart (1998).

À retenir

- Une phrase quantifiée interprète des variables relativement à un sous-domaine spécifié par le nom commun lié au quantificateur.
- Les types syntaxiques sont des catégories composées à partir de deux types de base : e (pour *entity*) et *t* (pour *truth*).
- L'opérateur d'abstraction-λ produit des expressions désignant des ensembles à partir de formules.
- Les expressions-λ décrivent la dénotation des expressions quantifiées (*NP* quantifiés) et des quantificateurs.
- L'application des principes d'abstraction-λ et de conversion-λ traduit les phrases quantifiées, après dérivation syntaxique, en formules de la logique des prédicats, permettant l'accès à l'interprétation sémantique.

Chapitre 13

Sémantique des événements

Objectifs de connaissance

- Montrer pourquoi la sémantique formelle doit représenter le temps.
- Introduire aux principales approches de la sémantique des événements.
- Définir la notion de classe aspectuelle.
- Montrer comment le problème de l'ordre temporel a été traité.

Sémantique des événements

La sémantique des événements est née du constat que les sémantiques formelles classiques (cf. chapitres 10 à 12) étaient incapables de représenter le temps. Or les coordonnées temporelles des phrases sont un élément crucial de leur interprétation. La sémantique des événements a ainsi pour objet de représenter le temps ; elle le fait, notamment, en indiquant la nature des *éventualités* que représentent les phrases.

Dans ce chapitre, nous allons introduire deux notions fondamentales : celle de **référence temporelle** d'une part, celle de **classe aspectuelle** d'autre part.

a. La **référence temporelle** décrit le segment du temps dans lequel un événement s'est produit.
b. La **classe aspectuelle** est le type d'événement décrit par la phrase.

Nous allons commencer par différencier **proposition** et **événement**.

Une **proposition** est le contenu de représentation d'une phrase, évaluée comme vraie ou fausse. Un **événement** est le type de chose décrit dans une phrase, localisé dans le temps et caractérisé par des propriétés aspectuelles : borné ou non borné, télique ou atélique, accompli ou non accompli, inchoatif, continuatif ou terminatif.

Les phrases (1a) et (2a) expriment toutes les deux une proposition au sens logique, mais seule la phrase (2a) est une phrase d'événement. (1b) et (2b) en sont les représentations logiques :

(1) a. Tout nombre pair est divisible par 2.
b. $\forall$x [(PAIR (x) $\rightarrow$ DIVISIBLE_PAR_2 (x)]
(2) a. Brutus a tué César.
b. TUER (Brutus, César)

La représentation (2b) est incomplète, car la logique des prédicats ne représente pas le temps. Pour pallier ce défaut, les logiciens ont imaginé deux stratégies : le calcul des prédicats avec variables d'instants et d'événements, et la logique intensionnelle avec variables d'instants.

Calcul des prédicats avec variables d'instants et d'événements

Cette stratégie consiste à introduire des variables d'instants (*t*) permettant de localiser l'événement, et des variables d'événements (*e*) permettant de décrire la structure de l'événement. Ces variables sont liées par le quantificateur existentiel ($\exists$). La phrase (2a) reçoit ainsi la structure logique (2c) dans sa version néo-davidsonienne (Parsons 1990) :

(2) c. $\exists$ e $\exists$ t [TUER(e) $\wedge$ AGENT (Brutus, e) $\wedge$ PATIENT (César, e) $\wedge$ SE_PRODUIRE-A (e, t) $\wedge$ (t < t_0)]
Il existe un événement *e*, il existe un moment *t*, tels que l'événement *e* est *tuer*, *Brutus* est l'agent de *e*, *César* est le patient de *e*, *e* se produit à *t* et *t* est antérieur à maintenant (t_0).

Logique intensionnelle

Cette stratégie, qui relève de la logique temporelle et de la logique modale, consiste à indexer les propositions relativement à un moment du temps, appartenant à l'ensemble des instants *I*. On dira ainsi qu'une phrase est vraie relativement à *M*, *g* et *I*. Pour exprimer que la phrase est vraie dans le passé, les logiques intensionnelles introduisent un opérateur modal PASSÉ. (2a) reçoit ainsi comme interprétation sémantique (2d) :

(2d) [[PASSÉ [TUER (César) (Brutus)]]^{M,g,I} = 1, ssi $\exists$ i, i < maintenant, [[TUER (César) (Brutus)]]^{M,g,i} = 1

En d'autres termes, la proposition TUER (César) (Brutus) est vraie relativement à *M, g* et *I* si et seulement si il existe un instant *i* antérieur à maintenant tel que TUER (César) (Brutus) est vraie à *i*.

Représentation du temps et référence temporelle

Le problème est donc celui de la représentation du temps exprimé dans les phrases et l'impossibilité des logiques classiques d'en donner une description satisfaisante.

Voici une illustration de cette difficulté. Les phrases (3) disent que la proposition TÉLÉPHONER (Marie) est vraie du passé. Mais (4) n'est pas une représentation logique satisfaisante, car elle s'applique à chacune de ces phrases :

(3) a. Marie avait téléphoné.
b. Marie téléphonait.
c. Marie téléphona.
(4) PASSÉ [TÉLÉPHONER (Marie)]

Quelle est l'explication ? La différence entre les phrases (3) concerne bien la **référence temporelle**, mais surtout les relations temporelles que l'événement entretient avec d'autres événements. Ainsi, la phrase (3a) entretient, dans (5), une relation de précédence temporelle, relation que la **sémantique du discours** appelle *Explication* (l'événement au plus-que-parfait explique l'événement au passé simple) :

(5) Jean entra. Marie avait téléphoné.

Dans la sémantique du discours, la notion de **vérité** ne concerne non pas les phrases, mais les discours. Ainsi, les temps verbaux d'une langue naturelle comme le français ne déterminent pas les conditions de vérité des phrases, mais les **relations** entre phrases dans le discours, que nous pouvons représenter pour les phrases (3) :

(6) a. Jean entra (e_1). Marie avait téléphoné (e_2) : $e_2 < e_1$ (inversion temporelle)
b. Jean entra (e_1). Marie téléphonait (e_2) : $e_1 \subseteq e_2$ (inclusion temporelle)
c. Jean entra (e_1). Marie téléphona (e_2) : $e_1 < e_2$ (précédence temporelle)

Voici une définition précise de la **référence temporelle** :

Déterminer la **référence temporelle** d'un événement, c'est :
a. déterminer le **moment** du temps (point, intervalle) qui est vrai de l'événement ;
b. déterminer les **relations** temporelles entre événements ;
c. déterminer la **classe aspectuelle** de l'événement.

Par exemple, le même événement TÉLÉPHONER (Marie) est représenté, du point de vue aspectuel, comme non borné en (7a) et comme borné en (7b) :

(7) a. Jean entra. Marie téléphonait.
b. Jean entra. Marie téléphona.

Il s'agit donc de comprendre comment la manière d'être d'un événement (son aspect) interagit avec les relations dans le discours. Nous allons commencer par déterminer la notion de classe aspectuelle.

Classes aspectuelles

Les événements décrits dans une phrase ne sont pas du même type ontologique. L'**ontologie** décrit ce qui est dans le monde, et le type ontologique désigne les sortes de choses dans le monde.

De manière générale, on parlera d'**éventualité** pour désigner les différents types ontologiques des événements. Plus simplement, on appellera **classe aspectuelle** le type ontologique de l'éventualité. Les classes aspectuelles sont les états, les activités, les accomplissements et les achèvements (Vendler 1967) :

Les **états** sont statiques et non bornés : *Marie connaît Paul.*
Les **activités** sont dynamiques, mais non bornées : *Marie a couru.*
Les **accomplissements** sont dynamiques, bornés et duratifs : *Marie a construit une maison.*
Les **achèvements** sont dynamiques, bornés, mais ponctuels : *Marie a atteint le sommet.*

Intervalle

La détermination de la référence temporelle passe aussi par le calcul de l'intervalle temporel séparant les événements entre eux ou **le moment de l'événement** (E) et le **moment de la parole** (S).

> **L'intervalle temporel** est la distance temporelle existant entre deux points, par exemple le moment de l'événement (E) et le moment de la parole (S), fonctionnant comme bornes initiale et terminale de l'intervalle. On note un intervalle [début ; fin], par exemple [E ; S].

Sémantiquement, (8a) et (8a) livrent la même information : l'événement est passé, ce que représente (9a) et (9b) :

(8) a. J'ai déjeuné.
  b. Je suis allé au Tibet.
(9) a. PASSÉ [DÉJEUNER (locuteur)]
  b. PASSÉ [ALLER (locuteur, Tibet)]

Quelle est alors la différence ? Elle tient à l'intervalle temporel entre E et S, court en (9a) et long en (9b). Mais l'intervalle [E ; S] est déterminé pragmatiquement, essentiellement sur la base de nos connaissances sur le monde (cf. chapitre 18).

Point de la parole, point de l'événement et point de référence

Pour déterminer la référence temporelle d'un événement, deux coordonnées temporelles sont donc nécessaires : le point de l'événement (E) et le point de la parole (S). Un logicien du XXe siècle, Reichenbach (1947), a proposé d'ajouter un troisième point pour définir la référence temporelle : le **point de référence (R)**.

> a. Le **point de la parole** (S) définit le moment incluant ou identique au moment de la parole, c'est-à-dire le temps de l'énonciation de la phrase par le locuteur.
> – *Maintenant* définit l'événement sur lequel il s'applique comme identique à S (E = S).
> – *Aujourd'hui* inclut S dans E ($S \subseteq E$).
> b. Le **point de l'événement** (E) définit le moment (point ou intervalle) où se produit l'événement.
> – *Hier* définit E comme antérieur d'un jour à *maintenant* : $E < S \wedge [E ; S] = 1$ jour.
> – *Demain* définit E comme postérieur d'un jour à *maintenant* : $E > S \wedge [E ; S] = 1$ jour.
> c. Le **point de référence** (R) est le moment à partir duquel E est calculé.
> – R peut être identique à S, précéder S ou être postérieur à S
> – R peut être identique à E, antérieur à E ou postérieur à E.

Voici deux exemples faisant intervenir ces trois coordonnées temporelles.

(10) Jeudi 27 novembre, Jacques écrivit ce chapitre de sémantique.
  R = jeudi 27 novembre, E = jeudi 27 novembre, S = le moment de la parole du locuteur
  Notation : E, R-S (E est simultané à R et antérieur à S).
(11) Lorsque Max arriva, Marie était sortie.
  R = le moment où Max arrive, E = le moment où Marie sort, S = le moment de la parole du locuteur
  Notation : E-R-S (E est antérieur à R antérieur à S).

Les classes aspectuelles

Nous allons, dans cette section, examiner les différents types d'états de choses décrits par une phrase, ou **éventualités**, que la littérature philosophique et linguistique nomme **classes aspectuelles**.

Les différentes classes aspectuelles sont les états, les processus, les activités, les événements, les accomplissements, les achèvements. Parmi ces catégories, nous nous intéresserons dans un premier temps aux deux catégories les plus importantes, les **états** et les **événements**.

Événements et états

Un événement est un processus qui se produit dans une période de l'espace-temps. Il est défini par une borne initiale et une borne terminale. L'intervalle entre ces deux bornes définit le temps de l'événement (E). Un événement est défini relativement à un pré-état et à un post-état :

> a. L'**événement** détruit le pré-état et crée le post-état.
> b. La **relation** entre événement et post-état est **causale**.

Soit l'exemple *Jean a construit sa maison*. Cet événement est défini relativement à deux états : le pré-état dans lequel la maison de Jean n'est pas construite et le post-état dans lequel la maison de Jean est construite.

De manière converse, un état est défini par son caractère non borné : un état a une étendue dans le temps, il n'a ni borne initiale ni borne terminale, et est homogène (aucun changement n'intervient dans l'intervalle où il est vrai).

> a. Un **état** est précédé d'un pré-événement qui le crée et suivi d'un post-événement qui le détruit.
> b. La **relation** entre pré-événement, état et post-événement est **causale**.

Soit l'exemple *Jean aime Marie*. Cet état est créé par un événement, par exemple la rencontre de Jean et de Marie, qui cause l'état de Jean. Cet état n'est pas permanent et peut être détruit par un événement, par exemple le départ de Marie à New York.

Processus

Nous avons jusqu'ici opposé *états* et *événements*. Nous allons maintenant détailler un peu plus la typologie des éventualités, en introduisant des catégories intermédiaires. À côté des **états**, qui sont non bornés, atéliques, homogènes, nous définirons une catégorie intermédiaire, les **processus**, qui peuvent être bornés ou non bornés, téliques ou atéliques, homogènes ou hétérogènes.

Commençons par distinguer deux types de processus : ceux qui ont une fin intrinsèque qui les définit et ceux qui n'en ont pas. Les premiers ont une **culmination** (*telos* ou *but* qui les définit), alors que les seconds, qui n'ont ni culmination ni *telos*, ont simplement un **développement**.

Dans les deux processus (12a-b), décrits par leur *VP*, (12a) a une culmination et est un **processus télique**, alors que (12b), qui a un développement, est un **processus atélique** (il n'est pas défini par son *telos*) :

(12) a. construire une maison
b. pousser un chariot

Les processus **téliques** sont des **événements** (13) alors que les processus **atéliques** sont des **activités** (14). Les événements sont téliques, bornés et non homogènes, alors que les activités sont atéliques, non bornées et homogènes :

(13) a. Max a couru le cent-mètres.
b. Jean dessine un cercle.
(14) a. Jean lit un livre.
b. Jean court

Événements

L'opposition différenciant les événements est leur extension temporelle : certains événements prennent du temps, alors que d'autres décrivent directement leur fin intrinsèque.

(15) a. manger un sandwich
b. atteindre le sommet

Dans les deux événements (15), décrits par leur *VP*, (15a) est défini par une fin intrinsèque et inclut une période (phase) de temps nécessaire à son accomplissement. En revanche, (15b) décrit la fin intrinsèque du processus, sans requérir une période de temps nécessaire à son accomplissement. Si *Jean a atteint le sommet* est vrai, alors ce que décrit la phrase est le moment qui correspond au point de culmination, non précédé d'un intervalle temporel.

Les événements sont soit des **accomplissements**, soit des **achèvements**. Les **accomplissements** (16) sont téliques, bornés, non ponctuels (ils se déroulent dans le temps), alors que les **achèvements** (17) sont téliques et ponctuels :

(16) a. Jean dessine un cercle.
b. Jean construit une maison.
(17) a. Jean atteint le sommet.
b. Max a gagné la course.

Critères de classification des classes aspectuelles

En résumé, les critères de classifications des éventualités sont la progression, l'homogénéité et la ponctualité :

a. **Progression** : les **états** ne progressent pas, les **processus** progressent.
b. **Homogénéité** *:* les **activités** sont homogènes, les **événements** ne le sont pas.
c. **Ponctualité** *:* les **achèvements** sont ponctuels, les **accomplissements** ne le sont pas.

Le problème de l'ordre temporel

Commençons par définir l'ordre temporel :

> Il y a **ordre temporel** lorsque l'ordre du discours est parallèle à l'ordre des événements.

Le discours (18a) manifeste **l'ordre temporel**, alors que (18b) manifeste l'ordre temporel inverse, ou **inversion temporelle :**

(18) a. Max est tombé dans un précipice. Il s'est cassé la jambe.
b. Max s'est cassé la jambe. Il est tombé dans un précipice.

Comment expliquer la différence entre (18a) et (18b) ? La sémantique des événements a produit deux grandes explications, liées aux classes aspectuelles et aux temps verbaux.

L'approche aspectuelle

La solution aspectuelle (Dowty 1996) part d'une définition des classes aspectuelles en termes d'intervalle et de sous-intervalle temporels. Elle recourt aussi à un principe général, le **principe d'interprétation des discours temporels**, pour expliquer l'ordre temporel : l'ordre temporel est alors un principe par défaut, équivalent à la maxime d'ordre « soyez ordonné » (Grice 1979, cf. chapitre 17).

Voici la définition des classes aspectuelles selon Dowty :

> Si une phrase est vraie dans un intervalle et dans tous ses sous-intervalles, alors elle décrit un **état**.
> Si une phrase est vraie d'un intervalle, et vraie seulement dans certains de ses sous-intervalles, elle décrit une **activité**.
> Si une phrase est vraie dans un intervalle, mais fausse dans quelque sous-intervalle que ce soit, alors elle décrit un **accomplissement/achèvement**.

(19a) décrit un état, (19b) une activité et (19c) un accomplissement :

(19) a. Jean était endormi de minuit à 8 heures.
b. Jean s'est promené de 2 heures à 3 heures.
c. Jean a construit une maison l'année dernière.

Si Jean est endormi de minuit à 8 heures, alors il ne peut pas être éveillé dans quelque sous-intervalle compris entre minuit et 8 heures. Si Jean s'est promené de 2 heures à 3 heures, il se peut qu'il se soit interrompu (pour se reposer, pour lacer ses chaussures, pour admirer le paysage, etc.) pendant quelques minutes. Donc la phrase *Jean s'est promené* peut être fausse dans certains sous-intervalles. Enfin, si Jean a construit une maison l'année dernière, alors il ne peut être vrai qu'il a construit une maison au mois de mars, par exemple : à cette époque, la maison est en cours de construction, mais n'est pas encore construite.

Si le caractère **télique** des **accomplissements** est responsable de la différence avec les **états** et les **activités**, **atéliques**, alors la prédiction de l'approche aspectuelle est la suivante :

> a. Seules les phrases dénotant un accomplissement/achèvement font avancer le temps.
> b. Le temps n'avance pas avec les états et les activités.

L'explication est la suivante. Les achèvements, ponctuels, ne sont pas décomposables et ne peuvent donc inclure temporellement un autre éventuellement. Les accomplissements sont décomposables, mais en phases ordonnées, et ne sont donc pas hétérogènes : ils ne peuvent pas être décomposés et inclure une autre éventualité. En revanche, les états et les activités sont décomposables en sous-intervalles, et tout enchaînement avec un événement peut se faire sur une partie de l'état ou de l'activité, donnant ainsi lieu à une relation d'inclusion temporelle et non d'ordre ou d'inversion temporels.

(20) a. Marie entra dans le bureau. Le Président était endormi.
b. Marie entra dans le bureau. Le Président marchait de long en large.
c. Marie entra dans le bureau. Le Président se leva.
d. Marie entra dans le bureau. Le Président alla à sa rencontre.

En (20a), l'enchaînement se fait avec un état (*Le Président était endormi*), qui inclut temporellement l'événement précédent (*Marie entra dans le bureau*) : il n'y a pas d'ordre temporel. En (20b), l'enchaînement se fait avec une activité (*Le Président marchait de long en large*), qui inclut temporellement l'événement précédent (*Marie entra dans le bureau*) : il n'y a pas non plus d'ordre temporel. En (20c), l'enchaînement se fait avec un achèvement (*Le Président se leva*) : il y a un ordre temporel, car l'achèvement ne peut être inclus dans l'événement précédent (*Marie entra dans le bureau*). Enfin, en (20d), l'enchaînement se fait avec un accomplissement (*Le Président alla à sa rencontre*) : il y a un ordre temporel, car, même si les protagonistes avancent simultanément l'un vers l'autre, d'abord Marie est entrée et ensuite le Président est allé à sa rencontre.

Cette analyse semble confirmer la prédiction de l'analyse aspectuelle. Il existe néanmoins une autre interprétation des enchaînements à l'aide des états et des activités. En (21), le temps avance parce que la situation décrite dans la deuxième phrase est perçue du point de vue du sujet de la première (*Marie*) :

(21) Marie entra dans le bureau du Président. Il y avait une copie reliée du budget sur son bureau.

Comment expliquer l'interprétation d'inclusion temporelle généralement associée aux états ? L'idée de Dowty est que, pour des raisons pragmatiques liées à nos connaissances du monde, nous inférons que la situation décrite existait préalablement. Pour expliquer ces contre-exemples, on recourt à un principe général d'interprétation des discours temporel :

> Soit une séquence de phrases $S_1 \ldots S_n$ à interpréter comme un discours narratif. Le temps de référence de chaque phrase S_i sera interprété comme :
> a. un moment consistant avec les adverbes temporels définis dans S_i, s'il y en a ;
> b. autrement, un moment qui suit immédiatement le temps de référence de la phrase précédente S_{i-1}.

L'approche anaphorique

L'approche anaphorique a été initiée par Kamp & Rohrer (1983). Le principe de l'analyse anaphorique est d'associer aux temps verbaux du français des règles sémantiques à l'origine de l'ordre temporel. L'approche anaphorique est basée sur les relations temporelles de précédence et d'inclusion, et sur les classes aspectuelles, limitées aux états et aux événements. (22) illustre la précédence immédiate ($e_1 < e_2$), alors que (23) exemplifie l'inclusion temporelle ($e_1 \subseteq e_2$) :

(22) a. Lorsque Jean entra, Marie téléphona.
b. Jean entra. Marie téléphona.
(23) a. Lorsque Jean entra, Marie téléphonait.
b. Jean entra. Marie téléphonait.

Pour Kamp & Rohrer, ce sont les temps verbaux qui déterminent l'ordre temporel. Voici les règles des temps verbaux du français qu'ils ont proposées :

Règles du passé simple

i. La phrase au passé simple (PS) introduit un nouvel événement e_i.
ii. L'événement e_i est antérieur au moment de l'énonciation t_0.
iii. e_i est consécutif à l'événement e_{i-1} antérieur.
iv. Le point de référence R_{i-1} associé à e_{i-1} est remplacé au profit de R_i associé à e_i.

Règles de l'imparfait

i. La phrase à l'imparfait (IMP) introduit un nouvel état de discours *s*.
ii. *s* est antérieur au moment de l'énonciation t_0.
iii. *s* contient le dernier événement e_i introduit par une phrase au passé simple.

Règle du plus-que-parfait

Un nouvel événement *e* antérieur au point de référence *R* disponible est introduit.

En résumé, le temps avance avec le passé simple, n'avance pas avec l'imparfait et est antérieur au point de référence avec le plus-que-parfait.

Les contre-exemples de l'approche anaphorique

L'approche anaphorique est une thèse forte qui a reçu un grand nombre d'objections.

L'ordre temporel peut être annulé avec des phrases coordonnées au passé simple. Dans (24a), il y a concomitance temporelle et dans (24b) indétermination temporelle :

(24) a. Bianca Castafiore chanta l'air des bijoux et Igor Wagner l'accompagna au piano.
b. Ce soir-là, notre héros écrivit une lettre à Bianca et but une bouteille de whisky.

Un récit au passé simple peut impliquer une relation d'inclusion entre un événement complexe et les sous-événements qui le composent :

(25) L'année dernière, Jean escalada le Cervin. Le premier jour, il monta jusqu'à la cabane Hörnli. Il y passa la nuit. Ensuite il attaqua la face nord. Douze heures plus tard, il arriva au sommet.

Le temps peut avancer avec l'imparfait, comme le montrent (26) :

(26) a. Le docteur entra chez lui et vit sa femme debout. Il lui sourit. Un moment après, elle pleurait.
b. Le vieil homme alluma la lampe. La faible lumière donnait à la pièce un air de tristesse.
c. Le juge alluma une cigarette. Le tabac avait un goût de miel.

La règle sémantique du passé simple rend impossible l'inversion causale. Or les exemples (27) sont des cas d'Explication dans lesquels ($e_1 < e_2$) et CAUSE (e_2, e_1) sont vérifiés :

(27) a. Socrate mourut empoisonné. On lui fit boire la ciguë.
b. Socrate mourut empoisonné. Il but la ciguë devant ses juges et s'allongea sur son lit avant de s'endormir définitivement.

En conclusion, si l'approche anaphorique est séduisante, elle est cependant trop forte, car un grand nombre de situations annulent les propriétés des temps verbaux. C'est la raison pour laquelle sont apparues un grand nombre d'approches pragmatiques de l'ordre temporel (cf. Moeschler & al. 1998, Saussure 2003).

Lectures conseillées

Moeschler (1994) est une introduction générale à la question de la référence temporelle. Les questions de représentation des événements sont formulées dans Davidson (1980) et dans Parsons (1990) pour l'approche néo-davidsonienne. Dowty (1986) et Kamp & Rohrer (1983) restent les classiques des approches de l'ordre temporel. Pour une synthèse et une discussion de ces approches, on renvoie au numéro 113 de *Langages* (1993) édité par J. Moeschler. Moeschler & al. (1998) et Saussure (2003) représentent des versions pragmatiques récentes de la référence temporelle. Pour une approche aspectuelle des temps verbaux, on renvoie à Vetters (1996). Enfin, Moeschler (2000) est une synthèse de la question de l'ordre temporel.

À retenir

- Un événement est une proposition interprétée relativement à un moment du temps.
- La référence temporelle des propositions est déterminée par la classe aspectuelle de la phrase énoncée.
- L'ordre temporel est déterminé par la classe aspectuelle et par le temps verbal, mais aussi par des principes pragmatiques.

Troisième partie

Pragmatique et analyse du discours

Chapitre 14

Les actes de langage

Objectifs de connaissance

- Définir la notion d'acte de langage.
- Expliciter la distinction entre énoncé constatif et énoncé performatif.
- Définir la distinction entre acte locutionnaire, acte illocutionnaire et acte perlocutionnaire.
- Montrer les limites de la théorie des actes de langage en syntaxe et en pragmatique.

La pragmatique linguistique s'est largement développée sur la base de la théorie des actes de langage, qui en a constitué historiquement le creuset. La théorie des actes de langage a pour thèse principale l'idée que la fonction du langage, même dans les phrases déclaratives, n'est pas tant de décrire le monde que d'accomplir des actions, comme l'ordre, la promesse, le baptême… Son développement par Searle, à la suite d'Austin qui en a été le pionnier, a largement influencé l'histoire de la pragmatique linguistique. Pourtant l'avancée récent de la pragmatique cognitive a réduit l'importance des actes de langage et a simplifié grandement la théorie que l'on peut leur appliquer.

Pragmatique et actes de langage

Les actes de langage : les fondements historiques de la pragmatique

On peut considérer que la pragmatique naît en 1955 à Harvard, lorsque John Austin y donne les conférences William James et introduit la notion nouvelle d'*actes de langage*. Ainsi, contrairement à ce que l'on pourrait croire, la pragmatique prend racine dans les travaux d'un philosophe qui s'élève contre la tradition dans laquelle il a été éduqué et selon laquelle le langage sert principalement à décrire la réalité. Austin, en opposition avec cette conception « vériconditionnaliste » de la fonction du langage, qu'il appelle, de façon péjorative, l'**illusion descriptive**, défend une vision beaucoup plus « opérationnaliste », selon laquelle le langage sert à accomplir des actes. Il fonde sa théorie du langage et de son usage sur l'examen d'énoncés de forme affirmative, à la première personne du singulier de l'indicatif présent, voix active, énoncés qui ont pour caractéristiques de ne rien décrire, de n'être donc ni vrai ni faux et de correspondre à l'exécution d'une action.

> La **théorie des actes** de langage se fonde sur une opposition à « l'illusion descriptiviste » qui veut que le langage ait pour fonction première de décrire la réalité et que les énoncés affirmatifs soient toujours vrais ou faux. Selon la théorie des actes de langage, au contraire, la fonction du langage est tout autant d'agir sur la réalité et de permettre à celui qui produit un énoncé d'accomplir, ce faisant, une action. Dans cette optique, les énoncés ne sont ni vrais ni faux.

Performatif *versus* constatif

La thèse d'Austin, dans sa première version tout au moins, s'appuie sur une distinction parmi les énoncés affirmatifs entre ceux qui **décrivent le monde** et ceux qui **accomplissent une action** :

(1) Le chat est sur le paillasson.

(2) Je te promets que je t'emmènerai au cinéma demain.

Les premiers sont dits **constatifs**, alors que les seconds sont **performatifs**. Les premiers peuvent recevoir une valeur de vérité : ainsi (1) est vrai si et seulement si le chat est sur le paillasson. Les seconds ne peuvent pas recevoir de valeur de vérité. Par contre, ils peuvent être **heureux** ou **malheureux**, l'acte peut réussir ou échouer et, de même que les valeurs de vérité attribuées aux énoncés constatifs dépendent des **conditions de vérité** qui leur sont attachées, de même la félicité d'un énoncé performatif dépend de ses **conditions de félicité**.

> Les énoncés affirmatifs peuvent être constatifs : ils sont alors susceptibles d'être vrais ou faux et sont vrais ou faux suivant les conditions de vérité qui les régissent.
> Les énoncés affirmatifs peuvent être performatifs : ils sont alors susceptibles d'être heureux ou malheureux suivant les conditions de félicité qui les régissent.

Les conditions de félicité dépendent de l'existence de procédures conventionnelles (parfois institutionnelles : mariage, baptême, etc.) et de leur application correcte et complète, des états mentaux appropriés ou inappropriés du locuteur, du fait que les conduites ultérieures du locuteur et de l'interlocuteur soient conformes aux prescriptions liées à l'acte de langage accompli. Plus généralement, il y a deux **conditions de succès** primitives :

– le locuteur doit s'adresser à quelqu'un ;

– son interlocuteur doit avoir compris ce qui lui a été dit dans l'énoncé correspondant à l'acte de langage.

La distinction performatif/constatif et les différents actes de langage

Actes locutionnaire, illocutionnaire et perlocutionnaire

Cependant, la distinction, performatif/constatif, basée comme elle l'est sur la distinction entre conditions de félicité et conditions de vérité, n'a pas résisté à l'examen sévère auquel Austin l'a soumis. Il a notamment remarqué qu'à côté de **performatifs explicites** comme (2), il y a des **performatifs implicites** comme (3), qui peut aussi correspondre à une promesse, mais où le verbe *promettre* n'est pas explicitement employé :

(3) Je t'emmènerai au cinéma demain.

De plus, les constatifs correspondent à des actes de langage implicites, des actes d'assertion et sont donc soumis à des conditions de félicité, comme le sont les performatifs. Enfin, ils peuvent être comparés à leur correspondant performatif explicite, comme (4), ce qui ruine définitivement la distinction performatif/constatif :

(4) J'affirme que le chat est sur le paillasson.

L'opposition entre conditions de félicité et conditions de vérité n'est donc pas complète (elles peuvent se combiner sur le même énoncé) et par contrecoup, l'opposition entre performatifs et constatifs n'est pas aussi tranchée qu'il y paraissait à un premier examen. Austin en conclut que, plutôt que d'opposer **énoncés constatifs** et **énoncés performatifs**, il vaut mieux distinguer entre les différents actes que l'on peut accomplir grâce au langage. On peut ainsi distinguer trois types d'actes de langage :

– les actes **locutionnaires** que l'on accomplit dès lors que l'on dit quelque chose et indépendamment du sens que l'on communique ;

– les actes **illocutionnaires** que l'on accomplit en disant quelque chose et à cause de la signification de ce que l'on dit ;

– les actes **perlocutionnaires** que l'on accomplit par le fait d'avoir dit quelque chose et qui relèvent des conséquences de ce que l'on a dit.

Si l'on en revient à l'exemple (2), le simple fait d'avoir énoncé la phrase correspondante, même en l'absence d'un destinataire, suffit à l'accomplissement d'un acte locutionnaire. En revanche, on a accompli par l'énoncé de (2) un acte illocutionnaire de promesse si et seulement si l'on a prononcé (2) en s'adressant à un locuteur susceptible de comprendre la signification de (2), et cet acte illocutionnaire ne sera heureux que si les conditions de félicité qui lui sont attachées sont remplies. Enfin, on aura par l'énonciation de (2) accompli un acte perlocutionnaire uniquement si la compréhension de la signification de (2) par le destinataire a pour conséquence un changement dans ses croyances : par exemple, l'interlocuteur peut être persuadé, grâce à l'énonciation de (2), que le locuteur a une certaine bienveillance à son égard.

On peut résumer les définitions de ces trois types d'actes de la manière suivante :

L'acte **locutionnaire** est accompli par le fait **de** dire quelque chose.
L'acte **illocutionnaire** est accompli **en** disant quelque chose.
L'acte **perlocutionnaire** est accompli **par** le fait de dire quelque chose.

Taxinomie des actes illocutionnaires selon Austin

Conformément à ses doutes quant à la distinction constatif/performatif, Austin admet que toute énonciation d'une phrase grammaticale complète dans des conditions normales correspond de ce fait même à l'accomplissement d'un acte illocutionnaire. Cet acte peut prendre des valeurs différentes selon le type d'acte accompli, et Austin distingue cinq grandes classes d'actes illocutionnaires :

a. les **verdictifs** ou actes juridiques (*acquitter*, *condamner*, *décréter*, etc.) ;
b. les **exercitifs** (dégrader, commander, ordonner, pardonner, léguer, etc.) ;
c. les **promissifs** (promettre, faire vœu de, garantir, parier, jurer de..., etc.) ;
d. les **comportatifs** (s'excuser, remercier, déplorer, critiquer, etc.) ;
e. les **expositifs** (*affirmer*, *nier*, *postuler*, *remarquer*, etc.).

La mort d'Austin l'a empêché de poursuivre ses travaux et le développement de la théorie des actes de langage a été poursuivi par John Searle.

Les actes de langage dans la version searlienne

Le principe d'exprimabilité de Searle

Searle commence par ajouter à la théorie austinienne des actes de langage un principe fort, le *principe d'exprimabilité*, selon lequel tout ce que l'on veut dire peut être dit.

Principe d'exprimabilité

Pour toute signification X, et pour tout locuteur L, chaque fois que L veut signifier (a l'intention de transmettre, désire communiquer, etc.) X, alors il est possible qu'existe une expression E, telle que E soit l'expression exacte ou la formulation exacte de X.

Ce principe implique une vision de la théorie des actes de langage selon laquelle les deux notions centrales sont l'*intention* et la *convention* : le locuteur qui s'adresse à son interlocuteur a **l'intention** de lui communiquer un certain contenu et le lui communique grâce à la signification **conventionnellement** associée aux expressions linguistiques qu'il énonce pour ce faire. La centralité des notions d'intention et de convention ne constitue pas réellement une rupture par rapport à la théorie austinienne des actes de langage : plutôt, Searle se contente d'indiquer explicitement des notions qui étaient restées davantage implicites chez Austin. L'innovation principale de Searle consiste à distinguer deux parties dans un énoncé : le **marqueur de contenu propositionnel** et le **marqueur de force illocutionnaire**. Si l'on en revient à l'exemple (2), on voit qu'il est facile d'y distinguer, comme dans la plupart des performatifs explicites, le marqueur de contenu propositionnel *je t'emmènerai au cinéma demain* et le marqueur de force illocutionnaire *je te promets*. Si cette distinction est plus facile à appliquer aux performatifs explicites comme (2), le principe d'exprimabilité suppose néanmoins que les performatifs implicites, comme (3), sont équivalents aux performatifs explicites et que, dans cette mesure, la distinction entre marqueur de force illocutionnaire et marqueur de contenu propositionnel peut s'y appliquer.

La taxinomie des actes de langage selon Searle

Searle a également donné sa version des règles s'appliquant aux différents types d'actes de langage et sa propre taxinomie de ces différents types d'actes de langage. Cette taxinomie s'appuie sur un certain nombre de critères :

1. le but de l'acte illocutionnaire ;
2. la direction d'ajustement entre les mots et le monde – soit les mots « s'ajustent » au monde, comme dans une assertion, soit le monde « s'ajuste » aux mots, comme dans une promesse ;
3. les états psychologiques exprimés ;
4. les différences dans le contenu propositionnel qui sont déterminées par des mécanismes liés à la force illocutionnaire – illustrées, par exemple, par la différence entre le récit d'un événement passé et une prédiction sur le futur ;
5. la force avec laquelle le but illocutionnaire est représenté, qui dépend du degré d'explicitation de l'acte ;
6. les statuts respectifs du locuteur et de l'interlocuteur et leur influence sur la force illocutionnaire de l'énoncé ;
7. les relations de l'énoncé avec les intérêts du locuteur et de l'interlocuteur ;
8. les relations au reste du discours ;

9. les différences entre les actes qui passent nécessairement par le langage (prêter serment) et ceux qui peuvent s'accomplir avec ou sans le langage (décider) ;
10. la différence entre les actes institutionnels et les actes non-institutionnels ;
11. l'existence ou non d'un verbe performatif correspondant à l'acte illocutionnaire ;
12. le style de l'accomplissement de l'acte.

Cet ensemble un peu hétéroclite de critères permet à Searle de dégager cinq classes majeures d'actes de langage, classification basée principalement sur les quatre premiers critères :

1. les **représentatifs** (assertion, affirmation, etc.) ;
2. les **directifs** (l'ordre, demande, conseil, etc.) ;
3. les **promissifs** (promesse, offre, invitation, etc.) ;
4. les **expressifs** (félicitation, remerciement, etc.) ;
5. les **déclaratifs** (déclaration de guerre, nomination, baptême, etc.).

Pour en finir avec l'impact de la théorie searlienne des actes de langage, on notera que les tentatives actuelles de formalisation de la théorie des actes de langage s'appuient sur les travaux de Searle.

L'hypothèse performative et le performadoxe

L'hypothèse performative

Sur la base du principe d'exprimabilité, un linguiste du courant de la sémantique générative, Ross, a proposé en 1970 une hypothèse qui a rencontré une fortune certaine sous l'appellation d'**hypothèse performative**.

L'hypothèse performative consiste à traiter les performatifs implicites, comme (3), comme équivalents aux performatifs explicites, comme (2) :

(2) Je te promets que je t'emmènerai au cinéma demain.
(3) Je t'emmènerai au cinéma demain.

Plus précisément, dans le cadre de la distinction générativiste entre structure de surface et structure profonde, l'hypothèse performative consiste à supposer qu'un énoncé qui a (3) comme structure de surface partage néanmoins la même structure profonde qu'un énoncé qui a (2) comme structure de surface. En d'autres termes, tout énoncé a dans sa structure profonde une préface performative (*je promets que*, *j'ordonne que*, *j'asserte que*, etc.) que cette préface performative soit explicitement exprimée (qu'elle appartienne à sa structure de surface) ou qu'elle ne le soit pas. Cette hypothèse avait l'avantage – ce qui explique le retentissement qu'elle a eu – de donner une base plus sûre à la distinction searlienne entre marqueur de force illocutionnaire et marqueur de contenu propositionnel : la préface performative, présente dans tous les énoncés par hypothèse, correspondait au marqueur de force illocutionnaire.

Le performadoxe

Cependant l'hypothèse performative s'est heurtée à une objection de fond, le *performadoxe*. Le performadoxe consistait à faire remarquer que, dans la mesure où la structure profonde d'une phrase correspond à son analyse sémantique (sa *forme logique*) et aux conditions de vérité de la phrase en question, l'hypothèse performative conduit à un paradoxe pour la plupart des assertions. Selon l'hypothèse performative en effet, une phrase comme (1) a la même structure profonde qu'une phrase comme (4) :

(1) Le chat est sur le paillasson.

(4) J'affirme que le chat est sur le paillasson.

Si c'était le cas, alors les conditions de vérité de (1) et les conditions de (4) seraient identiques, puisqu'elles partageraient la même structure profonde. En d'autres termes, on ne pourrait plus dire que (1) est vraie si et seulement si le chat est sur le paillasson, mais on devrait dire que (1) est vraie si et seulement si j'affirme que le chat est sur le paillasson. Or, il va de soi que la vérité de (1) ne dépend pas du fait que le locuteur affirme quoi que ce soit, mais dépend bien du fait que le chat soit sur le paillasson.

L'hypothèse performative a donc pour conséquence d'imposer pour tous les énoncés une préface performative qui :

– soit ne doit pas être interprétée sémantiquement (pour ne pas générer de conditions de vérité incorrectes), mais dès lors la phrase n'est pas interprétable ;

– soit doit être interprétée sémantiquement (pour que la phrase soit interprétable), mais dès lors la phrase se voit attribuer des conditions de vérité incorrectes.

Ces deux conséquences étant inacceptables, l'auteur du **Performadoxe**, Lycan, en conclut que l'hypothèse performative doit être abandonnée.

La révision de la théorie des actes de langage dans le cadre de la pragmatique cognitive

La pragmatique cognitive

Nous avons commencé ce chapitre en indiquant que la pragmatique linguistique s'est développée sur la base du rejet par Austin de « l'illusion descriptive », la thèse selon laquelle le langage sert à décrire la réalité. Austin, et Searle à sa suite, lui ont substitué une autre thèse, celle selon laquelle la fonction principale du langage est d'agir sur le monde plutôt que de le décrire. D'autre part, l'idée selon laquelle tout énoncé d'une phrase grammaticale complète correspond de ce fait même à un acte illocutionnaire a pour corollaire la nécessité d'identifier, pour chaque énoncé, sa force illocutionnaire, qui est une partie indispensable de son interprétation.

La pragmatique linguistique, qui partait de la théorie des actes de langage, a eu tendance à insister sur l'**aspect conventionnel et codique du langage** et à ignorer sa **sous-détermination**. Face à un énoncé, en effet, la théorie des actes de langage, à cause notamment du principe d'exprimabilité, admet que l'interprétation se fait essentiellement de façon conventionnelle. Les vingt dernières années ont cependant vu l'émergence d'un courant pragmatique cognitiviste, qui, à la suite de l'école générative, voit dans le langage d'abord un moyen de description de la réalité et seulement de façon accessoire un moyen d'action et qui insiste sur la sous-détermination langagière et sur l'importance de processus inférentiel dans l'interprétation des énoncés. Cette nouvelle approche des problèmes pragmatiques a maintenant largement droit de cité et ses auteurs, Dan Sperber et Deirdre Wilson, ont mis en cause un certain nombre des principes sous-jacents à la théorie des actes de langage (cf. chapitre 17 pour une présentation d'ensemble de cette approche).

Pragmatique cognitive et actes de langage

Outre le principe d'exprimabilité, dont les difficultés rencontrées par l'hypothèse performative indiquent les limites, Sperber et Wilson mettent en cause la pertinence même des classifications des actes de langage proposées par Austin et par Searle. Ils remarquent, à juste titre, que si la détermination d'une force illocutionnaire précise est tout à la fois possible (et nécessaire) dans certains cas, dans de nombreux autres cas, elle est très difficile, pour ne pas dire impossible, et ne paraît pas indispensable à l'interprétation d'un énoncé. Ainsi, dans l'exemple (5), on ne sait pas très bien si cet énoncé correspond à un acte de promesse, de prédiction ou de menace et il ne semble effectivement pas que déterminer s'il s'agit de l'un ou de l'autre soit indispensable à l'interprétation de (5) :

(5) Il pleuvra demain.

La suggestion de Sperber et Wilson est de réduire drastiquement les classes d'actes de langage à trois classes qui peuvent être repérées linguistiquement (via le lexique ou la syntaxe) à savoir les actes de *dire que*, de *dire de* et de *demander si* :

– les actes de ***dire que*** correspondent grossièrement aux phrases déclaratives et notamment aux assertions, aux promesses, aux prédictions, etc. ;
– les actes de ***dire de*** correspondent grossièrement aux phrases impératives, aux ordres, aux conseils, etc. ;
– les actes de ***demander si*** correspondent aux phrases interrogatives et plus généralement aux questions et aux demandes de renseignement.

On pourrait objecter à cette approche qu'elle ne prend pas en compte les actes institutionnels. Sperber et Wilson anticipent cette objection et y répondent par avance en soulignant que les règles qui régissent les actes institutionnels (le baptême, le mariage, la condamnation, l'ouverture de séance, les annonces au bridge, etc.) ne sont ni des règles linguistiques, ni des règles cognitives, mais relèvent davantage d'une étude sociologique et que les actes institutionnels peuvent entrer dans la première grande classe, celle de *dire que*.

Reste une objection possible à cette approche : on pourrait penser qu'elle implique une nouvelle version du performadoxe. Si, en effet, on admet qu'un énoncé comme (1) est équivalent à *Je dis que le chat est sur le paillasson*, il est bien évident que cette interprétation aura les mêmes conséquences que l'hypothèse performative, celle de produire des conditions de vérité incorrectes pour (1). Pour éviter cette objection, il faut admettre que l'attribution de la force illocutionnaire passe par un processus pragmatique qui livre, non l'interprétation sémantique complète de l'énoncé, mais un enrichissement de cette interprétation qui n'intervient pas dans la détermination des conditions de vérité de l'énoncé.

Lectures conseillées

On lira obligatoirement les textes fondateurs de la théorie des actes de langage, à savoir Austin (1970) et Searle (1972). Searle (1982) contient les développements standard de la théorie des actes de langage (sens littéral, taxinomie, actes de langage indirects, métaphore, fiction). L'hypothèse performative a été explicitée dans Ross (1970) et reprise dans Lakoff (1976). Le performadoxe est introduit dans Lycan (1984). Pour la pragmatique cognitive, nous renvoyons à Sperber & Wilson (1989). Une présentation d'ensemble et détaillée de la théorie des actes de langage, de l'hypothèse performative et du performadoxe est donnée dans Moeschler & Reboul (1994, chapitres 1 et 3).

À retenir

• La théorie des actes de langage s'est constituée par opposition à la théorie philosophique pour laquelle la fonction principale du langage est de décrire la réalité.
• La théorie des actes de langage distingue les actes locutionnaire, illocutionnaire et perlocutionnaire, le second constituant la notion centrale de la théorie.
• Des approches récentes des problèmes de pragmatique ont proposé des alternatives à la théorie des actes de langage.

Chapitre 15

Polyphonie et argumentation

Objectifs de connaissance

• Introduire la notion de polyphonie comme mise en cause du postulat de l'unicité du sujet parlant en linguistique.
• Présenter deux conceptions et types d'emploi de la notion de polyphonie.
• Introduire à une approche énonciative et polyphonique de la description sémantique et présenter les instances qu'elle suppose.
• Présenter les principaux faits linguistiques et discursifs concernés par la pluralité des points de vue que manifestent les énoncés.

La notion de polyphonie en linguistique

Contre l'unicité du sujet parlant

Associée aux noms de M. Bakhtine et de O. Ducrot, la notion de **polyphonie** désigne, de manière très générale, la présence dans un énoncé ou un discours de « voix » distinctes de celle de l'auteur de l'énoncé. Elle vise fondamentalement à mettre en cause le **postulat de l'unicité du sujet parlant**, selon lequel, pour un énoncé, il y a un unique sujet parlant, qui est à la fois le responsable des activités psycho-physiologiques dont dépend la production de l'énoncé et le responsable des « positions » exprimées par l'énoncé, la source des prédications qui y sont faites. Plus simplement : un énoncé = un sujet de conscience (Banfield). Pour Bakhtine (1978),

> dans le parler courant de tout homme vivant en société, la moitié au moins des paroles qu'il prononce sont celles d'autrui (reconnues comme telles), transmises à tous les degrés possibles d'exactitude et d'impartialité (ou plutôt de partialité).

Prenons l'exemple suivant :

(1) Mon beau-frère a eu une voiture X, elles ne sont pas fiables.

L'affirmation *elles ne sont pas fiables* est faite par un locuteur, qui énonce ainsi une prise de position sur la qualité des voitures en question. Mais, dans son affirmation, on entend en quelque sorte (on sous-entend) la « voix » du beau-frère, dont l'opinion est présentée par le premier segment comme fondée sur l'expérience personnelle qu'il a de l'objet (*il sait de quoi il parle : il en a eu une*). Le locuteur ainsi :

– **valide** l'autorité de son beau-frère ;

– **emprunte** l'autorité (validée) de son beau-frère ;

– **présente** cet emprunt comme **légitimé** par le lien familial (*je sais de quoi je parle : c'est mon beau-frère*), ce qui peut se voir, *a contrario*, dans la difficulté à interpréter (1') :

(1') Mon pire ennemi a eu une voiture X, elles ne sont pas fiables.

– **présente** sa propre opinion comme **identique** à celle de la voix qu'il fait entendre. Telles sont quelques-unes des manifestations de la polyphonie et des liens qu'elle entretient avec l'argumentation.

Polyphonie selon Bakhtine et Ducrot

La notion de polyphonie s'applique à une série de phénomènes linguistiques et pragmatiques passablement éloignés les uns des autres, du discours rapporté à la présupposition, en passant par l'intertextualité littéraire, la citation, plus ou moins volontaire et consciente, de propos d'autrui. Il convient de distinguer, à cet égard, deux types d'emplois distincts de la notion, selon qu'elle s'applique, comme chez Bakhtine, à des données **de discours**, données contextuelles, ou, comme chez Ducrot, à des données **de langue**.

Bakhtine s'intéresse à la polyphonie comme circulation des discours, d'un point de vue qui relie l'observation socio-linguistique à l'étude des différentes formes linguistiques (genres, styles, constructions linguistiques particulières) qu'emprunte cette polyphonie « orchestrale ». L'origine de ce phénomène doit être cherchée dans le caractère intrinsèquement **dialogique** du discours : tout discours étant adressé, il porte en lui, sous différentes formes, les marques de cette adresse, du cadre qu'elle se donne, etc (chapitre 20). Le centre d'intérêt est le sujet social, et les moyens langagiers qui le constituent comme tel. Le recours à la notion de polyphonie est ici essentiellement **descriptif**.

Le rôle de la polyphonie, chez Ducrot, relève davantage du dispositif théorique : la polyphonie est constitutive de l'énonciation en tant que celle-ci est inscrite dans la **langue** ; c'est la connaissance de la langue qui est le centre d'intérêt, et le recours à la notion de polyphonie doit permettre d'**expliquer** des données de langue.

On peut formuler ces deux acceptions de la notion de polyphonie de la manière suivante :

Polyphonie

1. Le fait qu'un énoncé puisse faire entendre plusieurs voix différentes, distinctes de celle de l'auteur de l'énoncé : « Dans les limites d'une seule construction linguistique on entend [e] résonner les accents de deux voix différentes. » (Bakhtine 1978, p. 158.)
2. Le fait que tout énoncé consiste en une mise en scène d'instances énonciatives distinctes, auxquelles le locuteur peut se présenter comme associé ou non.

Argumentation

La notion d'argumentation, comme celle de polyphonie, connaît deux domaines d'application où elle prend des sens relativement différents : le **discours** et la **langue**. Dans son sens habituel, elle désigne l'effort rhétorique fait pour convaincre ou persuader — c'est l'argumentation empirique, dans le discours. Dans la théorie d'Anscombre et Ducrot, l'argumentation renvoie à une conception de la langue elle-même, ascriptiviste, selon laquelle la langue a fondamentalement pour objet non de représenter le monde ou des états de fait, mais de régler le jeu intersubjectif, par l'imposition de droits et d'obligations impliqués par la force illocutionnaire de l'énoncé (cf. chapitre 14). Bien qu'elles puissent se compléter et s'enrichir sur un certain nombre de points, ces deux approches n'en doivent pas moins être clairement distinguées quant à leur objet.

• *Rhétorique*

La tradition de la **rhétorique**, dont les représentants modernes les plus fameux sont Perelman & Olbrechts-Tyteca, au-delà du classement des figures, s'intéresse aux stratégies de discours effectives, prenant en compte l'auditoire effectif et les divers effets rhétoriques (ou **effets perlocutionnaires**, cf. chapitre 14) auxquels il est sujet (conviction, persuasion, etc.). Les exemples (1)- (1') ci-dessus présentent ainsi des différences significatives, aux plans de leur crédibilité, de leur accréditation, de leur validité rhétorique, différences pertinentes dans le cadre de cette acception de l'argumentation. Notons en passant que l'analyse pragmatique du discours, en tant qu'elle s'intéresse à des discours tenus, avérés, partage avec la rhétorique, sinon son **objet**, du moins sa **matière** (chapitres 2 et 20).

• *Structuralisme du discours idéal*

La théorie de l'argumentation de J.-C. Anscombre et O. Ducrot (1983) se situe à un niveau différent, et s'inscrit dans une **conception argumentative du sens**, non-vériconditionnelle, ou ascriptiviste au sens de la théorie des actes de langage (chapitre 14). Selon cette conception, les propriétés sémantiques, conventionnelles, des phrases, consistent en un ensemble d'instructions réflexives ou auto-référentielles, la **signification**.

La **signification** d'une phrase n'a pas une valeur de représentation, déterminant des conditions de vérité (cf. chapitre 10) relatives à l'extra-linguistique, mais une **valeur argumentative**, qui détermine l'ensemble des enchaînements discursifs auxquels l'énonciation de la phrase peut donner lieu, et ceux qui sont exclus. C'est là le postulat du **structuralisme du discours idéal**, qui stipule que la valeur sémantique d'une entité linguistique réside dans les suites qu'elle prétend se donner, et doit être décrite en ces termes (Ducrot).

La polyphonie dans la langue

La diversité des instances : sujet parlant, locuteur, énonciateur

L'approche polyphonique de l'énonciation (Ducrot) pose que la signification exhibe différentes voix ou **énonciateurs**, et donne des instructions concernant la manière dont ces énonciateurs sont pris en charge par l'être que l'énoncé présente comme son auteur, le **locuteur**, et éventuellement par d'autres instances (le destinataire, notamment). Le locuteur, être **présenté par l'énoncé comme son auteur**, est en substance différent de son auteur empirique, le **sujet parlant**. Cette distinction permet de décrire le pronom *je* comme renvoyant non à « celui qui parle » (Paul), mais au locuteur, l'être qui **d'après l'énoncé** en est l'auteur (Pierre) :

(2) Paul_i : Pierre_j m_i'a dit : « Je_j m'en vais »

Le discours rapporté direct est un cas particulier de polyphonie (ou double énonciation), qui consiste à faire entendre deux **locuteurs** distincts dans le même énoncé ; c'est un premier degré de polyphonie, qualitativement différent de celui par lequel un locuteur fait entendre différents énonciateurs dans son énoncé.

Dans la notion de locuteur comme être de discours, Ducrot distingue encore le locuteur en tant qu'il est présenté comme responsable de l'énonciation, ou **locuteur en tant que tel** (L), du locuteur représenté en tant qu'être du monde, indépendamment de son énonciation, ou **locuteur en tant qu'être du monde** (λ).

Pour Ducrot, le locuteur est aux différents énonciateurs qu'exhibe la structure des énoncés ce que l'auteur d'une pièce de théâtre est à ses personnages : c'est par leur mise en scène qu'il s'exprime. Et la notion de polyphonie désigne moins la présence simultanée d'énonciateurs distincts que le **dispositif stratifié** de la mise en scène, qui rend possible cette multiplicité des voix.

La négation

La description de la négation linguistique constitue une première validation de l'approche polyphonique. Pour Ducrot, tout énoncé négatif consiste en la mise en scène de (au moins) deux énonciateurs distincts : un énonciateur E1 « assertant » un certain contenu, que E2, le second énonciateur, nie. Dans un énoncé négatif, le locuteur est assimilé à la position de l'énonciateur E2. La phrase (3) exhibe ainsi un énonciateur E1, responsable du contenu *Jules est grand*, et un énonciateur E2, qui s'oppose à E1, *Jules n'est pas grand* ; le locuteur adopte la position de E2 :

(3) Jules n'est pas grand.

Ce qui justifie cette distinction est l'observation suivante. Dans (3a), parfaitement naturel en français :

(3a) Jules n'est pas grand, au contraire il est tout petit.

ce que dit le segment *au contraire...* ne s'oppose pas à *il n'est pas grand*, mais bien à *il est grand*. L'enchaînement discursif que réalise *au contraire* a ainsi lieu non pas sur la position de E2, attribuable au locuteur, mais sur celle de E1, qui porte le contenu *il est grand*. On s'en convainc en considérant l'anomalie de (3b) :

(3b) ? Jules est grand, au contraire il est tout petit.

La négation est ici dite *polémique*, en cela qu'elle permet l'identification de E1 à un locuteur, virtuel, qui aurait préalablement pris en charge la position de E1, comme l'atteste la possibilité d'enchaîner **en dialogue** (3c) sur la forme positive, et non sur la forme négative (3d) :

(3c) A : Jules est grand
B : Au contraire, il est tout petit/il n'est pas grand
(3d) A : Jules n'est pas grand
B : ? Au contraire, il est tout petit

L'échange A-B en (3c) ne pose pas de problème. En revanche (3d) est problématique : la séquence n'est acceptable qu'à la condition de supposer que A et B se distribuent l'énoncé (3a) en l'adressant « ensemble » à quelqu'un d'autre, ne formant ainsi qu'une seule source de parole, un locuteur unique.

Voilà en quoi l'interprétation polyphonique de la négation polémique voit en celle-ci la **cristallisation d'un dialogue**.

Interrogation et argumentation

L'approche polyphonique rend compte également d'un phénomène particulier concernant les phrases interrogatives : le fait qu'elles sont passibles de deux types d'emplois, opposés, bien que relativement difficiles à distinguer, les emplois « interrogatifs » et les emplois argumentatifs. La phrase interrogative :

(4) Est-ce que l'hôtel X est confortable ?

peut servir à poser une question, si dans un contexte dialogal elle est adressée à un interlocuteur. Telle semble même être la vocation première de la forme syntaxique interrogative. Mais la même phrase peut entrer dans une construction argumentative :

(5) Tu ne devrais pas aller à l'hôtel X, d'ailleurs, est-ce qu'il est confortable ?

où elle ne sert pas à poser une question, mais à **donner un argument** en faveur du conseil de ne pas y aller.

Le fait remarquable est que l'orientation argumentative de l'énoncé interrogatif est systématiquement identique à celle de l'énoncé négatif correspondant (6), et non à celle de l'assertion positive (7) :

(6) Tu ne devrais pas aller à l'hôtel X, d'ailleurs, il n'est pas confortable.

(7) ? Tu ne devrais pas aller à l'hôtel X, d'ailleurs, il est confortable.

Ce phénomène éclaire le fonctionnement de l'interrogation « rhétorique », par laquelle on feint de poser une question, en donnant la réponse comme connue d'avance, de soi-même et du destinataire. Selon la tradition rhétorique, la question rhétorique a toujours une valeur négative par rapport au contenu qui fait l'objet de la question. Mais, dans une conception « symétrique » de la question, où *est-ce que p ?* invite aussi bien à répondre *p* que *non-p*, cette préférence pour la valeur négative ne s'explique pas.

Par ailleurs, on rencontre également des questions rhétoriques dont la valeur n'est pas négative. Si A, qui a prêté un livre à B, se plaint de ce que le livre lui a été rendu trop tard, ou en mauvais état, B peut parfaitement dire :

(8) Est-ce que je te l'ai rendu, ton livre ? *(oui ou non ? Oui)* Bon, alors laisse-moi tranquille.

Notons qu'il enchaîne alors non sur le contenu **nié**, mais sur la réponse **positive** mutuellement évidente : *Je t'ai rendu ton livre*. Pour Ducrot, il s'agit là de deux types d'emploi très différents de la phrase interrogative, que la caractérisation rhétorique ne permet pas de distinguer, mais dont une description sémantique doit rendre compte.

L'explication polyphonique fait l'hypothèse que la phrase interrogative met en scène trois énonciateurs distincts, E1, E2, E3 : le premier est responsable de l'**assertion préalable** d'un certain contenu positif *p* ; E2 est responsable de l'**expression d'un doute** quant à la vérité de *p* ; E3, enfin, est responsable de la **demande** adressée au destinataire de lever ce doute.

La présence de E1, et d'une assertion préalable dans la question, se justifie notamment par les propriétés de certaines reprises anaphoriques :

(9) Est-ce que Pierre viendra ? **Ça** serait gentil.

Ce que reprend *ça*, c'est le contenu de l'assertion préalable *Pierre viendra*.

Dans une « vraie » question, un emploi interrogatif, le locuteur est assimilé à E2 et à E3 : il s'associe à la fois à l'expression du doute, et à l'exécution d'une demande à ce sujet ; mais il ne s'associe pas à E1, puisque justement il manifeste son doute à l'égard de la vérité de *p*. Dans un emploi argumentatif (5), le locuteur se présente comme associé à E2 seulement, et c'est **l'expression du doute** qui donne l'orientation argumentative négative : ceci ne surprend guère lorsque le doute est manifesté expressément, comme dans *je* *doute que p, je ne suis pas sûr que p, je ne crois pas que p*, etc., qui sont argumentativement orientés comme *non-p*.

Le même dispositif rend compte de l'exemple (8) : le locuteur d'une part s'associe à E1, responsable de l'assertion préalable du contenu positif, et d'autre part, en vertu de la situation, y associe également le destinataire. L'approche polyphonique, enfin, rend compte du caractère **ironique** de la question dans (8). L'ironie consiste en effet, pour un locuteur, à présenter la position d'un énonciateur dont il se distancie et qu'il juge absurde. En (8), l'assimilation du locuteur à E1, par ailleurs évidente pour le destinataire, contredit et rend absurde l'expression du doute par E2, auquel, par la forme interrogative, le locuteur prétend s'associer.

Autres marques polyphoniques

La polyphonie se manifeste également dans un certain nombre d'éléments lexicaux. Par exemple, les verbes potentiellement performatifs (chapitre 14) *convenir*, *prétendre*, *affirmer* comportent différentes indications concernant la distribution des énonciateurs mis en scène, ainsi que le type de validation de leurs positions :

(10) a. J'affirme que la terre est plate.
b. Je conviens que la terre est plate.
c. Je prétends que la terre est plate.

Dans ces trois cas, le locuteur se présente comme associé à la position d'un énonciateur E1 responsable de p, *la terre est plate*. Mais (10b) met en scène également un énonciateur E2, qui pose la fausseté de p (*la terre n'est pas plate*), dont le locuteur, prononçant (10b), se distancie : E2 est identifié au locuteur dans le passé (*auparavant, je disais-croyais non-p*) ; par ailleurs, E1 est identifié, plus ou moins nettement, au destinataire et à la vérité commune (Berrendonner).

Dire (loc) *je prétends que p*, c'est s'identifier à E1, dans une scène où figure également E2 (qui pose non-p), assimilé au destinataire, et éventuellement à « on », E2 auquel le locuteur s'oppose et à qui il donne tort.

De nombreux connecteurs pragmatiques présentent également des particularités polyphoniques. La signification du mot *puisque* dans *puisque p* consiste à présenter *p* comme déjà connu ou déjà admis. Ceci permet d'expliquer pourquoi *puisque* se prête au déclenchement de séquences interprétables ironiquement, contrairement à *car*, ou *parce que*, qui introduisent un argument auquel le locuteur est présenté comme attaché :

(11) Les surgénérateurs sont sans danger,
a) puisque les ingénieurs ont tout prévu.
b) parce que les ingénieurs ont tout prévu.
c) car les ingénieurs ont tout prévu.

Manifestations de la polyphonie dans le discours

Dimensions mises en jeu

La grande diversité des manifestations de la polyphonie dans le discours s'explique par la combinaison de plusieurs facteurs, linguistiques et pragmatiques, plus ou moins étroitement reliés (Rubattel 1991 ; Verschueren 1997).

La polyphonie dans le discours est fonction :

(i) du degré d'intégration linguistique de la voix ou du discours évoqués ;
(ii) de la relation qu'entretiennent locuteur et énonciateurs présents ;
(iii) de la source ou origine des voix présentes ;
(iv) du rôle discursif joué par le segment concerné.

Degré d'intégration linguistique

Le degré d'intégration syntaxique d'un segment linguistique portant une voix est variable. Le rapport de discours au style direct consiste à présenter un discours comme tenu, ou comme exprimant la position d'un locuteur à qui on l'attribue, en l'intégrant syntaxiquement sous la forme d'une pure et simple **mention** :

(12) Le Ministre a dit : « Les ingénieurs sont compétents. »

L'intégration syntaxique minimale manifeste l'autonomie énonciative propre au locuteur « rapporté ». À l'opposé, dans la **présupposition**, l'intégration syntaxique est maximale, mais on ne peut y voir la reproduction d'un discours. Utiliser (13) dans une phrase, revient à présupposer (13a), c'est-à-dire à faire entendre un énonciateur responsable de la position exprimée en (13a) :

(13) La compétence des ingénieurs
a. les ingénieurs sont compétents.

L'intégration syntaxique, mais aussi discursive, engendre des phénomènes de **portée** (Charolles) de la prise en charge des voix présentes. Ainsi dans (14) la position exprimée par l'adverbe *malheureusement* peut-elle être attribuée au locuteur, mais aussi à *Paul* :

(14) Paul m'a dit qu'il ne pouvait malheureusement pas venir.

Ou encore, dans (15) :

(15) Marie raconte qu'Alfred a démissionné. Les journaux parlent de lui.

Le dernier énoncé est interprétable aussi bien comme pris en charge par *Marie*, que par le locuteur qui en rapporte le propos. Ou encore, dans (16) :

(16) Paul est de plus en plus parano : tout le monde lui en veut, maintenant.

Le second énoncé est clairement dans la **portée** de *Paul :* le locuteur ne prend pas à son propre compte la position *tout le monde lui en veut*, mais l'impute à *Paul.*

Enfin, l'intégration syntaxique peut être nulle, la position évoquée n'étant pas manifestée linguistiquement, mais **implicitée**, par l'emploi d'un connecteur pragmatique : dire (17),

(17) Certes, mais les ministres peuvent se tromper.

c'est, par l'emploi de *certes*, impliciter conventionnellement (cf. chapitre 17) un certain contre-argument, non spécifié mais calculable, et l'imputer au destinataire.

Relations entre locuteur et énonciateurs présents

L'aspect important de cette relation est le **degré d'adhésion** du locuteur aux énonciateurs que son discours fait entendre, qui dépend de différentes manifestations évaluatives de sa part. Dans les formes de discours rapporté, ce degré est variable : il ne dépend pas de la structure, mais d'inférences déclenchées par diverses marques. Dans (12), le locuteur ne s'assimile nullement à la position exprimée dans le discours rapporté. Dans (1), en revanche, le locuteur s'assimile totalement à la position attribuée au *beau-frère*, jusqu'à prendre à son propre compte l'exécution de l'acte illocutionnaire (cf. chapitre 14) de *déconseiller les voitures X*, présenté comme initialement accompli par le *beau-frère* :

(1) Mon beau-frère a eu une voiture X, elles ne sont pas fiables.

Dans la présupposition (13), le locuteur adhère en principe totalement à la position exprimée (13a). Mais ce rapport d'adhésion peut être suspendu (c'est une implicature conversationnelle, cf. chapitre 17), par exemple par l'emploi d'expression comme *soi-disant* ou *prétendu* qui visent, spécifiquement : (i) à **annuler l'adhésion du locuteur** à la voix de l'énonciateur responsable de la présupposition, et (ii) à **commenter la validité** de cette position comme restreinte uniquement à celui qui la soutient verbalement :

(18) La prétendue compétence des ingénieurs
(19) Les ingénieurs sont soi-disant compétents.

Dans la **concession**, le locuteur accorde un degré d'adhésion que l'on peut qualifier de « restreint », local, à l'énonciateur évoqué :

(20) D'accord (certes) les ingénieurs sont compétents, mais peuvent-ils tout prévoir ?

Source de la voix présentée

Le discours rapporté direct présente, par l'emploi de verbes de parole, la voix qu'il fait entendre comme celle d'un locuteur, qui peut être plus ou moins expressément désigné (12). Des locutions spécialisées, comme *selon X*, *d'après X*, *pour X*, *à en croire X*, etc. ouvrent des portées énonciatives spécifiées. À côté du marquage verbal permettant d'identifier l'origine empirique de la voix, toutes les voix n'ont pas le même statut, linguistico-pragmatique, du discours présenté comme tenu dans le discours rapporté, au simple point de vue, dans la présupposition.

D'autre part, la voix peut être associée à une troisième personne grammaticale, *il*, ou *on*, mais aussi à la deuxième personne, au **destinataire** du propos, cas de figure spécifique nommé **diaphonie** (Roulet). La diaphonie est l'attribution, plus ou moins légitime, et plus ou moins explicite, de positions au destinataire d'un discours.

La diaphonie connaît les différentes formes et degrés de discours rapporté, de la reprise explicite de propos effectivement tenus, que l'on trouve dans la correspondance (21), à l'implicitation d'une position, qui peut parfaitement n'avoir pas été prise par le destinataire à qui on l'attribue, comme dans (17), ou (22) :

(21) Dans votre lettre, vous dites : « p ».
(17) Certes, mais les ministres peuvent se tromper.
(22) Vous allez dire que p, mais…

La diaphonie est **explicite,** et **effective** dans (21), **potentielle** dans (22) ; elle est **implicite** dans (17), puisque la position n'est pas mentionnée, mais implicitée par le connecteur *certes* ; **potentielle** si elle n'enchaîne pas sur un propos tenu, **effective** si on l'entend en réponse à (12).

Rôles discursifs du segment polyphonique

Les discours et points de vue que l'on intègre dans son propre discours peuvent y jouer des rôles fort divers. Dans (23a), le locuteur enchaîne en utilisant l'argument imputé à la source extérieure, en le prenant à son propre compte ; dans (23b) en revanche, le point de vue extérieur est mentionné comme thème, objet du commentaire du locuteur, qui ne prend pas à son compte le segment polyphonique (Ducrot 1980, 44) :

(23) La météo annonce de la pluie/d'après la météo, il va pleuvoir ;

a. remettons notre pique-nique à la semaine prochaine.
b. la télé est toujours aussi pessimiste.

Le premier cas de figure est un cas d'argumentation polyphonique par autorité ; le second, la thématisation d'un discours rapporté.

La diaphonie connaît également des emplois de type argumentatif, où le locuteur mentionne le point de vue du destinataire pour en limiter la portée argumentative, comme dans (24) :

(24) Certes il fait beau, mais j'ai du travail.

qui bloque l'emploi de l'argument *il fait beau*, attribué au destinataire, en faveur de la promenade, par la présentation d'un argument plus fort en sa défaveur (*j'ai du travail*). Mais cette inversion argumentative du point de vue attribué au destinataire n'est pas intrinsèquement liée à la diaphonie. En effet, un segment diaphonique peut très bien servir d'argument positif :

(25) Vous pensez que le temps va s'améliorer, organisons notre pique-nique demain.

Enfin, dans ses emplois thématiques, la diaphonie se rencontre fréquemment dans la correspondance (21), mais aussi dans le débat, où elle conditionne, dans les réactions, le repérage et l'identification des éléments particuliers auxquels il est fait réponse.

Lectures conseillées

Sur la polyphonie dans le discours et le style indirect libre, voir Bakhtine (1977), Reboul (1992), Banfield (1995) ; dans la théorie polyphonique de l'énonciation, Ducrot (1984) et (1989) ; sur l'ironie, Berrendonner (1981), Sperber & Wilson (1978), Perrin (1996) ; la notion de diaphonie est présentée dans Roulet & al. (1985) ; sur la polyphonie dans différentes dimensions d'organisation linguistique, Rubattel (1991), Verschueren (1997), sur les phénomènes de portée, Charolles & al (1990) ; Nølke et al (2004) pour une approche systématique du discours sous l'angle polyphonique ; Perrin (2006) pour une vision panoramique des applications de la notion de polyphonie dans la langue et le discours ; une conception psychanalytique de la polyphonie comme division du sujet parlant est exposée dans Authier-Revuz (1996).

À retenir

- La notion de polyphonie est une remise en cause du postulat de l'unicité du sujet parlant.
- Selon l'approche polyphonique de l'énonciation, le sens des énoncés exhibe différentes « positions », avec lesquelles le locuteur entretient des relations de distanciation ou d'identification.
- Le locuteur est l'être que l'énoncé présente comme son auteur, qui peut être, mais n'est pas nécessairement, identique à l'auteur empirique de l'énoncé.
- Dans le discours, la polyphonie peut avoir une valeur thématique, ou argumentative.
- La diaphonie est l'écho spécifique de la voix du destinataire.

Chapitre 16

Communication verbale et inférence

Objectifs de connaissance

- Définir la communication verbale comme un processus à la fois codique et inférentiel.
- Expliquer la notion d'inférence non démonstrative propre à la communication verbale.
- Expliquer en quoi la pragmatique se démarque de la sémantique.

La **pragmatique** a pour objet l'étude de l'usage du langage dans la communication. Nous verrons dans ce chapitre, ainsi que dans les chapitres 17 et 18, que l'image de la langue et de son usage a beaucoup changé depuis l'introduction d'hypothèses pragmatiques et que la façon de définir la communication verbale a été renouvelée et modifiée par la pragmatique. Enfin, nous montrerons pourquoi la pragmatique a, au cours de ces vingt dernières années, agrandi son territoire au détriment de la sémantique.

La communication verbale

Le modèle du code

Il y a une image courante de la communication (cf. chapitre 3) que les sciences de la communication, de même que la sémiologie, ont confortée depuis des décennies : la communication est un processus visant à transmettre, d'une source à une destination, un message *via* un code. Communiquer, c'est donc transmettre de l'information par l'intermédiaire d'un code. Cette conception de la communication est appelée **modèle du code**.

> Un code est un système d'appariement < message, signal > permettant à un système de traitement de l'information de communiquer avec un autre système de traitement de l'information.

Un message est une représentation interne à l'un des dispositifs de traitement de l'information, un signal une modification de l'environnement qui est produit par l'un des dispositifs (émetteur ou source) et traité par l'autre (récepteur ou destination). Un code est une liste de couples < message-signal >. Le **message** est non transportable et correspond, dans le système linguistique, au **signifié**, alors que le **signal**, transportable, correspond au **signifiant** (cf. chapitre 2). L'intérêt d'un code, c'est de rendre accessible pour le destinataire et mutuel pour les communicateurs le contenu des représentations mentales internes au locuteur.

Communiquer verbalement revient donc, pour une source (le locuteur), à encoder un message (signifié) dans un signal (signifiant), à le transporter *via* un canal à une destination (le destinataire), qui va décoder le signal en un message. Si l'on parle d'une langue naturelle comme d'un code, cela revient à la définir comme un système de symboles et de règles qui produit des couples < message, signal >. Voici une schématisation du modèle du code :

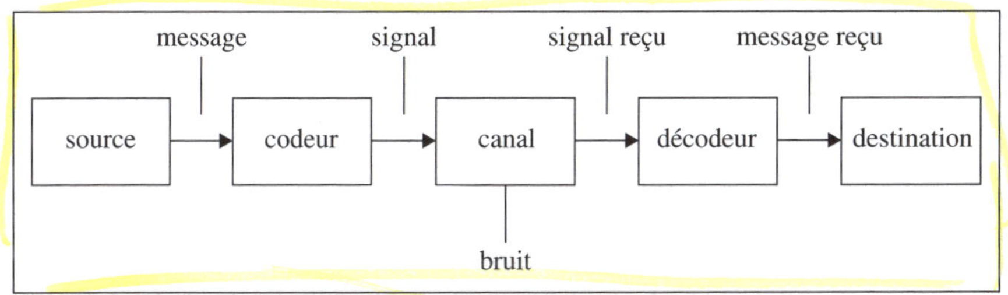

Figure 1 : le modèle du code

Le succès du modèle du code vient de ce qu'il explique le processus de communication. En d'autres termes, le modèle du code explique comment les symboles sont émis, transmis et interprétés dans la communication. Il explique la relation source-codeur (processus d'encodage, linguistique par exemple), le transfert des symboles (*via* un canal, par exemple l'air), et la relation décodeur-destination (processus de décodage via le système linguistique du destinataire). Ainsi, source et destination correspondent, dans la communication verbale, aux mécanismes cognitifs centraux du locuteur et du destinataire, le codeur et le décodeur à leurs capacités linguistiques, le message à une pensée du locuteur (signifié), le signal à un signal acoustique (signifiant), et le canal à l'air.

L'hypothèse du modèle du code pour la communication verbale est que :

- les langues naturelles sont des codes ;
- ces codes associent des pensées à des sons ;
- la communication verbale est un processus d'encodage et de décodage.

Malheureusement, si ce modèle est adéquat du point de vue explicatif (il explique la communication et son échec), il est inadéquat du point de vue descriptif. Pourquoi ? Parce que la communication verbale implique une bonne dose d'**inférence**. Si donc le partage d'un code commun est une condition nécessaire pour la réussite de la communication, il n'en est pas pour autant une condition suffisante. Or, pour rendre compte des processus inférentiels, il est nécessaire de dépasser le modèle du code et d'introduire une nouvelle conception de la communication, décrite par le modèle de l'inférence.

Le modèle de l'inférence

Pour expliquer la communication verbale, et notamment la communication non littérale, il est nécessaire de recourir à un deuxième modèle de la communication, complétant le premier. Le modèle du code rend compte de la dimension linguistique de la communication : les phrases sont analysées en autant de formes logiques (cf. chapitre 18), qui doivent être enrichies par le modèle de l'inférence, dont la tâche est d'expliquer comment et pourquoi le destinataire est amené à assigner telle ou telle interprétation à un énoncé. Le modèle de l'inférence interviendra notamment pour expliquer le déclenchement des significations secondaires, à savoir non littérales, mais aussi pour déterminer les référents des expressions référentielles (noms propres, syntagmes nominaux définis, indéfinis, démonstratifs, pronoms personnels, cf. chapitre 19), ainsi que la force illocutionnaire de l'énoncé (cf. chapitre 14).

Le modèle de l'inférence est un modèle pragmatique : il explique comment, à partir des informations fournies par l'énoncé et d'autres informations non-linguistiques, le destinataire est amené à faire telle ou telle hypothèse interprétative. Il a les caractéristiques suivantes :

– *le modèle de l'inférence produit une conclusion sur la base d'hypothèses contextuelles, fonctionnant comme prémisses.* Le modèle de l'inférence doit d'une part expliquer comment construire les hypothèses, que l'on appelle *contextuelles*, nécessaires à l'interprétation de l'énoncé, et d'autre part déterminer les règles d'inférence permettant d'en tirer des conclusions ;

– *les inférences dérivées par le modèle de l'inférence sont non démonstratives.* Comprendre un énoncé pour le destinataire revient à faire une hypothèse sur le vouloir-dire du locuteur. Pour autant, même s'il utilise pour ce faire des règles d'inférence, il n'a aucune garantie sur la vérité de la conclusion qu'il aura tirée. On donnera la définition suivante de l'inférence non démonstrative :

> On appelle *non démonstrative* toute inférence qui ne garantit pas la vérité de ses conclusions étant donné la vérité des prémisses.

Pour définir précisément en quoi consistent les inférences pragmatiques non démonstratives, ainsi que le système de règles sur lequel elles se fondent, nous les comparerons aux inférences logiques.

Inférences logiques et inférences pragmatiques

Validité des inférences logiques

Les **inférences logiques** se caractérisent par le fait qu'elles **préservent la vérité**. On dira d'une inférence logique que, si elle préserve la vérité, elle est **valide**. De manière plus générale, on dira qu'un raisonnement est valide lorsque ses prémisses ont comme conséquence la conclusion. La vérité de la conclusion, comme la validité du raisonnement, est une affaire de forme (logique), et non de contenu.

Par exemple, le raisonnement suivant est logiquement valide :

(1) S'il fait beau, Anne ira faire des courses. Si Anne va faire des courses, ou les enfants iront chez Ghislaine, ou Jacques gardera les enfants. Il fait beau. Les enfants n'iront pas chez Ghislaine. Donc Jacques gardera les enfants.

On peut montrer que ce raisonnement conduit à une conclusion logiquement vraie, et qu'il est donc valide. Pour le faire, on réduit les énoncés de (1) à des propositions logiques, comme en (2), puis on traduit (1) en propositions logiques (3) :

(2) P = il fait beau
Q = Anne ira faire des courses
R = les enfants iront chez Ghislaine

S = Jacques gardera les enfants

(3) *Si P, alors Q. Si Q, alors R ou S. P. Non-R. Donc S.*

Pour montrer que la conclusion S est logiquement valide, il faut disposer de deux règles d'inférence. Ces deux règles sont le *modus ponendo ponens* et le *modus tollendo ponens* :

	Modus ponendo ponens	**Modus tollendo ponens**	
hypothèses	1. si P alors Q 2. P	1. P ou Q 2. non-P	1'. P ou Q 2'. non-Q
conclusions	Q	Q	P

Nous notons chaque étape du raisonnement par un numéro de ligne, et en commentaire sa justification (hypothèse, numéros de ligne et nom de la règle de déduction). Voici la démonstration logique complète :

1. si P alors Q 2. si Q alors (R ou S) 3. P 4. non-R	*Hypothèse* *Hypothèse* *Hypothèse* *Hypothèse*
5. Q 6. R ou S 7. S	*1, 3, modus ponendo ponens* *2, 5, modus ponendo ponens* *6, 4, modus tollendo ponens*

Les deux règles d'inférence présentées sont des **règles d'élimination** : elles permettent de supprimer un connecteur logique (cf. chapitre 10) comme *si* et *ou* dans l'une des prémisses pour obtenir une proposition simple comme conclusion. De plus, cette règle est **déductive** : elle produit des propositions vraies sur la base d'hypothèses vraies. On dira que les conclusions tirées par des règles d'élimination déductives produisent des **implications non triviales**. En revanche, les **règles d'introduction** des connecteurs, comme les règles d'introduction de *et* et de *ou*, produisent des implications triviales, qui n'apportent aucune information nouvelle :

	Règle d'introduction de *et*	**Règles d'introduction de *ou***	
hypothèses	1. *P* 2. *Q*	1. *P*	1'. *Q*
conclusions	*P et Q*	*P ou Q*	*P ou Q*

On définira enfin les **règles synthétiques** et les **règles analytiques** :

> Une **règle analytique** ne contient qu'une prémisse comme hypothèse.
> Une **règle synthétique** contient au moins deux prémisses comme hypothèses.

Alors que les règles d'élimination de *si* et de *ou* sont des règles synthétiques, la règle d'élimination de *et* est une règle analytique, tout comme la règle d'introduction de *ou* :

	Règle d'élimination de *et*
hypothèses	*P* et *Q*
conclusions	1. *P* 2. *Q*

Une des caractéristiques des règles pragmatiques est de n'être que des règles d'élimination. De plus, les inférences non démonstratives (pragmatiques) sont le résultat de règles synthétiques.

Inférences non démonstratives

• *La communication comme processus à haut risque*

Les inférences pragmatiques sont bien sûr le résultat d'un raisonnement. Mais ce raisonnement n'est ni conscient, ni démonstratif, comme celui opéré à propos de l'exemple (1). La plupart du temps, les hypothèses ne sont pas toutes fournies par le discours : le destinataire doit les inférer, les construire pour pouvoir tirer la conclusion qu'il pense pouvoir attribuer au locuteur. Le destinataire n'a donc aucune garantie que le résultat du processus d'interprétation qu'il a déclenché correspond à l'intention communicative du locuteur. On dira, dès lors, que **la communication est un processus à haut risque** :

> La communication est un processus à haut risque en ce que rien ne garantit au destinataire qu'il a fait les bonnes hypothèses contextuelles lui permettant d'obtenir la conclusion de l'inférence non démonstrative, à savoir l'intention communicative du locuteur.

On comprend maintenant pourquoi la description de la communication *via* le seul modèle du code est incomplète : une telle description supposerait en effet que la réussite est l'état normal de la communication, son échec devant être interprété comme le résultat de *bruits* soit au niveau du canal, soit au niveau des dispositifs de traitement de l'information (par exemple, pour la communication verbale, des dysfonctionnements cognitifs).

• *La construction des hypothèses contextuelles*

Il existe heureusement une autre explication au dysfonctionnement possible de la communication verbale. D'une part, les hypothèses contextuelles ne nous sont pas données explicitement, à savoir verbalement, d'autre part nos discours sont souvent elliptiques. Reprenons l'exemple (1), qui correspond à un raisonnement explicite. Dans la communication, la locutrice aurait plutôt produit un discours comme (4) :

(1) S'il fait beau, Anne ira faire des courses. Si Anne va faire des courses, ou les enfants iront chez Ghislaine, ou Jacques gardera les enfants. Il fait beau. Les enfants n'iront pas chez Ghislaine. Donc Jacques gardera les enfants.

(4) *Anne* : Jacques, il fait beau. Je vais faire des courses. À propos, Ghislaine n'est pas là.

Jacques, en interprétant (4), comprend qu'il doit garder les enfants. Il comprend aussi qu'il y a un certain rapport entre le beau temps et le fait que le locuteur aille faire des courses. Il comprend enfin que si la voisine (Ghislaine) est absente, il doit garder les enfants. Il est capable de faire ces hypothèses, parce que ces données lui sont accessibles, et surtout parce qu'il est pertinent de les convoquer pour comprendre ce qu'Anne a voulu lui communiquer. On peut supposer que les hypothèses contextuelles auxquelles il doit accéder ressemblent à (5) :

(5) a. S'il fait beau, Anne va faire des courses.
b. Si Anne va faire des courses, ou Ghislaine gardera les enfants, ou Jacques gardera les enfants.

Ces hypothèses contextuelles, complétées par les énoncés d'Anne (cf. (6)), produisent bien (7) :

(6) a. Il fait beau.
b. Anne va faire des courses.
c. Ghislaine est absente.
(7) a. Ghislaine ne gardera pas les enfants.
b. Jacques gardera les enfants.

Jacques peut aussi comprendre, non seulement que la locutrice lui communique quelque chose à propos d'un état de choses futur, mais surtout qu'elle lui demande de garder les enfants :

(7) c. Anne demande à Jacques de garder les enfants en son absence.

Supposons maintenant que le locuteur ajoute à son discours une précision :

(8) *Anne* : Jacques, il fait beau. Je vais faire des courses. À propos, Ghislaine n'est pas là. *Mais j'ai demandé à Veneranda de venir couper les cheveux des enfants.*

Avant de traiter le dernier énoncé (*Mais j'ai demandé à Veneranda de venir couper les cheveux des enfants*), Jacques est en droit de penser qu'Anne lui demande de garder les enfants. Mais son hypothèse s'avère fausse, quand bien même elle est le résultat d'un processus inférentiel : étant donné les hypothèses contextuelles (5) et les énoncés (6), il est autorisé à conclure (7). Mais voilà, ce n'est pas ce que voulait communiquer Anne : elle veut lui dire que même si Ghislaine est absente, il n'aura pas à se charger des enfants, puisque la coiffeuse du village sera là.

Cet exemple montre au moins deux choses :

– l'interprétation d'un énoncé est fonction de son **contexte** ;

– les inférences non démonstratives sont **annulables** ou **défaisables** : elles peuvent s'avérer vraies dans un contexte, et fausses dans un autre.

Comme nous le verrons au chapitre 18, cela ne veut pas dire que la notion de vérité n'a rien à voir avec les interprétations pragmatiques : cela veut simplement dire que la vérité d'une conclusion est dépendante des hypothèses qui permettent de l'inférer.

Sémantique et pragmatique : aspects vériconditionnels et non vériconditionnels

Nous venons de voir pourquoi l'interprétation des énoncés déclenchait des inférences non démonstratives. Nous allons maintenant décrire un autre aspect de l'interprétation pragmatique : **l'interprétation pragmatique relève des aspects non vériconditionnels des énoncés**.

Prenons un exemple très simple, qui nous permettra de faire la différence entre les aspects vériconditionnels de la phrase et ce qui est communiqué par l'énoncé, à savoir ses aspects non vériconditionnels :

(9) Anne a quatre enfants.

(9) implique logiquement (10)- (12), car chaque fois que (9) est vraie, (10), (11) et (12) sont vraies :

(10) Anne a trois enfants.
(11) Anne a deux enfants.
(12) Anne a un enfant.

En d'autres termes, si (9) est vraie, alors il en est de même pour (10), (11) et (12). Mais il y a mieux. Le locuteur qui, dans la situation où (9) est vraie, énoncerait (10), (11) ou (12) pourrait être accusé de ne pas avoir tout dit, quand bien même il aurait dit quelque chose de vrai. Pourquoi cela est-il ainsi ? Parce que s'il avait énoncé (10), le destinataire aurait été autorisé à conclure (13) :

(13) Anne a trois et seulement trois enfants.

De même, s'il énonce (9), il communique (14) :

(14) Anne a quatre et seulement quatre enfants.

Comment cela est-il possible ? Comment pouvons-nous faire cette inférence ? L'explication, pragmatique, est la suivante : nous tirons cette conclusion sur la base d'une règle pragmatique, la **règle de quantité**, qui nous demande de donner l'information la plus forte (cf. chapitre 17).

Ainsi, si Anne a quatre enfants et que le locuteur dit qu'elle a trois enfants tout en sachant qu'elle en a quatre, il ne respecte pas la règle de quantité et se comporte de manière non coopérative. Cette règle n'est pas une règle logique ou sémantique portant sur les aspects vériconditionnels de la phrase énoncée : elle porte sur les aspects non vériconditionnels de la phrase.

On peut le montrer à l'aide de la **négation**. Si le locuteur énonce (15), il implique normalement (10) et, dans ce cas, (9) est fausse, à cause de la **loi de négation** de la logique classique, donnée en (16) :

(15) Anne n'a pas quatre enfants.
(10) Anne a trois enfants.
(9) Anne a quatre enfants.
(16) *non (P et non-P)*

Mais que se passe-t-il avec (17) ?

(17) Anne n'a pas quatre enfants, elle en a cinq.

Dans ce cas, (9) et (10) ne sont pas fausses. Comment alors une phrase niée peut-elle ne pas être fausse ? La réponse est simple : la négation ne porte pas sur la proposition niée, mais sur ce que l'assertion de cette phrase **implicite** par la règle de quantité, à savoir (14) :

(14) Anne a quatre et seulement quatre enfants.

(14), qui est l'**implicature** de (9), n'est donc pas une partie de la signification de (9), à savoir un aspect vériconditionnel du sens, puisqu'elle peut être niée.

On peut ainsi donner une première définition de la sémantique et de la pragmatique :

> La **sémantique** traite des aspects vériconditionnels de la phrase.
> La **pragmatique** étudie les aspects non vériconditionnels de la phrase énoncée.

Plus simplement, on définira la pragmatique de la manière suivante :

> La pragmatique = le sens de la phrase énoncée moins les conditions de vérité

Dans cette perspective, les aspects non vériconditionnels du sens de la phrase correspondent aux implicatures de la phrase énoncée. La question qui se pose à la pragmatique est ainsi la suivante : comment le destinataire récupère-t-il les implicatures du locuteur ?

Aspects conventionnels et non conventionnels du sens

Une autre facette de la distinction sémantique/pragmatique est la différence entre les aspects conventionnels et non conventionnels du sens.

On pourrait supposer que la sémantique, comme les approches classiques de la signification, s'occupe de tous les aspects conventionnels du sens, qui sont indiqués par l'emploi de certaines formes ou marques linguistiques, et que la pragmatique s'intéresse à ses aspects non conventionnels (inférences non démonstratives, implicatures, construction des contextes). En fait, si on prend au sérieux la différence entre aspects vériconditionnels et aspects non vériconditionnels, une telle distinction n'est plus possible, car certains aspects conventionnels relèvent également des implicatures. On parlera alors d'**implicature conventionnelle** (cf. chapitre 17).

(18) et (19) ont les mêmes conditions de vérité : (18) est vraie si et seulement si (19) est vraie :

(18) Même Max aime Marie.
(19) Max aime Marie.

Mais (18) ajoute quelque chose au sens de (19), que l'on peut représenter par (20) :

(20) a. D'autres personnes que Max aiment Marie.
b. Parmi ces personnes, Max est la moins susceptible de l'aimer.

On dira que (18) implicite conventionnellement (20), car les propositions de (20) ne sont pas annulables, ce que montre (21), qui est contradictoire :

(21) ? Même Max aime Marie, mais personne d'autre ne l'aime.

On arrive ainsi à une conclusion inattendue. **La frontière entre la sémantique et la pragmatique ne passe pas par la différence entre aspects conventionnels et aspects non conventionnels du sens** : elle passe par une distinction plus fondamentale entre aspects vériconditionnels et non vériconditionnels. Cette distinction renvoie à la distinction entre ce que le locuteur (ou la phrase) **dit** et ce que le locuteur **communique** par l'énoncé.

Lectures conseillées

Sur le modèle du code, le modèle de l'inférence et les inférences non démonstratives, on consultera Sperber & Wilson (1989), qui constitue les fondements de la théorie de la Pertinence, théorie pragmatique la plus complète actuellement (cf. chapitre 18). Sur la différence entre aspects (non) vériconditionnels et (non) conventionnels, on renvoie aux travaux fondateurs de Grice (1979) et (1989), qui ont inspiré toute la pragmatique contemporaine. Enfin, pour une synthèse plus accessible, on renvoie à Moeschler & Reboul (1994), chapitres 2 et 7. Pour une introduction à la théorie logique de la déduction, on consultera Grize (1972). On consultera comme introduction générale à la pragmatique Reboul & Moeschler (1998a), Moeschler (1998) pour la définition de la pragmatique et Reboul & Moeschler (1998c) pour la définition de la communication.

À retenir

• La communication verbale ne peut s'expliquer par le seul recours au modèle du code ; il faut lui ajouter un modèle de l'inférence, expliquant la production des inférences non démonstratives, objets des actes de communication.

• Les inférences logiquement valides préservent la vérité, alors que les inférences non démonstratives sont le fait d'hypothèses contextuelles construites par le destinataire, qui peuvent conduire à des conclusions erronées.

• Les aspects pragmatiques du sens sont non vériconditionnels, à savoir annulables ou défaisables.

• La distinction sémantique/pragmatique ne passe pas par la frontière entre sens conventionnel et sens non conventionnel.

Chapitre 17

La pragmatique gricéenne

Objectifs de connaissance

- Introduire aux principes de l'interprétation pragmatique des énoncés.
- Définir le concept d'implicature conversationnelle.
- Montrer les fonctions de l'explication pragmatique.

Dans ce chapitre, nous allons donner une première réponse à la question de savoir **comment le destinataire s'y prend pour interpréter l'énoncé du locuteur**. Nous avons vu au chapitre 16 que la communication est souvent non littérale, et que le locuteur et le destinataire communiquent à l'aide de deux modèles, le modèle du code et le modèle de l'inférence. Nous allons donner une première version du modèle de l'inférence, partiellement codique, qui correspond à la théorie des implicatures de Paul Grice. Nous présenterons au chapitre 18 une version inférentielle plus récente, la Théorie de la Pertinence.

Les principes de la pragmatique gricéenne

La théorie pragmatique gricéenne est définie par trois principes.

Le premier principe est le **principe de la signification non-naturelle** : comprendre un énoncé, cela revient pour le destinataire à comprendre l'intention du locuteur par la reconnaissance de cette intention.

Le deuxième principe est le **principe de coopération** : les inférences que tire le destinataire sont le résultat de l'hypothèse que le locuteur coopère.

Enfin, le troisième principe est **méthodologique** : il suppose que les expressions de la langue n'ont pas une multiplicité de significations, et recommande de ne pas les multiplier au-delà de ce qui est nécessaire. C'est le **principe du rasoir d'Occam modifié**.

La signification non naturelle

Le problème de la signification non naturelle est le suivant : comment le destinataire peut-il récupérer l'intention du locuteur, à savoir son vouloir-dire ? Si l'on examine un énoncé, on peut comprendre pourquoi l'on parle de signification non naturelle : au contraire de la fumée, qui signifie de manière naturelle la présence d'un feu, un énoncé ne signifie pas naturellement l'intention du locuteur. Au mieux, on peut dire que le locuteur, en énonçant un énoncé E, communique une proposition P. Récupérer le vouloir-dire du locuteur implique donc, pour le destinataire, qu'il soit capable de récupérer l'intention du locuteur. On peut donner ainsi la définition de la signification non naturelle :

> Dire qu'un locuteur L a voulu signifier quelque chose par X, c'est dire que L a eu l'intention, en énonçant X, de produire un effet sur l'auditeur A grâce à la reconnaissance par A de cette intention.

La question cruciale est maintenant de savoir **comment** le destinataire s'y prend pour récupérer cette intention. L'hypothèse de Grice est qu'il y parvient *via* le principe de coopération et les maximes de conversation.

Principe de coopération et maximes conversationnelles

Pour Grice, les locuteurs, dans la conversation, et plus généralement dans la communication, adoptent des comportements verbaux coopératifs : en d'autres termes, ils coopèrent à la réussite de la conversation. L'hypothèse est que c'est sur cette présomption de coopération que le destinataire va procéder aux inférences non démonstratives.

Mais les comportements du locuteur dans la communication, s'ils sont coopératifs, le sont pour une raison plus fondamentale : ils sont le fruit de conduites rationnelles. En effet, en coopérant, le locuteur adopte une conduite rationnelle, déterminée par le respect ou la violation ostensible de règles de conversation appelées **maximes conversationnelles**.

Le principe général est le principe de coopération, et les maximes relèvent des catégories kantiennes de quantité, de qualité, de relation et de modalité (ou manière), définies de la manière suivante :

> **Principe de coopération**
> Que votre contribution à la conversation soit, au moment où elle intervient, telle que le requiert l'objectif ou la direction acceptée de l'échange verbal dans lequel vous êtes engagé.
> **Maximes de quantité**
> 1. Que votre contribution contienne autant d'information qu'il est requis.
> 2. Que votre contribution ne contienne pas plus d'information qu'il n'est requis.
>
> **Maximes de qualité (de véridicité)**
> Que votre contribution soit véridique :
> 1. N'affirmez pas ce que vous croyez être faux.
> 2. N'affirmez pas ce pour quoi vous manquez de preuves.
>
> **Maxime de relation (de pertinence)**
> Soyez pertinent.
> **Maximes de manière**
> Soyez clair :
> 1. Évitez de vous exprimer avec obscurité.
> 2. Évitez d'être ambigu.
> 3. Soyez bref.
> 4. Soyez ordonné.

Le principe de coopération stipule que le locuteur doit ajuster son comportement relativement à la direction générale de la conversation. Plus précisément, si le locuteur coopère, alors il fournira l'information la plus forte relativement à ses buts conversationnels, il produira un énoncé vrai (s'il s'agit d'une assertion), pertinent et clair. L'exemple que donne Grice est le suivant :

(1) A. — Je suis en panne d'essence.
B. — Il y a un garage au coin de la rue.

Supposons que A, debout à côté de sa voiture, apostrophe B à l'aide de son énoncé *Je suis en panne d'essence*. B, par sa réponse *Il y a un garage au coin de la rue*, est supposé coopérer. S'il coopère, A est en droit d'inférer que l'information qui lui est fournie est pertinente : il en tirera notamment que le garage est ouvert, et qu'il y trouvera de l'essence. Plus précisément, on dira que le locuteur a **implicité** que le garage est ouvert.

Le principe du rasoir d'Occam modifié

En plus du principe de coopération et des maximes conversationnelles, la pragmatique de Grice adopte un principe méthodologique fondamental, le principe du rasoir d'Occam modifié : *Ne multipliez pas plus qu'il n'est requis les significations linguistiques*.

Nous verrons en fin de chapitre quelques illustrations de ce principe. Mais on peut déjà en tirer les implications. Recommander de ne pas multiplier les significations linguistiques suppose que la variation des significations n'est pas une question de code linguistique, mais une question d'usage. Ce principe méthodologique a eu des conséquences importantes, car il a permis d'une part de simplifier la description sémantique (les significations attachées aux expressions linguistiques sont minimales), d'autre part de fonder un nouveau type d'approche en linguistique : c'est ce que l'on appelle les **théories de l'univocité**, qui s'opposent directement aux **théories de l'ambiguïté**. Le principe est le suivant : on attribue une signification minimale à une expression, et on dérive pragmatiquement, *via* une maxime de conversation, sa signification en usage. On appellera une telle signification une **implicature**.

Implicatures conversationnelles et conventionnelles

Les significations communiquées par le locuteur se rangent en deux grandes catégories : celle des implicatures conversationnelles et celle des implicatures conventionnelles.

Les implicatures conversationnelles

Les implicatures conversationnelles sont le résultat de l'application des maximes conversationnelles. Avant de voir comment les maximes interviennent dans la récupération des implicatures par le destinataire, nous allons examiner comment les implicatures sont récupérées.

• *La découverte des implicatures*

Lorsque le destinataire infère, en recourant à l'une ou l'autre maxime, une proposition quelconque, on dira qu'il a tiré de l'énoncé du locuteur une **implicature conversationnelle**. Pour découvrir le contenu de l'implicature conversationnelle communiquée par le locuteur, le destinataire doit faire une **inférence**, dont le schéma général peut se résumer comme suit :

1. Le locuteur L a dit *P*.
2. Le destinataire D n'a pas de raison de supposer que L n'observe pas les maximes conversationnelles ou du moins le principe de coopération.
3. Supposer que L respecte le principe de coopération et les maximes implique que L pense *Q*.

4. L sait (et sait que D sait que L sait) que D comprend qu'il est nécessaire de supposer que L pense *Q*.
5. L n'a rien fait pour empêcher D de penser *Q*.
6. L veut donc que D pense *Q*.
7. Donc L a implicité *Q*.

Nous ferons deux observations :

– *le raisonnement du destinataire est inductif* : pour supposer que le locuteur coopère, il doit supposer qu'il pense et qu'il implicite *Q*. Ainsi, *Q* n'est pas, à strictement parler, déduit de *P* ;

– le passage de *P* à *Q* n'est pas le résultat d'une contextualisation : il est le *résultat de l'application de maximes conversationnelles*.

La récupération d'une implicature conversationnelle est donc le résultat d'une inférence non démonstrative gouvernée par des règles. C'est cette propriété des implicatures qui a constitué l'originalité de la thèse de Grice, thèse que l'on peut appeler **anti-contextualiste**.

• *Utilisation et exploitation des maximes*

Une des originalités de la thèse de Grice est la suivante : le déclenchement d'une implicature n'est pas le seul fait du respect d'une maxime conversationnelle ; il peut être le résultat de sa violation ostensible. On parlera respectivement d'**utilisation** et d'**exploitation** d'une maxime conversationnelle.

• *Utilisation des maximes conversationnelles*

L'exemple (1) est une illustration de l'utilisation de la *maxime de pertinence*. Si A suppose en effet que B respecte le principe de coopération, A inférera que l'information que B lui a fournie est pertinente, que le garage est ouvert et qu'il y trouvera probablement de l'essence.

(1) A. — Je suis en panne d'essence.
B. — Il y a un garage au coin de la rue.

L'utilisation de la *maxime de quantité* peut être illustrée par (2), qui implicite (3). En effet, le destinataire suppose que le locuteur a respecté la première maxime de quantité, à savoir qu'il a donné l'information la plus forte et conclut que le drapeau n'a pas une autre couleur en plus :

(2) Le drapeau est blanc.
(3) Le drapeau est entièrement blanc.

On notera que cette implicature n'est pas communiquée par (4), et que, par conséquent, (2) ne peut pas être une **implication** de (4). Par contre, (4) implicite (5) :

(4) Le drapeau est blanc et noir.
(5) a. Le drapeau est partiellement blanc.
b. Le drapeau est partiellement noir.

Enfin, (6) est une utilisation de la *maxime d'ordre* « soyez ordonné ». Le sens temporel de la conjonction *et* ne fait donc pas partie de sa signification linguistique, mais correspond plutôt à une implicature conversationnelle (7) :

(6) Axel a crié et Abi a pleuré.
(7) Axel a crié **et ensuite** Abi a pleuré.

• *Exploitation des maximes conversationnelles*

On peut envisager plusieurs situations où le locuteur exploite une maxime conversationnelle, autrement dit la viole ostensiblement.

Le premier type de situation correspond à (8), où le locuteur est dans l'obligation de violer la maxime de quantité pour ne pas devoir violer la maxime de qualité. En effet, en donnant une information précise, qui satisferait la première maxime de quantité, il prendrait le risque de violer la deuxième maxime de qualité :

(8) A. — Où habite C ?
B. — Quelque part dans le sud de la France.

D'autres exemples correspondent à la violation de la première maxime de quantité. Ce sont des énoncés pseudo-tautologiques, qui ne sont en apparence pas assez informatifs. En fait, ces énoncés ne sont pas de vraies tautologies, dans la mesure où ils communiquent tous une implicature. Ainsi, par exemple, (9) communique quelque chose comme (10) :

(9) Un homme est un homme.

(10) Les hommes sont tous pareils.

Autres cas d'exploitation des maximes, qui correspondent à l'exploitation de la première maxime de qualité : le locuteur sait qu'en énonçant (11) il dit quelque chose de littéralement faux ; mais ce faisant il communique, *via* une métaphore, une implicature conversationnelle, par exemple (12) :

(11) Sophie est un bloc de glace.

(12) Sophie est une personne que rien n'émeut.

De manière plus générale, Grice considère que la plupart des tropes (métaphore, ironie, litote) sont des exploitations de la première maxime conversationnelle, et donc des implicatures conversationnelles.

• *Implicatures généralisées et particulières*

Toutes les implicatures conversationnelles que nous avons examinées ont une particularité précise : elles ne sont pas liées à une expression linguistique. Si, pour reprendre l'exemple de la métaphore, le locuteur veut communiquer (12), il aurait très bien pu le faire à l'aide d'une expression très voisine, du point de vue de sa signification, comme (13) :

(13) Sophie est un glaçon.

De tels exemples sont qualifiés par Grice d'**implicatures conversationnelles *particulières***. Il les oppose aux **implicatures conversationnelles *généralisées***. Dans une implicature généralisée, la forme linguistique est attachée à l'implicature. Ainsi, le quantificateur *quelques X* implicite *pas tous les X* : on dira que (14) implicite de manière quantitative (15) :

(14) Quelques élèves sont sages.

(15) Tous les élèves ne sont pas sages.

On notera que (15) n'est pas une implication sémantique de (14) : toutes les situations dans lesquelles (14) est vraie ne garantissent pas la vérité de (15), comme le montre (16), qui n'est pas un énoncé contradictoire :

(16) Quelques élèves, et en fait tous, sont sages.

Cet exemple confirme une propriété des implicatures conversationnelles : elles sont des **aspects non vériconditionnels du sens**. Plus précisément, elles peuvent être annulées, sans produire de contradiction.

Les implicatures conventionnelles

Nous venons de voir que les implicatures conversationnelles se rangent en deux grandes catégories : les implicatures conversationnelles généralisées, et les implicatures conversationnelles particulières. Il y a en fait une troisième catégorie d'implicature, que Grice nomme **implicatures conventionnelles** (cf. chapitre 16).

Les implicatures conventionnelles, comme les implicatures conversationnelles généralisées, sont déclenchées par des **formes linguistiques** mais ne sont pas attachées au sens de ces expressions : elles sont attachées à leur forme. On dira qu'elles sont **détachables**. Par définition, une implicature est détachable si l'on peut trouver une expression qui a les mêmes conditions de vérité sans communiquer l'implicature. Ainsi, **une implicature non détachable est associée au sens de l'expression**, alors qu'**une implicature détachable est associée à sa forme**. (17) a les mêmes conditions de vérité que (18), mais implicite conventionnement (19), ce qui n'est pas le cas de (18) ; l'implicature conventionnelle est donc détachable :

(17) Max n'a pas réussi à atteindre le sommet.

(18) Max n'a pas atteint le sommet.

(19) Max a essayé d'atteindre le sommet.

Les implicatures conventionnelles ont une autre propriété : elles ne peuvent, au contraire des implicatures conversationnelles, être **annulées**, au risque de produire des énoncés contradictoires. Comme nous l'avons vu au chapitre 16, (20) est contradictoire, puisqu'il y a négation de l'implicature conventionnelle déclenchée par *même* :

(20) ? Même Max aime Marie, mais personne d'autre ne l'aime.

Les critères des implicatures

On l'aura compris, les différents types d'implicatures (conversationnelles et conventionnelles) se distinguent par certains critères. Nous en avons examiné deux : la **détachabilité** et l'**annulabilité**. Grice suggère cependant d'autres critères permettant de les distinguer :

– **calculabilité** : alors que les implicatures conversationnelles sont calculables (elles font l'objet d'une procédure de déclenchement), les implicatures conventionnelles ne le sont pas : elles sont tirées automatiquement, à cause d'une forme linguistique donnée ;

– **conventionnalité** : par définition, les implicatures conversationnelles sont non conventionnelles ;

– **dépendance de l'énonciation** : les implicatures conversationnelles sont dépendantes de l'énonciation : pour que l'implicature conversationnelle soit déclenchée, il faut que l'expression fasse l'objet d'une énonciation ; en revanche, l'implicature conventionnelle est liée à une forme, qui détermine sa signification ;

– **détermination** : alors que les implicatures conventionnelles sont complètement déterminées (elles font partie de la signification de l'expression), les implicatures conversationnelles sont plus ou moins déterminées : on en verra pour preuve les implicatures des métaphores, qui, suivant leur degré de créativité, sont plus ou moins déterminées.

Nous pouvons résumer ces contrastes par le tableau suivant :

implicatures conversationnelles	implicatures conventionnelles
calculables	non calculables
annulables	non annulables
non détachables	détachables
non conventionnelles	conventionnelles
dépendantes de l'énonciation	indépendantes de l'énonciation
indéterminées	déterminées

Les vertus de l'explication pragmatique

La théorie des implicatures a constitué une véritable révolution pour la linguistique, dans la mesure où elle a permis de comprendre ce que la sémantique ne pouvait pas exprimer : si les significations des expressions varient dans leurs usages, cette variation s'explique par les significations secondaires que sont les implicatures conversationnelles (liées aux maximes conversationnelles) ou les implicatures conventionnelles liées à une expression. L'explication gricéenne des faits de sens a donc une vertu principale : elle a permis de simplifier la description sémantique, en considérant que la complexité produite par les variations de sens dans les expressions linguistiques est le résultat de principes pragmatiques généraux. Nous allons donner deux illustrations de ce phénomène : la redéfinition des présuppositions sémantiques comme des implicatures, et l'attribution d'une signification logique aux connecteurs.

Présupposition et implicature

On définit généralement une **présupposition sémantique** comme le contenu sémantique qui ne varie pas sous la négation : ainsi (21), comme (22), présuppose (23) :

(21) Le roi de France est chauve.

(22) Le roi de France n'est pas chauve.

(23) Le roi de France existe.

Les définitions sémantiques de la présupposition ont malheureusement de la peine à résister à des objections importantes. On doit en effet pouvoir envisager, ce qui est le cas pour (21), des énoncés pour lesquels la présupposition est fausse. Mais comment expliquer une telle possibilité si la présupposition est vraie, quelle que soit la valeur de vérité de la phrase qui la contient : par définition, (23) sera toujours vraie, que (21) soit vraie ou fausse.

Pour résoudre ces difficultés, on a recours à la notion d'implicature : les présuppositions ne seraient que des cas d'implicatures conversationnelles ou conventionnelles, selon qu'elles sont déclenchées par des constructions ou par des expressions linguistiques. Nous allons illustrer ce fait à l'aide d'un exemple, celui des phrases conditionnelles irréelles (dites **contrefactuelles**), qui semblent illustrer la règle suivante : une conditionnelle contrefactuelle de forme logique *si P, Q* présuppose la fausseté de *P*. (24) semble bien confirmer cette règle, car il est impossible que l'antécédent de la conditionnelle *P* soit compris comme vrai :

(24) S'il pleuvait dehors, le bruit de la pluie sur le toit étoufferait nos voix.

Mais cela n'est pas toujours le cas : l'antécédent de la conditionnelle peut être vrai, auquel cas la conditionnelle contrefactuelle ne présuppose pas la fausseté de son antécédent, mais l'implicite conversationnellement. (25) semble être un tel exemple, qui implicite la vérité de son antécédent :

(25) Si Marie était allergique à la pénicilline, elle aurait exactement les symptômes qu'elle montre.

On arrive ainsi à une conclusion intéressante : les conditionnelles contrefactuelles constituent autant de cas d'**implicatures conversationnelles particulières** qui nécessitent à la fois le recours au contexte et aux maximes conversationnelles (ici les maximes de qualité et de pertinence).

Signification logique et sens pragmatique

La deuxième vertu de l'explication gricéenne est de permettre de rendre compte des usages des connecteurs logiques à partir de l'hypothèse de leur signification logique. Prenons l'exemple de *ou*. Tout locuteur francophone sait que la plupart des usages de *ou* sont exclusifs : pour que la proposition *P ou Q* soit vraie, une seule des propositions doit être vraie, ce qui est le cas dans (26), qui ne peut s'interpréter comme (27) :

(26) *Sur un menu* : Fromage ou dessert.

(27) Le client a droit au fromage et au dessert.

Comment expliquer ce fait ? L'explication pragmatique du sens exclusif de *ou* est la suivante : le sens exclusif de *ou* est une implicature quantitative, ou *implicature scalaire*. On définira les implicatures scalaires de la manière suivante :

> Une **implicature scalaire** est une implicature quantitative que l'on tire d'une expression inférieurement liée, qui nie l'expression qui lui est supérieurement liée.

Pour obtenir le sens exclusif de *ou*, il suffit de considérer que *ou* est le terme inférieurement lié, dans une échelle quantitative, à *et*. Si on peut dire qu'une proposition *P et Q* implique logiquement *P ou Q* (chaque fois que *P et Q* est vraie, *P ou Q* est vraie), on dira que *P ou Q* implicite conversationnellement la négation de *P et Q*. Dire *Fromage ou dessert*, c'est donc communiquer (ou) *pas fromage-et-dessert*. En d'autres termes, le client du restaurant, en lisant sur le menu *Fromage ou dessert*, comprend que le restaurateur lui communique qu'il ne peut pas avoir du fromage et du dessert.

Pour expliquer le sens exclusif de *ou*, il n'a pas été nécessaire de supposer que *ou* est sémantiquement ambigu en français (par exemple entre son sens inclusif et son sens exclusif) : *ou* n'a qu'un seul sens, le sens inclusif, et son sens exclusif est dérivé pragmatiquement.

Lectures conseillées

Pour la pragmatique gricéenne, on lira l'article fondateur de Grice (1979), ainsi que Grice (1957) pour son analyse de la signification non naturelle, et Grice (1989) pour l'ensemble de ses travaux. Wilson & Sperber (1979) est une première critique portant principalement sur les tropes, et Moeschler (1995) est une introduction accessible aux principes de la pragmatique gricéenne. On consultera également Moeschler & Reboul (1994), aux chapitres 7 et 9, pour une présentation complète de cette théorie. Pour un développement, voir les ouvrages de référence que sont Gazdar (1979) et Levinson (1983) et (2000). Cornulier (1985) est la première version gricéenne de la pragmatique en français. Reboul &

Moeschler (1998a, chapitre 2) est une introduction accessible à Grice. Enfin, sur la question des présuppositions, nous renvoyons à Ducrot (1972b) et à Moeschler & Reboul (2004, chapitre 8).

À retenir

- Les implicatures conversationnelles sont les significations secondaires non vériconditionnelles obtenues par l'utilisation ou l'exploitation d'une maxime conversationnelle.
- Les implicatures conventionnelles sont déclenchées par des expressions linguistiques, et sont non annulables et détachables.
- L'intérêt de la notion d'implicature est de permettre de simplifier la description sémantique et de permettre de rendre compte de la variation du sens des expressions linguistiques en usage.

Chapitre 18

La Théorie de la Pertinence

Objectifs de connaissance

- Montrer les connexions de la pragmatique avec la linguistique et les sciences cognitives.
- Définir la notion de pertinence en pragmatique.
- Indiquer les principaux aspects de l'interprétation des énoncés.

Si la pragmatique gricéenne a constitué une révolution pour la pragmatique, une nouvelle théorie, dite post-gricéenne, a vu le jour dans les années 1980. C'est la *Théorie de la Pertinence* de Dan Sperber, anthropologue cognitiviste français, et Deirdre Wilson, linguiste anglaise, à laquelle nous allons consacrer ce chapitre.

Les principes de la Théorie de la Pertinence

La Théorie de la Pertinence est une théorie pragmatique originale. L'ouvrage fondateur, *Relevance. Communication and Cognition*, publié en 1986 (2e édition en 1995) et traduit en français en 1989, a provoqué un bouleversement important en pragmatique, et cela pour deux raisons principales : pour la première fois, une théorie pragmatique indiquait très clairement comment elle se situait par rapport à la linguistique, et plus précisément par rapport à la syntaxe ; en second lieu, la Théorie de la Pertinence s'inscrit explicitement dans une tradition des sciences cognitives, le cognitivisme de Jerry Fodor. La Pertinence est donc à la fois une théorie de l'interprétation des énoncés en contexte et une théorie de la cognition.

Grammaire générative et pragmatique

La première caractéristique de la Théorie de la Pertinence est de revendiquer sa connexion avec une théorie syntaxique, la grammaire générative. Nous avons vu (chapitres 8-10) que la grammaire générative faisait à la fois une hypothèse sur la cognition et une hypothèse sur la langue. L'hypothèse cognitive est que le langage est une faculté biologique, caractéristique de l'espèce humaine, alors que l'hypothèse linguistique est l'autonomie de la syntaxe. Nous verrons plus bas le versant cognitif de la Théorie de la Pertinence. L'hypothèse linguistique de la Pertinence est que ce que fournit le système de traitement linguistique, qui se limite à la phonologie, la syntaxe et la sémantique, est une représentation *moins que propositionnelle*, à savoir une *forme logique* non interprétable en termes de valeur de vérité. L'un des buts de la pragmatique est justement d'enrichir la sortie du système de traitement linguistique, ou **forme logique**, et de permettre, à travers une **forme propositionnelle** reconstituée, d'assigner une valeur de vérité à l'énoncé.

Le format général de la grammaire générative semble compatible avec ce que demande la Théorie de la Pertinence. La syntaxe produit en effet, comme sortie, une forme logique. C'est cette forme logique qui va servir d'entrée à l'interprétation pragmatique. Le but de la pragmatique sera de produire, *via* une forme propositionnelle, i.e. une forme logique complète et interprétée véríconditionnellement, les **effets contextuels** de l'énoncé. Les effets contextuels sont l'ensemble des inférences contextuelles que le destinataire est autorisé à tirer et qui correspondent à l'interprétation de l'énoncé. Ainsi, **la pragmatique se situe en dehors de la linguistique, qu'elle vient compléter**.

Théorie de la cognition et pragmatique

La deuxième caractéristique de la Théorie de la Pertinence est de se connecter à une hypothèse cognitive, la théorie de la modularité de l'esprit de Jerry Fodor. Fodor distingue deux types de systèmes cognitifs, les **systèmes d'entrées**, spécialisés et modulaires, et le **système central de la pensée**, non spécialisé et non modulaire. L'hypothèse de la Théorie de la Pertinence est que le système linguistique (comprenant la phonologie, la syntaxe et la sémantique) est un système d'entrées, alors que les inférences pragmatiques relèvent du système central. Lorsque le destinataire interprète un énoncé, le traitement passe par les trois étapes successives suivantes :

(I) une étape de **transduction** : les stimuli linguistiques sont traduits par des transducteurs pour être interprétés par le système d'entrées linguistiques ;

(II) une étape de **décodage linguistique** : les données fournies par le processus de transduction sont traitées par le système linguistique, qui en fournit une représentation phonologique, syntaxique et sémantique, la représentation sémantique correspondant à la dérivation d'une **forme logique** ;

(III) une étape de **traitement central** : la forme logique sert d'entrée au système central de la pensée et est enrichie, *via* le contexte et le mécanisme déductif, en une forme propositionnelle complète, permettant de produire les effets contextuels de l'énoncé.

On peut représenter les trois étapes du processus d'interprétation de la manière suivante :

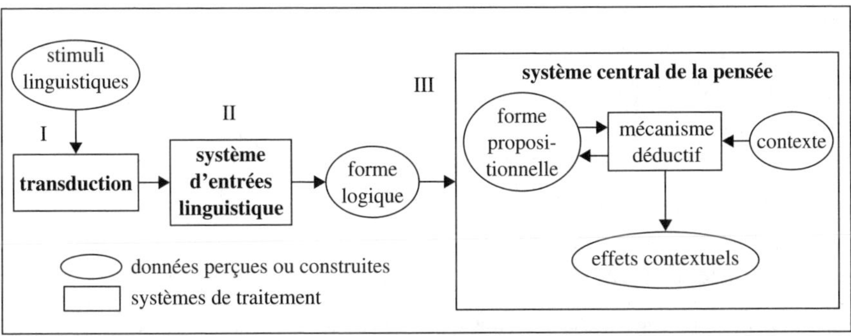

Nous allons maintenant expliciter les principaux concepts de ce schéma.

Forme logique, forme propositionnelle et contexte

Pour expliquer le passage de la forme logique à la forme propositionnelle, il faut indiquer en quoi consistent la forme logique et le contexte.

La **forme logique** doit être comprise comme une suite structurée de concepts. Un **concept** est une adresse en mémoire, défini par trois types d'entrées : une entrée lexicale, une entrée logique et une entrée encyclopédique. Ces entrées contiennent les différentes informations que le concept va activer lorsqu'il apparaît dans une forme logique.

L'**entrée lexicale** du concept décrit sa contrepartie linguistique : elle contient notamment les équivalents du concept en langue naturelle, ainsi que des informations sur sa catégorie grammaticale, sa forme phonologique, ses réalisations morphologiques et sa grille thématique s'il s'agit d'un verbe.

L'**entrée logique** du concept décrit la ou les règles déductives déclenchées par la présence du concept dans une forme logique. Par exemple, les connecteurs auront des entrées logiques. De même l'entrée logique des verbes correspond aux implications de sa représentation logique (par exemple l'état résultant, cf. chapitre 13). Pour les noms, la catégorie superdonnée est typiquement l'information impliquée logiquement : CHIEN (x) →ANIMAL (x).

Enfin, l'**entrée encyclopédique** du concept va mentionner l'ensemble des informations permettant de déterminer l'extension du concept, s'il en a une. Les entrées encyclopédiques comprendront des informations sur la catégorie du référent, mais aussi des informations que le sujet aura stockées sous cette entrée. Les informations stockées sous l'entrée encyclopédique du concept correspondent à la mémoire à long terme, et peuvent varier d'un individu à l'autre (nous n'avons pas tous la même encyclopédie).

Une **forme propositionnelle** est une forme logique enrichie. Pour pouvoir enrichir la forme logique, il est nécessaire d'accéder au **contexte**. Le contexte est défini comme un **ensemble d'hypothèses**, à savoir de représentations à forme propositionnelle entretenues comme vraies ou probablement vraies, qui sont construites énoncé après énoncé et non données une fois pour toutes. Le destinataire accède aux informations qui constituent le contexte soit parce qu'il les perçoit (elles lui sont **manifestes** dans l'environnement physique), soit parce qu'elles ont fait l'objet du traitement des énoncés précédents, soit parce qu'elles sont inférables, soit encore parce qu'il y a accès *via* sa mémoire à long terme, plus précisément *via* l'entrée encyclopédique des concepts intervenant dans la forme logique. **Le contexte est donc un sous-ensemble des informations disponibles au destinataire dans l'environnement cognitif mutuel du locuteur et du destinataire**. Ce sont ces informations qui alimentent le mécanisme déductif et produisent, en combinaison avec la forme logique, la **forme propositionnelle** et les **effets contextuels**.

La Pertinence

La théorie de la Pertinence est fondée sur un principe expliquant la communication et la cognition : le **principe de pertinence**. Ce principe suppose une définition précise de la **pertinence**, en termes d'effets et d'efforts cognitifs.

Le principe de pertinence

L'hypothèse de la Théorie de la Pertinence n'est pas la même que celle de Grice. Grice suppose que les locuteurs coopèrent à la conversation (c'est une approche rationaliste) ; Sperber et Wilson supposent que les êtres humains cherchent à être pertinents (c'est une approche cognitive). Appliquée à la communication, verbale ou non verbale, cette hypothèse correspond au principe (communicatif) de pertinence :

> Tout acte de communication ostensive communique la présomption de sa propre pertinence optimale.

Ce principe peut être formulé plus simplement :

> Le locuteur a produit l'énoncé le plus pertinent dans les circonstances.

Pourquoi le destinataire est-il autorisé à supposer que l'énoncé du locuteur (son acte de communication ostensive) est optimalement pertinent ? Parce que sans cette présomption de pertinence optimale, il est impossible d'expliquer pourquoi le destinataire lui prête attention. Rien ne justifie en effet qu'un effort de traitement de l'acte de communication soit engagé sans qu'il y ait en retour une présomption (au pire) ou une garantie (au mieux) de pertinence. Si donc le destinataire s'engage dans un processus d'interprétation, coûteux du point de vue cognitif, c'est qu'il peut s'attendre à ce que les efforts de traitement qu'implique l'interprétation de l'énoncé soient compensés par des effets.

Son engagement dans le processus de compréhension est donc lié à un second principe, cognitif de pertinence :

> La cognition humaine tend à la maximisation de la pertinence.

Efforts et effets cognitifs

Dans la Théorie de la Pertinence, on parle d'*efforts cognitifs* pour désigner l'effort de traitement de l'acte de communication et d'*effets cognitifs* ou *contextuels* pour référer au résultat du processus d'interprétation. On définira plus précisément efforts et effets cognitifs de la manière suivante :

– les **efforts cognitifs** dépendent de différents facteurs : longueur de l'énoncé, accès aux informations encyclopédiques, nombre de règles logiques impliquées par le mécanisme déductif ;

– les **effets cognitifs**, ou contextuels, sont de trois types : **ajout** d'une hypothèse, *via* une implication contextuelle ; **modification** de la force avec laquelle une hypothèse est entretenue ; **suppression** d'une hypothèse en cas de contradiction.

Ainsi, ajouter de l'information, augmenter le degré de force avec lequel on entretient une information ou supprimer une information sont trois manières, pour un énoncé, d'être pertinent. Prenons les exemples suivants :

(1) *Pierre* : Où est Max ?
Marie : Max est chez lui. Il y a de la lumière dans son salon.

(2) *Pierre* : Je me demande si Max est chez lui.
Marie : Max est chez lui. Il y a de la lumière dans son salon.

(3) *Pierre* : Inutile de vouloir appeler Max. Il est 8 heures, et il ne rentre pas avant 9 heures.
Marie : Non, il est chez lui. Il y a de la lumière dans son salon.

En (1), l'énoncé de Marie ajoute une information nouvelle : Pierre ne sait pas où est Max, et la réponse de Marie lui fournit une nouvelle information. En (2), Pierre signale par son énoncé qu'il ne sait pas si la proposition *Max est chez lui* est vraie ou fausse ; l'énoncé de Marie va renforcer la force avec laquelle il pourra l'entretenir. En (16), la croyance de Pierre (*Max n'est pas chez lui*) est supprimée par l'énoncé de Marie : si Pierre fait confiance à Marie, il devra modifier sa croyance, et considérer qu'il est vrai, ou en tout cas probablement vrai, que Max est chez lui.

La pertinence

Produire un effet contextuel revient pour un énoncé du locuteur à être pertinent. On peut donner ainsi une première définition de la **pertinence** :

> Un énoncé est pertinent dans un contexte donné s'il a au moins un effet dans ce contexte.

Mais on peut être plus précis. Si l'interprétation d'un énoncé demande un certain coût de traitement ou effort cognitif, alors sa pertinence en dépend. On définira dès lors la pertinence de la manière suivante :

> a. Toutes choses étant égales par ailleurs, plus un énoncé produit d'effets contextuels dans un contexte donné, plus il est pertinent dans ce contexte.
> b. Toutes choses étant égales par ailleurs, plus un énoncé demande d'efforts cognitifs dans un contexte donné, moins il est pertinent dans ce contexte.

La pertinence est une **notion comparative** : elle dépend à la fois des effets contextuels et des efforts cognitifs. Mais elle n'est pas constante : elle varie d'un individu à l'autre. Ce qui peut être pertinent pour Pierre peut ne pas l'être, ou moins, pour Marie : **la pertinence est relative à l'individu**.

On pourrait supposer que, si un énoncé est pertinent à proportion de ses effets contextuels, le destinataire est engagé dans une recherche infinie d'effets contextuels. Mais ce serait une interprétation trop forte de la pertinence. Cette interprétation, maximaliste, doit être corrigée par une autre interprétation, minimaliste : dès qu'un effet contextuel compensant l'effort de traitement est obtenu, le processus d'interprétation s'arrête. Le destinataire suit ainsi une heuristique, ou procédure, de compréhension, qui lui demande de suivre le chemin du moindre effort dans le calcul des effets cognitifs. Cette heuristique doit lui permettre d'accéder à **l'intention informative** du locuteur, i.e. un ensemble d'hypothèses rendues manifeste *via* la reconnaissance de son **intention communicative**. L'énoncé est en effet le moyen par lequel le locuteur indique à son destinataire son intention communicative.

L'interprétation des énoncés

En quoi consiste l'interprétation d'un énoncé ? Nous pouvons maintenant donner une première réponse : interpréter un énoncé revient pour le destinataire à décider quelles sont les hypothèses pertinentes, à savoir celles qui font l'objet de l'intention communicative du locuteur.

Implications contextuelles et implicitations

Comment fonctionne le mécanisme d'interprétation des énoncés ? Nous avons vu plus haut que sur la base de la forme logique et des hypothèses contextuelles, le mécanisme déductif déduit la forme propositionnelle et les effets contextuels de l'énoncé. Nous allons maintenant examiner un type particulier d'effets contextuels, que l'on appelle **implications contextuelles**. En voici la définition explicite :

> Une **implication contextuelle** est une implication qui n'aurait pas pu être tirée de la seule forme propositionnelle ni des seules hypothèses contextuelles, mais qui est le résultat de la combinaison de la forme propositionnelle et des hypothèses contextuelles.

En recourant aux définitions du chapitre 16, nous dirons que les implications contextuelles sont des **implications synthétiques non triviales :** elles consistent à ajouter de l'information nouvelle sur la base d'au moins deux hypothèses ou prémisses. Du point de vue de leur contenu, elles correspondent aux implicatures conversationnelles de Grice, mais leur déclenchement n'est pas le fait d'une maxime de conversation : elles sont déclenchées par la recherche de pertinence automatiquement associée au processus de compréhension.

Les implications contextuelles font partie de la catégorie générale des **implicitations**. Une implicitation est une **conclusion implicitée** lorsqu'elle est dérivée sur la base d'une hypothèse contextuelle ; elle est une **prémisse implicitée** lorsqu'elle est construite sur la base des indications linguistiques fournies par l'énoncé. Dans l'énoncé de Marie en (4), la conclusion implicitée est (5) et la prémisse implicitée (6) :

(4) *Pierre* : Est-ce que tu aimerais conduire une Mercedes ?
Marie : Je n'aimerais conduire aucune voiture de luxe.

(5) Marie ne désire pas conduire une Mercedes.

(6) Les Mercedes sont des voitures de luxe.

Explicitations

Pour donner une représentation complète du processus d'interprétation, il faut, outre les implicitations de l'énoncé, déterminer son ou ses explicitations. L'**explicitation** correspond à une hypothèse communiquée explicitement.

En (4), l'énoncé de Marie, pour recevoir une valeur de vérité, doit recevoir une forme propositionnelle complète. Mais Marie exprime une certaine attitude propositionnelle vis-à-vis de la proposition *Marie ne conduit aucune voiture de luxe*, et il faut expliciter cette attitude propositionnelle. L'explicitation, qui décrit l'attitude propositionnelle de Marie, est donnée en (7) :

(7) Marie ne désire pas conduire une voiture de luxe.

Le processus complet d'interprétation est représenté par le schéma d'inférence non démonstrative (8) :

(8) a. Marie ne désire pas conduire une voiture de luxe (explicitation)
b. Les Mercedes sont des voitures de luxe (prémisse implicitée)
c. Marie ne désire pas conduire une Mercedes (conclusion implicitée)

Cet exemple permet de montrer pourquoi la communication non littérale est productive et pertinente. Le destinataire, sur la base d'autres prémisses implicitées, comme (9), peut tirer de nouvelles conclusions implicitées, comme (10) :

(9) Les Porsche sont des voitures de luxe.

(10) Marie ne désire pas conduire une Porsche.

Répondre de manière indirecte revient ainsi pour Marie à produire plus d'effets contextuels qu'une réponse directe. On explique alors non seulement **comment** le destinataire s'y prend pour interpréter l'énoncé du locuteur, mais aussi **pourquoi** il a choisi un mode de communication non littérale.

Usage descriptif et usage interprétatif

Une autre dimension de l'interprétation des énoncés est liée à la distinction entre usage descriptif et usage interprétatif du langage. Lorsqu'un énoncé a un **usage descriptif**, sa forme propositionnelle représente un état de choses, réel ou désirable. Par exemple, dans une assertion, la forme propositionnelle de l'énoncé représente un état de choses réel, alors que dans une demande ou un conseil, elle représente un état de choses désirable. Mais un énoncé peut être utilisé pour représenter une autre représentation à forme propositionnelle, comme une pensée ou un autre énoncé. On parlera alors d'**usage interprétatif**. Par exemple, un énoncé ironique est une **interprétation** d'une pensée attribuée, et une interrogation l'interprétation d'une pensée désirable.

Lorsqu'un énoncé est en usage interprétatif, il entretient une relation de ressemblance avec une autre représentation à forme propositionnelle (énoncé ou pensée). On parlera dans ce cas de **ressemblance interprétative**, et on dira que deux représentations (à forme propositionnelle) se ressemblent si l'intersection de leurs implications analytiques et contextuelles n'est pas vide, autrement dit, si elles produisent au moins une implication identique.

Cette définition permet d'envisager plusieurs cas de ressemblance interprétative : les cas où la ressemblance interprétative est totale, ceux où elle partielle, et enfin ceux où elle est nulle. Dans ce cas, on dira qu'il y a échec de la communication, alors que le premier cas correspond à la littéralité, et le deuxième à l'état normal de la communication. On comprend ainsi **pourquoi l'état normal de la communication est la non-littéralité**, et **pourquoi la communication non littérale n'est pas accompagnée d'une garantie de réussite totale**. On comprend aussi pourquoi des formes de communication non littérales comme la communication approximative (11) ou la métaphore (12) en sont des exemples particulièrement efficaces :

(11) Antoine habite à Genève.

(12) Mes assistantes sont des perles.

Il y a communication approximative en (11) si Antoine habite dans la banlieue proche de Genève, et non à strictement parler dans la ville de Genève. Mais dans ce cas, l'énoncé non littéral produit les mêmes effets contextuels que l'énoncé littéral, pour un effort de traitement moindre. L'énoncé du locuteur sera donc plus pertinent qu'une énonciation littérale. En revanche, l'énonciation métaphorique, elle, n'a pas d'équivalent littéral : le locuteur n'avait pas d'autre moyen, littéral, pour communiquer sa pensée (par exemple que ses assistantes sont dévouées, efficaces, dignes de confiance, etc.), et la pertinence est obtenue par les implicitations, fortes ou faibles, que le destinataire pourra tirer de l'énonciation non littérale.

Sperber et Wilson proposent le schéma général suivant explicitant l'interprétation des énoncés (p. suiv.) :

On voit notamment que les différents actes de langage ne donnent pas lieu à des processus d'interprétation particuliers, mais relèvent de stratégies générales liées à l'usage descriptif et à l'usage interprétatif.

Lectures conseillées

On renvoie bien sûr à l'ouvrage de Sperber & Wilson (1989), ainsi qu'aux chapitres 2, 3 et 4 de Moeschler & Reboul (1994). Pour une application à la métaphore et aux énoncés de fiction, on consultera les chapitres 15 et 16 de Moeschler & Reboul (1994). On renvoie à Moeschler & al. (1994) pour une application de la théorie de la pertinence aux domaines de la référence temporelle, des expressions référentielles et des connecteurs. Reboul

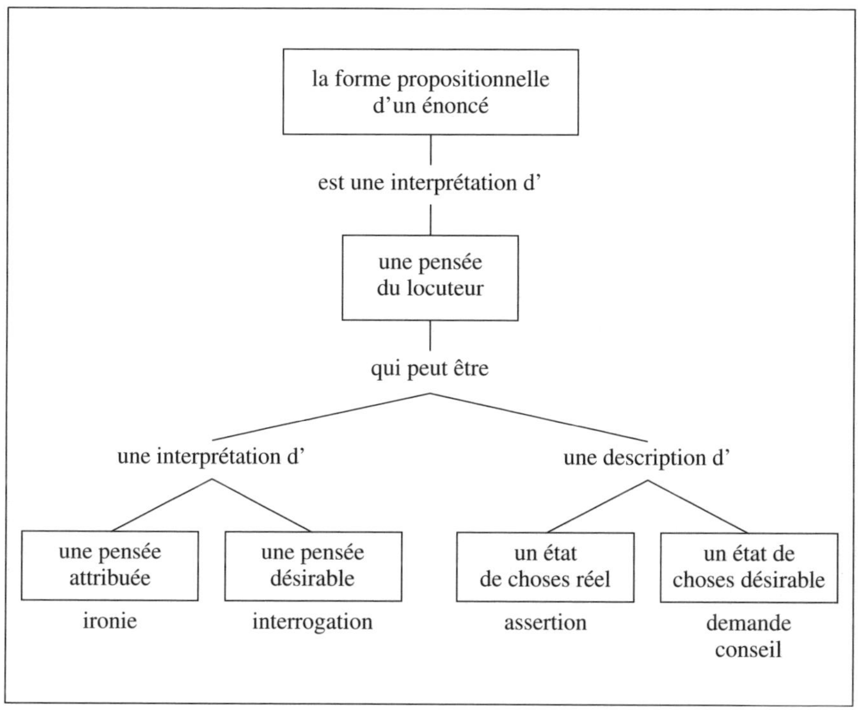

& Moeschler (1998a) présentent une application générale de la Théorie de la Pertinence à la pragmatique, et Reboul & Moeschler (1998c, d) pour une définition de la pertinence. Pour des versions récentes de la pertinence, on renvoie à Carston (2002), Wilson & Sperber (2004), Wilson (2006) pour une application au lexique, de même que Sperber (2002) pour une discussion générale sur le sens. Saussure (2003) est une application de la Pertinence à la description des temps verbaux. Enfin, pour les fondements cognitifs de la Théorie de la Pertinence, cf. Fodor (1986) et Reboul (2007) pour une discussion plus récente.

À retenir

- La pertinence d'un énoncé est définie relativement à ses effets contextuels et aux efforts cognitifs (de traitement) impliqués par son interprétation.
- L'interprétation complète d'un énoncé passe par l'enrichissement de la forme logique de l'énoncé en une forme propositionnelle et par le calcul de ses implicitations et de son explicitation.
- Un énoncé est en usage descriptif ou en usage interprétatif selon qu'il représente un état de choses ou une autre représentation à forme propositionnelle (pensée ou énoncé).

Chapitre 19

Discours et cohérence

Objectifs de connaissance

- Indiquer quel est le domaine du discours.
- Définir la notion de marques de cohésion et la fonction de ces marques dans le discours.
- Montrer les problèmes posés par la notion de cohérence.

L'une des caractéristiques du développement de la linguistique durant ces vingt dernières années a été d'aborder le domaine du **discours**, généralement à partir des outils et de la méthodologie de la linguistique de la phrase et de l'énoncé. Dans ce chapitre, nous présenterons quelques problèmes posés par l'analyse du discours : le statut du discours comme unité linguistique, le problème des marques de cohésion ; enfin, le problème de la cohérence.

Le discours : domaines et objectifs

Phrase, énoncé et discours

Il faut tout d'abord distinguer la phrase de l'énoncé. On dira que la **phrase** est le résultat de règles de formation syntaxiques, à laquelle on attache une signification. La **signification**, tout comme la phrase, doit être comprise comme une abstraction. Une phrase n'est pas le résultat d'un acte de parole ou d'un acte de communication du locuteur : elle n'est que le produit de règles propres au système linguistique, dont la caractéristique principale est la **grammaticalité**. La compétence linguistique du sujet parlant lui permet en effet de discriminer, parmi l'ensemble des suites possibles de symboles linguistiques, celles qui sont grammaticales de celles qui sont agrammaticales (cf. chapitres 7-9). Parallèlement, la signification d'une phrase n'est pas réductible à ce que signifie le locuteur par l'énonciation d'une phrase, ce que nous avons respectivement décrit comme une forme logique (cf. chapitres 10 et 18) et comme une série d'instructions (cf. chapitre 15).

À la phrase, nous opposerons l'**énoncé**, défini comme l'énonciation d'une phrase, la réalisation effective d'une phrase dans le discours du locuteur. C'est l'énoncé qui est l'objet d'observation, auquel on associe non pas une signification, mais un **sens**. Le sens de l'énoncé est une donnée accessible, alors que la signification d'une phrase est une reconstruction, une réduction du sens de l'énoncé.

La différence entre **phrase** et **énoncé** d'une part, entre **signification** et **sens** d'autre part, n'est pas seulement une distinction théorique, relevant de deux domaines complémentaires, la **linguistique** et la **pragmatique**. Cette distinction est aussi qualitative. On peut en effet montrer – c'est tout au moins l'hypothèse de la linguistique formelle – que la signification de la phrase est le résultat de la combinaison des éléments (morphèmes, lexèmes) qui la composent. En revanche, **le sens de l'énoncé n'est pas réductible à la signification de la phrase**. L'énoncé est plus riche du point de vue de son sens que la signification de la phrase. La raison en est simple : une bonne partie des éléments qui contribuent à la détermination du sens de la phrase dépendent de la contextualisation de l'énoncé. On peut le montrer à l'aide des **expressions déictiques**, comme les pronoms de première et deuxième personnes (*je*, *tu*), ainsi que les adverbes de lieu et de temps comme *ici* et *maintenant*. En (1), les déictiques ont, quels que soient le locuteur, le lieu et le moment de l'énonciation, la même signification lexicale, à savoir la même **référence virtuelle**, alors que prononcés par Jacques ou par Antoine ils n'ont pas le même sens, à savoir la même **référence actuelle** :

(1) Maintenant, je me sens bien ici.

Comment déterminer le sens d'une suite d'énoncés, définis comme l'actualisation de phrases dans le discours ? En d'autres termes, comment se fait l'interprétation d'un discours ? On pourrait supposer que le sens d'un discours n'est pas la réduction du sens des énoncés qui le composent. En effet, lorsque nous interprétons un discours, le sens auquel nous arrivons est plus riche que la somme des sens associés aux énoncés qui le composent. En d'autres termes, nous comprenons autre chose ou davantage dans un discours. La question est de savoir si l'interprétation du discours dépend du seul fait qu'il s'agisse d'un discours ou de principes généraux liés à l'interprétation des énoncés. Pour défendre la première option, il faut trouver une propriété indépendante définissant le discours : cette propriété a souvent été définie comme la **cohérence**.

Avant d'aborder cette question, nous présentons les problèmes de l'enchaînement et de l'interprétation.

Enchaînement et interprétation

Les problèmes de l'enchaînement et de l'interprétation se formulent de la manière suivante.

Problème de l'enchaînement : Existe-t-il des règles ou des principes qui permettent de discriminer, parmi l'ensemble des suites possibles d'énoncés, celles qui constituent des discours bien formés de celles qui constituent des discours mal formés ? En d'autres termes, existe-t-il des règles de bonne formation qui seraient l'équivalent pour le discours des règles de bonne formation syntaxique pour la linguistique ? Répondre positivement à cette question revient à faire l'hypothèse qu'il existe, à côté d'une **grammaire de la phrase**, une **grammaire du discours**. Mais si tel est le cas, alors il faut admettre que l'interprétation du discours est l'équivalent de la sémantique pour la syntaxe. En d'autres termes, admettre qu'il existe des **règles d'enchaînemen**t implique qu'il existe des **règles d'interprétation** qui soient propres au discours.

Problème de l'interprétation : Existe-t-il des principes ou des règles d'interprétation qui soient spécifiques au discours ? Répondre positivement à cette question revient donc à considérer que le discours est une entité qualitativement différente de l'énoncé, et que l'analyse du discours est un domaine à part entière des sciences du langage, qui subsumerait à la fois la linguistique et la pragmatique.

Jusqu'à présent, nous avons donné deux réponses, opposées, à ces questions. Au chapitre 15, l'**hypothèse du structuralisme du discours idéal** implique une indépendance du discours, et sa définition comme entité qualitativement différente de l'énoncé. Dans les chapitres 16-18, consacrés à l'interprétation pragmatique des énoncés, nous avons indirectement répondu de manière négative : la récupération du vouloir-dire du locuteur est déterminée par des principes d'inférence non démonstrative qui ne sont pas déterminés par des principes de discours. La réponse à cette question passe, partiellement en tout cas, par celle de la cohérence.

Le problème de la cohérence

La question de la cohérence a été surtout développée dans le cadre des grammaires de texte ou, plus généralement, de la linguistique textuelle. Elle peut être abordée de deux points de vue, complémentaires : du point de vue des **marques de cohésion** et du point de l'**interprétation du discours**.

Les marques de cohésion. Il est un fait bien connu, qui semble être le propre des langues naturelles : elles contiennent des marques grammaticales, comme les pronoms personnels, les temps verbaux ou encore certaines conjonctions et certains adverbes, qui jouent un rôle au niveau du discours, et non au niveau de la phrase ou de l'énoncé. Ces mots ont une fonction précise : ils marquent la **cohésion** du discours, en reliant des énoncés ou des fragments d'énoncés. La reconnaissance de cette classe de morphèmes grammaticaux constitue un argument fort pour l'autonomie du discours. Ainsi, l'interprétation des marques de cohésion dans les discours (2) à (4) implique la prise en compte d'informations fournies dans les énoncés antérieurs :

(2) Max est malade. **Il** a dû rester au lit.

(3) Max tomba malade. Il **dut rester au lit.**

(4) Max est malade, **mais il s'est levé.**

En (2), *il* s'interprète comme référant à Max, quand bien même le pronom *il* ne réfère, en lui-même, à aucun individu particulier. En (3), le deuxième énoncé décrit une interprétation temporellement ordonnée, impliquée par la présence du passé simple (cf. chapitre 13). Enfin, en (4), le contraste est le fait de *mais*, qui connecte deux énoncés.

La *cohérence* de discours comme (2)-(4) serait donc un fait marqué linguistiquement, signalé par la présence des marques de cohésion.

L'interprétation du discours. Il a été observé cependant que la cohérence est obtenue au terme d'un processus interprétatif qui n'implique pas toujours la présence de marques de cohésion. On peut ainsi comparer les discours (2)-(4), caractérisés par la présence de marques de cohésion, aux discours (5)-(7), qui sont interprétables bien que dépourvus de telles marques :

(5) Max est malade. **Le père de Marie** a dû rester au lit.

(6) Max tomba malade. Il **mangea** des champignons vénéneux.

(7) Max est malade. **Ø** Il s'est levé.

En (5), la reprise de Max se fait par l'intermédiaire d'une description définie (*le père de Marie*) qui, contrairement au pronom *il*, détermine sa référence de manière autonome. En (6), l'interprétation temporelle en avant (prospective) est incohérente, et doit faire place à une interprétation explicative en arrière (rétrospective). Enfin, en (7), le contraste entre les deux énoncés est conservé malgré l'absence de *mais*. Si donc ces discours apparaissent comme cohérents, c'est qu'ils autorisent une interprétation consistante.

Si la présence des marques de cohérence n'est pas une condition nécessaire à la cohérence du discours, on peut se demander quelle est leur *fonction*.

Les marques de la cohésion

La notion de marques de cohésion constitue l'argument le plus fort pour la thèse d'un niveau d'organisation autonome que serait le discours. L'argument a la structure suivante :

a. Il existe des marques linguistiques qui portent non pas sur des phrases mais sur les relations entre segments de discours ;

b. la fonction de ces marques n'est pas linguistique, mais discursive ;

c. le discours est un niveau d'organisation autonome, signalé par des marques spécialisées dans leur fonction.

Nous allons examiner trois types de marques de cohésion, qui semblent satisfaire cette définition : les marques anaphoriques, les temps verbaux et les connecteurs pragmatiques.

Anaphores et déixis

Parmi l'ensemble des expressions référentielles, on distingue généralement les **marques anaphoriques** des **marques déictiques**. Les anaphoriques sont définis comme non autonomes référentiellement, et fonctionnent comme des substituts d'expressions autonomes. En (8), les expressions en gras sont autant d'expressions anaphoriques, qui incluent donc des pronoms de troisième personne (a), des descriptions définies incomplètes (b), des expressions démonstratives (c), ainsi que des expressions non classifiantes (d), à savoir des expressions qui ne définissent pas une classe d'individus, mais expriment un jugement du locuteur :

(8) a. J'ai vu Max. **Il** a l'air en forme.
b. J'ai vu Max. **Le professeur** a l'air en forme.
c. J'ai vu Max. **Ce professeur** a l'air en forme.
d. b. J'ai vu Max. **{Le, ce} génie** a l'air en forme.

En elles-mêmes, ces expressions ne peuvent référer : ni *il*, ni *le professeur*, ni *ce professeur*, ni encore *le génie* ou *ce génie* ne désignent, en elles-mêmes, Max. Elles fonctionnent comme des substituts, reprennent une expression autonome (*Max*) et sont en relation de coréférence avec elle. Cette analyse correspond à la **thèse substitutive**.

Malheureusement, la thèse substitutive est fausse. Elle ne permet pas d'expliquer ni l'attribution d'un référent dans l'**anaphore évolutive** (9), ni l'**anaphore associative** (10), ni l'**anaphore en situation** (11), ni encore la différence entre *il* et *ce* (12) :

(9) Tuez un poulet bien vif et bien gras. Coupez-le en quatre. Préparez-le pour le four avec du thym et des herbes et faites-le rôtir pendant une heure.

(10) Nous sommes entrés dans un village. L'église était en ruine.

(11) *A et B croisent C dans la rue. A dit à B* : Je ne l'ai pas vu depuis des années.

(12) a. Il est linguiste.
b. C'est un linguiste.

En (9), il serait absurde de comprendre le pronom *il* comme un substitut de *un poulet bien vif et bien gras* : *il* réfère bien à un poulet, celui qui était bien vif et bien gras, mais qui a subi des transformations au cours du processus de préparation du plat cuisiné. En (10), *l'église* se comprend comme *l'église du village* où nous sommes entrés, en fonction d'une prémisse implicite basée sur un prototype : un village a une église. En (11), *il* ne fonctionne pas comme substitut : il réfère directement, sans que le recours à une expression référentielle autonome soit nécessaire, comme il l'est en (13) :

(13) Tiens, voilà Max. Je ne l'ai pas vu depuis des années.

Enfin, une conception substitutive n'explique nullement la différence dans le mode de donation du référent en (12) entre *il* et *ce* : ces énoncés peuvent être utilisés pour désigner un individu, mais ils ne présentent pas le référent de la même manière.

La conclusion est que les marques anaphoriques ne se caractérisent pas par leur fonction dans le discours, mais plutôt par la manière dont elles permettent d'atteindre la référence.

Les temps verbaux

Pendant plusieurs décennies, on a défendu la thèse selon laquelle les temps verbaux n'ont pas de fonction référentielle, mais une fonction discursive. La structure de l'argument est la suivante :

a. Les temps verbaux du passé sont utilisés dans la fiction ;

b. les événements de la fiction ne se sont pas produits ;

c. les temps verbaux ne peuvent pas référer à des événements qui ne se sont pas produits ;

d. donc les temps verbaux n'ont pas de fonction référentielle.

L'approche discursive des temps verbaux a proposé une explication alternative : les temps verbaux signaleraient un **plan d'énonciation** (Benveniste, 1966) ou une **attitude de locution** (Weinrich 1973) : ils indiqueraient la manière dont le locuteur présente son discours au destinataire. Ainsi, des temps comme le présent, le passé composé, le futur signaleraient le **discours** ou le **commentaire**, et impliqueraient la communication immédiate ; en revanche, les temps du passé comme le passé simple, l'imparfait, le plus-que-parfait, le conditionnel signaleraient au contraire l'**histoire** ou le **récit** : ils n'impliqueraient pas la communication et la co-présence des participants à l'acte de communication.

Pour montrer les limites de cette thèse, il suffit de trouver des énoncés dans lesquels des indications des deux plans d'énonciation ou des deux attitudes de locution sont co-présentes : c'est le cas notamment d'énoncés au style indirect libre comprenant des déictiques temporels (Banfield 1995), ainsi que les énoncés narratifs au passé simple contenant des déictiques temporels (Vuillaume 1990), soit respectivement des énoncés comme (14) et (15) :

(14) Elle se promena dans son jardinet, passant et revenant par les mêmes allées, s'arrêtant devant les plates-bandes, devant l'espalier, devant le curé de plâtre, considérant avec ébahissement toutes ces choses d'autrefois qu'elle connaissait si bien. Comme le bal lui semblait loin ! **Qui donc écartait, à tant de distance, le matin d'avant-hier et le soir d'aujourd'hui ?** (Flaubert, *Madame Bovary*.)

(15) Le malheur diminue l'esprit. Notre héros eut le malheur de s'arrêter auprès de cette petite chaise de paille, qui jadis avait été le témoin de triomphes si brillants. **Aujourd'hui personne ne lui adressa la parole** ; sa présence était comme inaperçue et pire encore. (Stendhal, *Le Rouge et le Noir*.)

Ces deux fragments de discours ne sont pas inconsistants, pas plus qu'ils ne sont impossibles à interpréter. En (14), la possibilité de la co-présence de déictiques temporels et de temps du passé s'explique par l'attribution à un **sujet de conscience** (Emma Bovary) d'une pensée ou d'une parole, qui nous est présentée dans le récit comme contemporaine aux événements narrés. En (15), l'effet de la co-présence du passé simple et du déictique temporel *aujourd'hui* est encore plus grand. En communication, *aujourd'hui* implique un locuteur, une situation d'énonciation, et désigne par défaut le jour où nous sommes. Mais comment peut-il alors désigner le jour où, dans la fiction, personne n'adresse la parole à Julien Sorel ? Dans les deux types de situation, ce qui est en jeu, ce n'est pas l'**usage descriptif** des marques temporelles (le fait de référer à des événements), mais leur **usage**

interprétatif, à savoir le fait de référer à une pensée ou à une représentation d'un événement (cf. chapitre 18).

Les connecteurs pragmatiques

Des conjonctions comme *mais*, *puisque*, *parce que*, *donc*, etc. ont pour fonction de connecter non des unités linguistiques, mais des unités de discours. Du point de vue interprétatif, il semble en effet nécessaire d'introduire l'idée de connexion sur l'acte de langage (ou l'acte d'énonciation), car les emplois des connecteurs en (16) sont énonciatifs ou discursifs et non sémantiques ou linguistiques comme en (17) :

(16) a. Donne-moi le tiercé, **puisque** tu sais tout.
b. Veux-tu manger avec nous ce soir ? **Parce que** nous avons une truite saumonée.
c. Marie est enceinte, **mais** je ne t'ai rien dit.
(17) a. Max est chez lui, **puisqu**'il y a de la lumière dans son salon.
b. Nous avons préparé une truite saumonée **parce que** tu aimes le poisson.
c. Marie est enceinte, **mais** elle ne veut pas savoir si c'est une fille ou un garçon.

La question des connecteurs a été traitée principalement dans les approches pragmatiques du discours, notamment pour montrer qu'ils ont dans leurs portées des unités plus grandes que la phrase, ce que montre de manière évidente l'exemple (18) :

(18) GROCK. — Vous connaissez le célèbre pianiste Paderewsky ?
PARTENAIRE. — Paderewsky ?
GROCK. — Oui.
PARTENAIRE. — Bien sûr.
GROCK. — Eh bien, il joue encore mieux que moi !

Eh bien enchaîne bien sur un échange complexe (cf. chapitre 20).

Mais la question principale qui a intéressé les linguistes est davantage celle de la contribution des connecteurs à l'interprétation des énoncés. On peut par exemple montrer que les différents emplois de *parce que* se rangent dans trois grandes catégories (Sweetser 1990) : emplois sémantique, d'acte de langage et épistémique, respectivement représentés en (19) :

(19) a. Il est revenu parce qu'il l'aime.
b. Est-ce qu'il l'aime ? Parce qu'il est revenu.
c. Il l'aime, parce qu'il est revenu.

Dans l'emploi causal, le fait de l'aimer cause son retour ; dans l'emploi d'acte de langage, le fait qu'il soit revenu explique la question du locuteur ; enfin, dans l'emploi épistémique, le fait qu'il soit revenu permet de conclure qu'il l'aime. Mais dans les trois cas, la relation causale basique est conservée par *parce que* (20) :

(20) Il l'aime CAUSE il est revenu.

On peut se demander si cette propriété de pouvoir enchaîner sur une proposition, un acte de langage ou encore sur une croyance est une propriété unique de *parce que*. Il semble qu'un grand nombre de connecteurs aient cette plasticité d'emploi, comme le montrent les exemples avec *et* et *mais* (enchaînements sur une proposition, un acte de langage et une croyance) :

(20) a. Marie a poussé Jean et il est tombé.
b. Est-ce que Jean est malade ? Et ne te sens surtout pas obligé de me répondre.
c. Je crois que Jean est malade, et on ferait mieux de l'emmener chez le médecin.
(21) a. Marie n'a pas poussé Jean, mais il est tombé.
b. Est-ce que Jean est malade ? Mais ne te sens surtout pas obligé de me répondre.
c. Je croyais que Jean était malade, mais il a l'air de se porter comme un charme.

Si on s'interroge maintenant sur la fonction des connecteurs, on peut faire l'hypothèse qu'ils ont une fonction dans l'**interprétation des énoncés**. Leur rôle est de guider le destinataire dans l'interprétation de l'énoncé du locuteur. Loin de n'avoir qu'une fonction discursive, les connecteurs ont aussi une fonction interprétative, et leur propriété de marques de discours peut être décrite comme la conséquence de leur fonction interprétative.

La cohérence et l'interprétation du discours

Le discours et la cohérence

La réponse traditionnelle à la définition du discours passe par la notion de *cohérence*. Le recours à la cohérence provient de l'impossibilité de définir le discours par la seule présence des marques de cohésion. Ainsi, (22), qui contient toutes les marques de cohésion (Reboul & Moeschler 1998b), n'est pas pour autant un discours bien formé : rien ne nous permet de savoir où le locuteur veut en venir dans son discours :

(22) Jean a acheté une vache. D'ailleurs elle est rousse comme un écureuil. Il vit dans la forêt et hiberne l'hiver. Mais il est très froid dans la région.

Un exemple plus spectaculaire peut être donné par cet extrait de discours d'un patient schizophrène, recueilli au début du XXe siècle par le Dr Bleuer. Il semble, et c'est l'hypothèse de la psychologue Uta Frith (1996), que les patients schizophrènes soient incapables de contrôler la cohérence centrale de leur discours, celui-ci progressant de manière incontrôlée comme dans les comptines enfantines (*marabout, bout de ficelle, selle de cheval, cheval de course, course à pied, pied à terre...*) :

(23) Et puis, j'ai toujours aimé la géographie. Le dernier professeur que j'ai eu dans cette discipline était le Pr Auguste A. Ses yeux étaient noirs. J'aime aussi les yeux noirs. Il y a aussi des yeux bleus et des gris et d'autres sortes encore. J'ai entendu dire que les serpents ont les yeux verts. Tout le monde a des yeux. Il y en a aussi qui sont aveugles. Ces aveugles sont guidés par un garçon. Ça doit être terrible de ne pas pouvoir voir. Il y a des gens qui ne peuvent pas voir et qui, en plus, ne peuvent pas entendre. J'en connais certains qui entendent trop. Il y a beaucoup de gens malades au Burgholzli ; on les appelle les patients.

En bref, le problème avec la notion de cohérence, c'est qu'elle ne reçoit pas de définition indépendante du discours : la cohérence définit le discours et est définie comme la propriété définitoire du discours. Malheureusement, cette définition est circulaire.

Cohérence et pertinence

Ce qui est demandé à la notion de cohérence, c'est finalement de donner une définition interprétative du discours. Tout discours cohérent est un discours interprétable. Mais on peut se demander si les processus interprétatifs doivent être différents lorsqu'ils s'appliquent au discours et aux énoncés. Une attitude plus réaliste consiste à supposer que les principes d'interprétation des énoncés s'appliquent aussi aux discours. Ce que recherche le destinataire, c'est une interprétation pertinente. Ce que l'on nomme cohérence (le fait qu'une interprétation consistante soit le cas) n'est dès lors qu'un effet de la pertinence. Mais on notera que le degré de cohésion, de connexité n'est qu'une dimension du discours. Cette dimension correspond à l'un des paramètres permettant d'ajuster le rapport efforts de traitement-effets contextuels. Les marques de cohésion ont pour fonction non seulement de faciliter le traitement des énoncés, mais aussi de produire des effets contextuels nouveaux. S'ils ont une fonction dans le discours, ils ont aussi pour fonction de faciliter l'interprétation des énoncés.

On peut cependant dire plus sur la cohérence et la pertinence. Reboul & Moeschler (1998b) font l'hypothèse que les jugements de cohérence du discours sont fonction de deux propriétés, l'accessibilité et la complexité de l'intention globale du locuteur, en d'autres termes l'intention que le destinataire attribue à l'ensemble du discours qu'il interprète :

a. plus l'intention informative globale du locuteur est complexe, plus le discours est cohérent ;

b. plus l'intention informative globale du locuteur est accessible, plus le discours est cohérent.

Une conséquence de cette approche est que le dialogue suppose un ajustement des locuteurs pour construire ensemble une intention globale commune.

Lectures conseillées

On renverra, pour les notions de cohésion et de cohérence, à Moeschler & Reboul (1994, chapitre 17), à Reboul (1997), ainsi qu'à Moeschler (1996) pour les problèmes de l'enchaînement et de l'interprétation. Sur la position réductionniste en analyse du discours, on consultera Reboul & Moeschler (1996), ainsi que Reboul & Moeschler (1998b). Sur l'anaphore, on consultera Kleiber (1994), Reboul (1994) et Moeschler & Reboul (1994, chapitre 13). Pour les connecteurs, on se référera à Ducrot & al. (1980), Roulet & al. (1985), Luscher (2002), Moeschler (1989), Moeschler & Reboul (1998b, chapitre 5), Blakemore (1987) et Sweetser (1990). Enfin, pour les temps verbaux, outre les classiques que sont Benveniste (1966) et Weinrich (1973), on consultera Banfield (1995) et Reboul (1992) pour le style indirect libre, Vuillaume (1990), Moeschler & al. (1998), Reboul & Moeschler (1998b, chapitre 4) et Saussure (2003) pour les problèmes de référence temporelle.

À retenir

- L'existence de marques de cohésion constitue le meilleur argument pour l'autonomie du discours ; mais les marques de cohésion ont aussi une fonction interprétative.
- La cohérence n'est pas le critère définitoire du discours, car elle ne peut être définie de manière indépendante du discours.
- L'interprétation du discours passe par l'interprétation des énoncés qui le composent.

Chapitre 20

Analyse du discours et de l'interaction

Objectifs de connaissance

- Distinguer les principaux niveaux d'analyse et plans d'organisation dans le discours et l'interaction langagière.
- Identifier les manifestations langagières de la figuration et du caractère rituel des interactions.
- Identifier les constituants du discours et leurs principales relations.
- Identifier les différents marqueurs des relations discursives.

Analyse du discours authentique et des interactions

Le terme « discours », pris dans son sens le plus commun, renvoie à un épisode, une séquence d'unités linguistiques produites par un ou plusieurs agents, matériellement et sémiotiquement bornée, accompli comme autosuffisant, qu'il s'agisse d'un livre, d'une scène de théâtre, de l'achat d'un journal, d'une conversation à bâtons rompus, etc.

À côté du courant pragmatique qui idéalise le discours dans sa composante interprétative et à l'échelle de l'énoncé, et se donne comme objet d'étude l'interprétation de l'énoncé (ch. 16 à 19), l'analyse du discours et des interactions part de l'observation de données « authentiques », en situation, et vise à rendre compte de leur organisation à différents niveaux.

Si l'hypothèse selon laquelle le texte et le discours sont régis par une *grammaire textuelle* a été abandonnée (ch. 19 ; Ducrot & Schaeffer 1995, p. 494-504), l'idée selon laquelle les discours se donnent comme des entités « naturelles » d'intégration langagière et présentent des régularités observables ne l'a en revanche pas été.

Caractère « naturel » de l'interaction verbale

L'interaction humaine en face-à-face, dont la conversation est le prototype, est peut-être la manifestation la plus naturelle du langage, en même temps que la condition de son acquisition.

Dans l'interaction, l'interprétation et la production langagière s'intègrent dans l'élaboration verbale progressive : chaque participant réagit à la manifestation du locuteur précédent, ce qu'il a dit ou montré, et sa réaction langagière révèle jusqu'à un certain point tout au moins l'interprétation qu'il a construite de cette manifestation (Kerbrat-Orecchioni 2005, p. 79 *sq*) :

(1) A. — Tu sais l'heure qu'il est ?
B. — Minuit et quart.
A. — Je voulais dire : tu pourrais pas baisser le son, s'il te plaît ?

La réaction de A au troisième tour vise à corriger l'interprétation par B du premier tour de parole, interprétation *élicitée* par la réponse de B.

Rendre compte de l'usage effectif du langage en interaction

La pragmatique linguistique contemporaine a été influencée par le tournant hypothético-déductif induit par l'œuvre de N. Chomsky (cf. ch. 7, 19). Elle l'a également été en réaction à ses hypothèses, dans la ligne ouverte par Dell Hymes, et la notion de *compétence de communication* : savoir distinguer une phrase grammaticale d'une phrase agrammaticale, disposer de jugements linguistiques (synonymie, etc.), ne rend pas compte du savoir-faire langagier empirique dont les personnes font preuve dans l'usage de la langue. Pour documenter ce savoir-faire empirique, tout autant que pour décrire la langue effectivement parlée ou écrite, il convient de partir de l'observation de données authentiques (Blanche-Benveniste & al. 1990).

Structure des interactions verbales

Une interaction suppose un contact entre deux agents, par ailleurs indépendants, qui entrent temporairement dans un processus d'action conjointe où les activités, langagières et non langagières, de l'un sont coordonnées aux activités de l'autre (Kerbrat-Orecchioni 2005). Cette organisation est généralement tacite mais elle peut donner lieu à diverses réglementations, dans des contextes institutionnalisés, touchant l'alternance et la durée des tours de parole ou la distribution des rôles (les relations débattants-animateurs au cours de débats télévisés, par exemple).

Le comportement des participants à une interaction, outre qu'il est généralement orienté par une certaine finalité communicative, est régi par un *ordre rituel*, mis en évidence par Goffman (1973, 1974). Chacun par ses actions suit une certaine ligne de conduite, lui assurant une image honorable aux yeux de son interlocuteur (la *face*) ; chacun revendique par ailleurs, comme un droit, un espace privé nommé *territoire* par Goffman. Tout au long de l'interaction les participants accomplissent un véritable *travail de figuration* (*face-work*) pour la protection des faces et territoires, les siens propres et ceux du partenaire d'interaction.

Face, place, territoire : la politesse et l'ordre rituel de l'interaction

• *Les faces et la politesse*

Si dans une ville peu familière vous cherchez le chemin vers la gare, et que vous vous renseignez auprès d'un passant, la rationalité coopérative (ch. 17) voudrait que vous le lui demandiez le plus simplement possible, sous peine de déclencher des *implicatures* indésirables, soit :

(1) Où est la gare ?

Le plus souvent cependant on observe des séquences plus longues, comme (2) :

(2) (a) Excusez-moi Madame,
(b) je ne suis pas d'ici (je cherche mon chemin ; je ne connais pas le quartier...) ;
(c) pourriez-vous me dire où est la gare ?

Le supplément de travail verbal accompli (a, b) n'est rationnel qu'à la condition d'admettre que les individus dans l'interaction sont dotés de rationalité et de *face*, et qu'ils agissent en le supposant des autres :

> [...] les participants d'une conversation font une hypothèse sur le caractère rationnel et efficient de la parole. C'est vis-à-vis de cette hypothèse que les façons de parler polies apparaissent comme des déviations, exigeant des explications rationnelles de la part du destinataire, qui trouve dans les considérations de politesse des raisons pour le caractère apparemment irrationnel ou inefficient de l'action du destinateur. (Brown & Levinson 1987, p. 4.)

Brown & Levinson (1987), prolongeant et systématisant les observations de Goffman, distinguent deux composantes de la face :

Face : « Image publique de soi que tout membre d'une société revendique pour lui-même » (Brown & Levinson 1987, p. 61).
Face négative : « La volonté de tout membre adulte compétent que ses actions ne soient pas empêchées par quelqu'un d'autre » (*ibid.*, p. 62).
Face positive : « La volonté de tout membre adulte compétent que ses volontés soient désirables par au moins quelques autres » (*ibid.*).

Ainsi, dans (2), l'acte d'excuse (a) concerne l'atteinte à la face négative de la personne interrogée ; il pointe le fait que le locuteur est conscient de ce que son intrusion modifie localement le cours des activités du destinataire, et vise à réparer l'offense de cette intrusion. L'explication-justification donnée en (b) tend quant à elle à motiver la demande en en présentant une raison ; elle est donc motivée par le désir du locuteur de présenter une image recevable. Enfin, dans (c), l'enchâssement de la clause interrogative minimale *où est la gare* comme complétive d'une proposition métalinguistique au conditionnel *pourriez-vous me dire* est une troisième manifestation de figuration, atténuant l'impact de la formulation directe d'une question (1), ou d'une demande de dire : *dites-moi où est la gare*. La question de la politesse dans les interactions revient pour l'essentiel à celle de la figuration, le travail accompli pour ménager les faces. L'exemple (2) montre la diversité des moyens linguistiques engagés, et la place qu'ils occupent dans le volume des productions langagières.

Dimensions organisationnelles des interactions

• *Ouverture et clôture des interactions*

L'entrée en contact, autant que la séparation des interactants, sont des phases plus ou moins privilégiées, selon la nature de l'interaction, les rapports existants entre les protagonistes et les cultures. Facteurs et conséquences de l'existence de liens sociaux entre les individus, la prise de contact et la séparation font l'objet d'activités verbales spécifiques, les *échanges d'ouverture et de clôture*, lesquels présentent la propriété structurelle d'être fondamentalement binaires, duels, ou symétriques :

(3) A. — Bonjour.
B. — Bonjour.

A. — Ça va ?
B. — Bien, merci, et vous ?
A. — Très bien, merci.
[...]
A. — Alors au revoir...
B. — Au revoir, à la semaine prochaine...
A. — À la semaine prochaine.

Ces échanges permettent aux participants d'indiquer et de ratifier qui ils sont l'un pour l'autre (sur les deux axes horizontal et vertical), au début, et à la fin de la rencontre. Dans la clôture, la référence à la prochaine rencontre, qu'elle soit précise (*à la semaine prochaine*) ou vague (*à bientôt*), permet d'indiquer la désirabilité de cette rencontre (*à bientôt, j'espère*), et concerne donc la face positive des participants.

• *Alternance des tours de parole, conservation – passation du tour*

Dans une interaction les participants parlent en principe à tour de rôle ; le territoire, ou face négative, se projette sur le droit à la parole. On nomme tour de parole une séquence délimitée de part et d'autre par un changement de locuteur. L'alternance des tours fait l'objet d'une régulation, qui vise d'une part à minimiser les chevauchements de tours de parole (deux participants parlant en même temps) et les silences, sources et témoins d'embarras. Cette régulation prend appui simultanément sur les propriétés du tour en cours — le locuteur indique s'il conserve ou passe la parole – et sur un ensemble de signaux, dits « back-channel » (Laforest 1992), émis par le participant auditeur, qui indique son orientation, ratifie la prolongation du tour ou demande la parole.

Après les travaux de Sacks, Schegloff, Jefferson, cette dimension a fait l'objet d'un intérêt croissant et de nombreuses recherches ; ses méthodes d'investigation ont été développées dans le cadre de l'ethnométhodologie (Garfinkel 1967, Heritage 1984) et de la *Conversation Analysis* (Couper-Kuhlen & Selting 1996).

Relation interpersonnelle et négociation des places

• *Distance et pouvoir : axes horizontal et vertical*

La relation entre les participants peut être décrite selon deux axes : celui de leur proximité – distance, dit *horizontal* (Kerbrat-Orecchioni), et celui de leur pouvoir l'un sur l'autre, axe dit *vertical*, métaphore spatiale qui décrit l'exercice du pouvoir comme un processus descendant, et met en position haute celui qui détient le pouvoir.

Sur l'axe horizontal, *distance* et *proximité* doivent être compris aussi bien dans leur acception imagée (*prendre ses distances – se rapprocher* de quelqu'un) que dans le sens littéral, proxémique, de distance intercorporelle (Hall 1971). L'inventaire des marqueurs de proximité-distance, ou *relationèmes* (Kerbrat-Orecchioni), n'est pas fermé ; parmi eux, mentionnons les termes d'adresse (*Monsieur, Madame, cher collègue, mon vieux, chérie*, etc.), la morphologie (alternance *tu/vous*), la nature des thèmes abordés (*intime*, personnel, ou *anonyme*), le niveau de langue utilisé (soigné, familier).

L'axe vertical décrit le *pouvoir relatif* d'un interactant sur l'autre. Les statuts sociaux respectifs des interactants, indépendants de leur rencontre, peuvent déterminer de façon directe leurs positions sur cet axe (élève – professeur ; employé – chef de bureau), si ces statuts sont pertinents ou présentés comme tels dans la rencontre (la Présidente de la République ne s'adresse pas forcément en tant que telle à son mari).

Les marqueurs de position sur l'axe vertical, ou *taxèmes* (Kerbrat-Orecchioni), sont également très variés. Les termes d'adresses, titres et termes honorifiques (*Monsieur le*

Directeur...), en tant qu'ils rendent le statut social pertinent dans l'interaction, servent à attribuer une place, généralement haute, aux personnes à qui ils sont adressés. Certaines formes (typiquement : *tu/vous*) donnent simultanément des informations sur les deux axes, horizontal et vertical.

• *La négociation des places*

La signalisation de la distance interpersonnelle et du pouvoir, par la diversité de ses moyens, est plus ou moins constante dans l'interaction. Mais, si la distance et le pouvoir peuvent être déterminés au début d'une interaction, ils en sont aussi les enjeux, plus ou moins frontaux.

L'interaction impose un positionnement réciproque, mutuel, des partenaires : leur *place*. La place des interactants évolue sous l'effet de l'interaction, de ce qu'ils font et de la manière dont ils le font. Avoir (ou prendre) l'initiative de l'ouverture des échanges, du choix des thèmes, donner un ordre, ou occuper le terrain conversationnel (longueur des tours), c'est occuper une place haute dans la distribution des places. L'organisation des interactions elle-même distingue comme place haute celle du dernier tour : *avoir le dernier mot* équivaut à gagner la partie, dans un jeu de négociation de places, articulé selon l'axe vertical.

Organisation du discours

Dimensions linguistique, textuelle et situationnelle du discours

Le discours est un processus de négociation (de contenus, d'opinions) qui mobilise :

(i) une *langue* donnée et ses unités ;
(ii) un *univers de référence*, qui peut être distinct de celui dans lequel elle a lieu ;
(iii) des *conditions interactionnelles* d'accomplissement.

La négociation peut avoir lieu oralement ou par écrit ; *en direct*, face à face ou à distance (téléphone), ou *en différé*, un temps séparant la production de l'interprétation (courrier) ; elle peut être *réciproque*, le destinataire pouvant y réagir et influer sur le cours de la production en aval, ou non réciproque (presse, radio, télévision). E. Roulet désigne par *discours* « tout produit d'une interaction à dominante langagière, dialogique ou monologique, oral ou écrit, spontané ou fabriqué, dans ses dimensions linguistique, textuelle et situationnelle » (Roulet 1999, p. 188). Roulet (1999 ; Roulet & *al.* 2001) aborde la description du discours en partant de sa complexité intrinsèque, et du postulat que cette complexité peut être décomposée en un ensemble de sous-systèmes d'informations simples.

Nous ne présentons ici que les dimensions principales décrites par ce modèle d'analyse, les constituants discursifs et les relations qu'ils entretiennent dans une structure hiérarchique.

Structure hiérarchique du discours

• *Constituants immédiats et récursivité*

Pour illustrer la manière dont le discours est structuré à différents niveaux, reprenons l'exemple (18) du chapitre précédent :

(4) G1 GROCK. — Vous connaissez le célèbre pianiste Paderewsky ?
P2 PARTENAIRE. — Paderewsky ?

G3 GROCK. — Oui.

P4 PARTENAIRE. – Bien sûr.

G5 GROCK. – Eh bien, il joue encore mieux que moi !

Superficiellement, il est formé d'une succession de tours de parole alternés. Si on l'examine sous l'angle pragmatique de ce qui est *fait* par les différents constituants, cette alternance construit une structure discursive distincte et plus complexe que la simple succession. Cette structure discursive (ou textuelle) est *organisée hiérarchiquement*, et elle est *récursive*.

i. La question du partenaire (P2) et la réponse de Grock (G3) forment une paire, nommée *échange* (*E*). Ses constituants immédiats sont deux *interventions* (*I*), interdépendantes, dotées de fonctions *initiative* (la question) et *réactive* (la réponse).

ii. Cet échange ne concerne que la première question (G1), et n'est pertinent que par rapport à elle : il lui est *subordonné*, ce que l'on note *ES*, par sa *fonction* locale de vérification. Le constituant subordonnant est nommé principal, noté *AP*, *A* désignant le rang (ici minimal) du constituant ; le constituant principal est la *tête* du constituant intégrant.

iii. La question posée par Grock n'est pas posée « pour elle-même », mais pour dire quelque chose au sujet de ce dont elle parle, Paderewsky. À ce titre, l'échange qu'elle initie et que clôt la réponse (P4) exerce lui aussi une fonction locale, celle d'introduire le thème de l'assertion (G5). L'échange est ainsi subordonné à ce dernier acte.

On peut représenter ces rapports par la structure suivante :

```
(5)           ┌ I ┌──────── AP   GROCK. — Vous connaissez le célèbre pianiste Paderewsky ?
      ┌ ES ───┤   └ES ─┬─── I–A  PARTENAIRE. — Paderewsky ?
   I  │       │        └─── I–A  GROCK. — Oui.
      │       └ I ──────── AP   PARTENAIRE. — Bien sûr
      └──────────────────── AP   GROCK. — Eh bien, il joue encore mieux que moi.
```

Cette structure hiérarchique implique une échelle de constituants à trois niveaux : les *actes* qui sont les unités minimales ; les *échanges*, unités maximales d'intégration, et les *interventions*, constituants intermédiaires. Par ailleurs elle contient des catégories *récursives*, un constituant d'échange pouvant notamment contenir un échange. Comme la récursivité syntaxique, la récursivité discursive peut être associée à la possibilité de construire un nombre infini de structures à partir d'un petit nombre de catégories et de relations (Roulet 1999).

• *Échange et tours de parole*

Si l'alternance des tours de parole organise superficiellement (4) comme un dialogue, la structure discursive produite représentée en (5) est celle d'une intervention, constituant immédiat d'échange, qui appelle en aval une réaction de l'interlocuteur, laquelle intégrerait les deux interventions en un échange complet.

Il faut donc distinguer le caractère *dialogal* (ou *monologal*) du discours produit par deux (un) locuteurs, distinction externe, matérielle, du caractère *dialogique* (ou *monologique*) de la structure discursive, déterminée par les fonctions des constituants les uns vis-à-vis des autres, indépendamment du ou des producteurs empiriques : un discours dialogique est un discours ayant une structure d'échange ; un discours monologique a une structure d'intervention.

Cette non-correspondance des tours de parole avec les structures discursives est également visible dans les séquences rituelles. Ainsi dans l'exemple (3) abrégé ici, on remarque

que le tour de parole de B comprend deux interventions : l'une, réactive, clôt l'échange E1 initié par A, et l'autre, initiative, en ouvre un second E2 que la réaction de A complète :

(6)

E1	I	A. — Ça va ?
	I	B. — Bien, merci,
E2	I	et vous ?
	I	A. — Très bien, merci.

• *Unité minimale : acte discursif*

L'acte, ou acte discursif, est la plus petite unité de structuration discursive. Il consiste en une manifestation sémiotique apportant une information qui modifie l'état des connaissances *mutuellement partagées* par les interlocuteurs, ou publiques entre eux. Une telle manifestation peut être un hochement de tête ou un haussement d'épaules, pour autant qu'ils soient donnés dans un contexte où ils peuvent être dotés d'un sens déterminé.

Un acte est minimalement formé d'un *propos*, information *publiée* (« objet de discours », Roulet & al. 2001), et de ce à propos de quoi cette information est publiée, son *topique*, ou « point d'ancrage » (*ibid.*). Le topique peut être manifesté dans la forme linguistique par une « trace topicale », ou ne pas l'être. Dans l'exemple (4), le topique de la dernière réplique est présent sous la forme du pronom *il*, qui est la trace topicale de *le pianiste Paderewsky*. L'échange subordonné initié par Grock a pour fonction d'établir l'accessibilité de ce référent pour l'interlocuteur, qui est la condition pour qu'il fonctionne comme point d'ancrage pour l'acte G5.

La chaîne linguistique peut présenter des ambiguïtés quant aux actes qu'elle est supposée permettre d'accomplir. Ainsi dans (7) :

(7) François n'aide pas cette étudiante parce qu'elle est étrangère.

la négation peut porter sur le prédicat *aider*, ou sur la marque causale *parce que* ; dans le premier cas, la séquence accomplit un acte d'affirmation de contenu p *F n'aide pas cette étudiante*, suivi d'un deuxième acte, présenté par *parce que* comme un acte d'explication, donnant la raison de p. Dans le second cas, la séquence n'accomplit qu'*un seul* acte d'information, d'un contenu p' différent de p, que l'on peut paraphraser par : *ce n'est pas parce qu'elle est étrangère que F aide cette étudiante (mais pour une autre raison).*

La segmentation de la chaîne (intonation ou ponctuation) a pour fonction d'indiquer cette distribution du contenu présenté en actes : une virgule, ou une marque de regroupement intonatif après *étudiante* dans (7) sélectionne l'interprétation de la négation du prédicat, et en fait donc l'objet de discours du premier acte.

Le marquage de l'attachement syntaxique des propositions relatives est un cas similaire :

(8) Les étudiants (,) qui ont bien travaillé (,) réussiront l'examen

Sans virgules, la relative est présentée comme déterminant le SN *les étudiants*, référant au sous-ensemble des étudiants ayant bien travaillé, et affirmant à son propos que ces étudiants réussiront ; il s'agit d'un acte unique d'affirmation. Si la relative est isolée par des virgules, appositive, elle ne détermine plus le syntagme *les étudiants*, mais est présentée comme accomplissant un commentaire (*p*), autonome, au sujet de l'ensemble des étudiants (la référence du syntagme nominal), dont il est par ailleurs dit qu'ils réussiront leur examen (*q*) ; le contenu est distribué en deux actes, l'un posant *p* les étudiants ont bien travaillé, l'autre *q* ils réussiront leur examen ; un lien causal est assez rapidement inféré entre les deux : p cause q ; ce lien causal, renforcé par le caractère syntaxiquement enchâssé de p, entraîne une interprétation selon laquelle p accomplit un acte d'explication, subordonné à q :

(9) ┬ AS les étudiants ont bien travaillé
    └ AP ils réussiront leur examen

• *Unité maximale : échange*

L'échange est l'unité maximale d'intégration discursive ; ses constituants immédiats sont des interventions, liées par des relations d'interdépendance. On distingue deux sortes d'échanges, par leur forme et leur fonction : les échanges *confirmatifs* et les échanges *réparateurs* (termes empruntés à Goffman).

Les échanges *confirmatifs* ont typiquement une structure binaire. Les échanges *réparateurs* ont quant à eux une structure minimalement ternaire, répondant selon Roulet à la structure d'une *négociation* : une *proposition* donne lieu à une *réaction*, qui à son tour entraîne une *ratification*. Les constituants immédiats de l'échange sont qualifiés, selon leur place dans ce processus, d'initiatif (pour la proposition), réactif-initiatif (pour la réaction) et de réactif (pour la ratification).

Cette structure à trois constituants peut donner lieu à deux types de prolongations. Une prolongation *verticale* tout d'abord, en cas d'ouverture d'une négociation subordonnée (5) ; une prolongation *horizontale* ensuite, en cas de réaction défavorable, qui entraîne une réitération de la proposition, suivie d'une réaction favorable (10) ou défavorable (11), suivie de la ratification adaptée :

(10) A. — Tu viens faire un tour ? (proposition)
B. — Désolé, j'ai du travail. (réaction défavorable)
A. — Allez, viens, ça te fera du bien. (réitération de la proposition)
B. — Bon, d'accord. (réaction favorable)
A. — Parfait, on y va. (ratification)

(11) A. — Tu viens faire un tour ? (proposition)
B. — Désolé, j'ai du travail. (réaction défavorable)
A. — Allez, viens, ça te fera du bien. (réitération de la proposition)
B. — Non, désolé, je peux pas. (réaction défavorable)
A. — Bon, tant pis, j'irai tout seul… (ratification : acceptation de la réaction)

• *Unité intermédiaire : intervention*

L'intervention est une unité discursive intermédiaire : constituant immédiat de l'échange, et constituant monologique maximal. L'intervention est minimalement constituée d'un acte principal (AP), accompagné ou non de constituants subordonnés, actes (AS), interventions (IS) ou échanges (ES). Les relations entre les constituants de l'intervention peuvent être des relations de *dépendance*, les constituants subordonnés étant articulés autour de la tête qu'est l'AP, ou d'*indépendance*, si les constituants sont coordonnés (et permutables) comme les éléments d'une description, ou articulés par une relation de successivité, comme les propositions d'une narration.

Échange : unité maximale d'intégration discursive ; unité dialogique dont les constituants immédiats sont des interventions, liées par des relations d'interdépendance.
Intervention : unité discursive monologique constituée d'un acte principal, accompagné ou non de constituants subordonnés d'un rang ou d'un autre ; constituant immédiat de l'échange.
Acte : unité discursive minimale, unité minimale d'action langagière. Un acte apporte une information, son propos, au sujet de quelque chose, son topique, ou point d'ancrage.

Relations discursives

La structure hiérarchique indique les relations qu'entretiennent les constituants discursifs : interdépendants, initiatif ou réactif, pour les constituants de l'échange ; dépendants, subordonné ou subordonnant, pour les constituants de l'intervention. Ces relations génériques sont par ailleurs enrichies d'un supplément d'information conceptuelle quant aux *fonctions* qu'exercent les constituants les uns vis-à-vis des autres, ce qu'ils sont supposés faire. On distingue ces relations dans l'échange (illocutoires), et dans l'intervention (interactives).

• *Relations illocutoires*

Dans l'échange, les constituants initiatifs accomplissent une action langagière appartenant au répertoire des actes illocutoires, tels que conçus par Austin, ou Searle entre autres (ch. 14). Leurs propriétés déterminent celles de la réaction appropriée, un acte illocutoire de question appelant un acte réactif de réponse, par exemple.

Les *marqueurs* de ces relations peuvent être : des verbes performatifs (*je vous demande p*), des marqueurs conventionnels (*s'il vous plaît* signale conventionnellement un acte de requête), qui ne dénomment pas l'acte accompli mais l'indiquent de façon non annulable, ou des marqueurs *potentiels*, annulables (*voudriez-vous*, *pouvez-vous* suggèrent une demande, mais le sens de demande peut être annulé sans contradiction par le locuteur). Les tournures syntaxiques affirmative, interrogative, impérative, orientent également vers telle ou telle interprétation illocutoire – tout en étant parfaitement annulables.

Notons trois faits : (i) les *actes* de la théorie des actes de langage (ch. 14) sont empiriquement des constructions complexes, nommées ici *interventions*, leur fonction s'exerçant dans l'échange. (ii) Le répertoire searlien des actes illocutoires retient prioritairement les fonctions *initiatives*, et ne s'intéresse guère aux fonctions *réactives* (*répondre*, *acquiescer*, *réfuter*, *répliquer*, *rétorquer*, etc.). (iii) La lexicalisation de l'action langagière dispose d'un large répertoire de verbes (potentiellement) performatifs (ch. 14), qui dénomment des actions illocutoires typiquement *initiatives d'échange,* mais les actions interactives, dans l'intervention, n'offrent pratiquement pas de moyens lexicaux d'accomplissement explicite : *je justifie que*, *j'argumente que*, *j'explique*… ne sont pas performatifs mais simplement descriptifs et méta-discursifs.

• *Relations interactives*

Les constituants de l'intervention entretiennent des relations de dépendance et de subordination, ou de coordination, dites *interactives*. Certaines de ces relations sont marquées par des *connecteurs pragmatiques*, d'autres ne le sont pas.

Les relations interactives marquées par des connecteurs spécialisés sont les suivantes :

Argumentation, marquent le constituant subordonné : *parce que, puisque, car, en effet, même, d'ailleurs*… ou le constituant principal : *donc, ainsi, alors, par conséquent, c'est pourquoi*…
Contre-argumentation, marquent le constituant principal : *mais, pourtant, cependant, néanmoins, quand même*… ou le constituant subordonné : *certes, bien que, quoi que, quoique, malgré*…
Reformulation, marquent le constituant principal : *en fait, finalement, enfin, somme toute, tout compte fait, après tout*…
Topicalisation, marquent le constituant subordonné : *quant à, en ce qui concerne, pour en venir à, maintenant*… ou le constituant principal : *eh bien, voilà*…
Succession, marquent des constituants coordonnés : *puis, et, et puis, pis, pis alors, ensuite*…

Les relations interactives qui ne sont pas marquées par des connecteurs spécifiques, mais peuvent être indiquées par des moyens propositionnels ou leur position dans la structure, sont les suivantes :

Clarification et **vérification** : ouverture d'un échange subordonné dans une intervention.
Préalable : *avant tout j'aimerais dire, j'aimerais commencer par* + verbe d'activité de parole ou illocutoire...
Commentaire : *soit dit en passant, entre nous...*

Lectures conseillées

Pour le domaine de l'interaction, on se reportera à Kerbrat-Orecchioni (1990, 1992, 1994) pour une synthèse des courants et travaux, prolongé dans Kerbrat-Orecchioni (2005). Goffman (1973 ; 1974) introduit la problématique de la face et de la territorialité. Brown et Levinson (1987) prolongent ses hypothèses et systématisent ses observations ; pour la gestion des tours de parole, voir l'article fondateur de Sacks, Schegloff et Jefferson (1974 ; 1978). Pour le discours, Roulet & al. (1985), Roulet & al. (2001), Roulet (1999) ; applications dans d'autres langues que le français : Egner (1988) pour le wobe, Auchlin (1993) pour le chinois ; en portugais brésilien, Mari & al. (1999), Marinho & al. (2007) ; approfondissements des liens entre connecteurs et relations de discours dans Rossari (2000) ; pour les aspects actionnels et référentiels Filliettaz (2002), les aspects identitaires Burger (2002). Sur la dimension informationnelle et topicale, Grobet (2002), et sur les liens entre discours et prosodie, Simon (2004).

À retenir

- Les interactions sont régulées par le souci mutuel des interactants de préserver l'ordre rituel, garant de leurs faces et de leurs territoires.
- L'interaction détermine les places symboliques mutuelles des participants.
- Le discours est le produit d'une interaction verbale, orale ou écrite, directe ou temporellement différée, dans une situation déterminée.
- Le discours est l'activité consistant à négocier des contenus ou des représentations.
- L'unité minimale de structuration discursive est l'acte textuel.
- L'unité maximale d'intégration textuelle est l'échange.
- Les constituants de l'échange sont interdépendants et entretiennent des relations initiative, réactive, ou réactive-initiative.
- Les constituants de l'intervention entretiennent des relations de dépendance et de subordination.

— Glossaire —

Abstraction-λ (opérateur d') : Produit des expressions désignant des ensembles à partir de formules.

Accomplissement : Classe aspectuelle des prédicats décrivant des événements téliques, duratifs, bornés, hétérogènes, composés de phases ordonnées, produisant un état résultant.

Achèvement : Classe aspectuelle des prédicats décrivant des événements téliques et ponctuels.

Acte : unité discursive minimale, unité minimale d'action langagière. Un acte apporte une information, propos ou information activée, au sujet de quelque chose, son topique, ou point d'ancrage.

Activité : Classe aspectuelle des prédicats décrivant des processus atéliques, duratifs, non bornés, homogènes.

Affixation : Processus morphologique qui combine une racine ou base (morphème lexical) et différents affixes (préfixes ou suffixes) ; s'oppose à la composition.

Affixe : Morphème grammatical non autonome (nécessairement associé à une racine).

AGRP : Projection maximale de AGR (*agreement* pour accord), dominant **TP**, la projection maximale de T (temps). AGRP et TP définissent la structure éclatée de l'Inflexion.

Allomorphe : Variante distributionnelle d'un morphème.

Allophone : Variante phonétique d'un phonème.

Ambiguïté : Une phrase ambiguë est une phrase dont la structure de surface est le produit de deux (au moins) structures profondes.

Anaphore : Marque linguistique (pronom de 3e personne par exemple) dépourvue d'autonomie référentielle, qui reçoit sa référence actuelle *via* une autre expression référentielle, autonome.

Analyse en constituants immédiats : Analyse hiérarchique selon laquelle toute unité grammaticale complexe est analysable en unités de rang immédiatement inférieur.

Assignation de valeur : Fonction qui attribue à une variable une dénotation, à savoir un individu.

C-commande : Un nœud A c-commande un nœud B si et seulement si : (i) A ne domine pas B et B ne domine pas A ; (ii) le premier nœud branchant dominant A domine aussi B.

Catégorie grammaticale : Détermine la nature grammaticale des unités de la grammaire qui interviennent dans les règles grammaticales.

Classe aspectuelle : Type d'événement décrit par la phrase (état, activité, accomplissement, achèvement).

Classe distributionnelle : Ensemble des expressions qui peuvent occuper la même position syntaxique (par exemple préverbale) et la même fonction grammaticale (par exemple sujet).

Code : Système d'appariement < message, signal > permettant à un système de traitement de l'information de communiquer avec un autre système de traitement de l'information.

Cohérence : Propriété d'un discours de donner lieu à une interprétation correspondant à l'intention informative globale du locuteur.

Cohésion (marques de) : Marques grammaticales (pronoms personnels, temps verbaux, conjonctions et adverbes) jouant un rôle au niveau de l'interprétation et de la cohérence du discours.

Commutation : Substitution d'une unité par une autre sur l'axe paradigmatique ; les unités sont en relation d'*opposition.*

Compétence : Système de règles sous-jacent à l'utilisation et à la compréhension du langage. La compétence définit un système internalisé de règles (la grammaire) associant des sons à des sens, ou des séquences de signaux acoustiques à des interprétations sémantiques. Pour Chomsky, la compétence est un héritage biologique inné.

Complémenteur (C) : Projection fonctionnelle occupée par les mots subordonnants (*que, si*) et dont le spécifieur est la position des morphèmes interrogatifs. Le complément de C est la phrase (IP).

Composition : Processus morphologique de formation de mots par combinaison d'unités susceptibles individuellement d'emploi autonome (mots).

Compositionnalité (principe de) : Le sens d'une phrase est fonction du sens de ses parties.

Conclusion implicite : Implicitation dérivée sur la base d'une hypothèse contextuelle.

Connecteur pragmatique : Marque linguistique (conjonctions comme *mais*, *puisque*, *parce que*, *donc,* adverbes comme *pourtant, justement*) qui a pour fonction de connecter non des unités linguistiques, mais des unités de discours.

Constatif : Énoncé affirmatif susceptible d'être vrai ou faux, suivant les conditions de vérité qui le régissent.

Construction endocentrique : Construction organisée autour d'un noyau, ou d'une tête.

Construction exocentrique : Résultat de la construction de différentes constructions endocentriques.

Contexte : Sous-ensemble des informations disponibles au destinataire dans l'environnement cognitif mutuel à la locutrice et au destinataire

Coopération (principe de) : Que votre contribution à la conversation soit, au moment où elle intervient, telle que le requiert l'objectif ou la direction acceptée de l'échange verbal dans lequel vous êtes engagé.

Déictique : Marque linguistique dont la référence virtuelle inclut la référence aux paramètres de l'énonciation (personne, temps, lieu).

Description structurale : Ensemble de renseignements qui déterminent d'une part la représentation phonétique, d'autre part la représentation sémantique de la phrase.

Description : Un énoncé est en usage descriptif lorsque sa forme propositionnelle représente un état de choses réel ou désirable.

Diaphonie : Manifestation dans un énoncé d'un énonciateur assimilable à son destinataire.

Échange : Unité maximale d'intégration discursive ; unité dialogique dont les constituants immédiats sont des interventions, liées par des relations d'interdépendance.

Énoncé : Énonciation d'une phrase, la réalisation effective d'une phrase dans le discours.

Énonciateur : Point de vue présenté par un énoncé, auquel le locuteur peut ou non adhérer.

Entrée lexicale : Ensemble des informations portées par une unité lexicale, notamment sa catégorie lexicale, sa sous-catégorisation stricte et ses restrictions sélectionnelles. Dans la Théorie de la Pertinence, contrepartie linguistique d'un concept.

État : Classe aspectuelle des prédicats décrivant des états de choses statifs, non bornés et homogènes.

Explicitation : Hypothèse communiquée explicitement.

Expression anaphorique : Expression non autonome référentiellement (pronom de troisième personne, description définie incomplète, expression démonstrative, expression non classifiante), fonctionnant comme substitut d'une expression autonome référentiellement (nom propre, description définie complète, description indéfinie).

Expression catégorématique : Expression définie par une catégorie, qui apparaît dans les formules générées à l'aide des règles de formation

Expression déictique : Marque linguistique (pronom de première et deuxième personne, adverbe de lieu (*ici*) et de temps (*maintenant*) dont l'interprétation est fonction de la situation de discours.

Expression syncatégorématique : Expression (connecteurs logiques, quantificateurs, parenthèses) qui apparaît dans les formules générées à l'aide des règles de formation.

Exprimabilité (principe d') : Pour toute signification X, et pour tout locuteur L, chaque fois que L veut signifier (a l'intention de transmettre, désire communiquer, etc.) X, alors il est possible qu'existe une expression E, telle que E soit l'expression exacte ou la formulation exacte de X.

Face : Image de soi rendue publique par son comportement (ou ligne de conduite) et revendiquée.

Face négative : Espace symbolique privé, et ses projections (spatiales, proxémiques, conversationnelles - tour de parole, etc.).

Face positive : Volonté ou besoin d'être reconnu et approuvé.

Faculté de langage : Capacité des sujets parlants à distinguer les phrases grammaticales des phrases agrammaticales. Cette capacité de langage, à l'origine de l'acquisition du langage, fait partie de la compétence des sujets parlants.

Fonction grammaticale : Détermine les relations syntaxiques (comme l'accord) que les groupes de mots entretiennent entre eux dans la phrase.

Fonction sémantique : Détermine les rôles sémantiques que les arguments entretiennent par rapport au prédicat.

Forme logique : Lieu de la représentation sémantique.

Forme propositionnelle : Lieu de la représentation pragmatique qui enrichit la forme logique à l'aide d'indications contextuelles.

Formule : Forme logique contenant des variables non liées par un quantificateur.

Grammaire : Ensemble abstrait de règles, théorie, dont la formulation est l'explicitation des connaissances que les sujets parlants ont implicitement de leur langue.

Grammaire générative : Grammaire explicite, capable d'énumérer toutes et rien que les phrases grammaticales d'une langue.

Grammaire traditionnelle : Ensemble de prescriptions (normes) grammaticales caractérisées par l'hypothèse du parallélisme logico-grammatical (parallélisme entre la forme et le sens) et par leur caractère non explicite.

Grammaire universelle (GU) : Dans la théorie des principes et des paramètres, la grammaire est organisée autour de principes universels, communs à toutes les langues, définissant la grammaire universelle. Les principes de la grammaire universelle font partie du dispositif biologique propre à l'espèce humaine permettant l'acquisition des langues.

Groupe intonatif : Séquence de syllabes comportant une syllabe accentuée, précédée (et suivie) éventuellement de *n* syllabes non accentuées.

Hypothèse performative : Consiste à traiter les performatifs implicites comme équivalents aux performatifs explicites.

Illocutionnaire : Acte accompli en disant quelque chose.

Implication contextuelle : Implication qui n'aurait pas pu être tirée de la seule forme propositionnelle ni des seules hypothèses contextuelles, mais qui est le résultat de la combinaison de la forme propositionnelle et des hypothèses contextuelles.

Implicature conventionnelle : Signification secondaire déclenchée par une expression linguistique, non annulable et détachable.

Implicature conversationnelle : Signification secondaire non vériconditionnelle obtenue par l'utilisation ou l'exploitation d'une maxime conversationnelle.

Implicature scalaire : Implicature quantitative que l'on tire d'une expression inférieurement liée, qui nie l'expression qui lui est supérieurement liée.

Implicitation : Hypothèse communiquée non explicitement

Incorporation : Processus consécutif au mouvement du verbe dans l'Inflexion expliquant l'assignation des marques d'accord au verbe.

Inférence non démonstrative : Inférence ne garantissant pas la vérité de ses conclusions étant donné la vérité des prémisses.

Inflexion (I) : Projection fonctionnelle définissant la phrase, et regroupant les marques d'accord et de temps du verbe.

Interprétation complète (d'un énoncé) : Enrichissement de la forme logique de l'énoncé en une forme propositionnelle et calcul de ses implicitations et de son explicitation.

Interprétation : Un énoncé est en usage interprétatif lorsqu'il est utilisé pour représenter une autre représentation à forme propositionnelle, comme une pensée ou un autre énoncé.

Intervalle temporel : Distance temporelle entre deux moments du temps, fonctionnant comme deux bornes (initiale et terminale).

Intervention : Unité discursive monologique constituée d'un acte principal, accompagné ou non de constituants subordonnés ; constituant immédiat de l'échange.

Langue : Objet de la linguistique ; système de signes (Saussure) ou de règles (Chomsky).

Locuteur : Être que l'énoncé présente comme son auteur, qui peut être, mais n'est pas nécessairement, identique à l'auteur empirique de l'énoncé, ou *sujet parlant*.

Locutionnaire : Acte accompli par le fait de dire quelque chose.

Matrice phonologique : Inventaire des traits identifiant un phonème d'une langue donnée.

Maxime de relation (de pertinence) : Soyez pertinent.

Maximes de manière : Soyez clair : 1. Évitez de vous exprimer avec obscurité. 2. Évitez d'être ambigu. 3. Soyez bref. 4. Soyez ordonné.

Maximes de qualité (de véridicité) : Que votre contribution soit véridique : 1. N'affirmez pas ce que vous croyez être faux. 2. N'affirmez pas ce pour quoi vous manquez de preuves.

Maximes de quantité : 1. Que votre contribution contienne autant d'information qu'il est requis. 2. Que votre contribution ne contienne pas plus d'information qu'il n'est requis.

Modèle inférentiel : Modèle pragmatique expliquant comment, à partir des informations fournies par l'énoncé et d'autres informations non linguistiques, le destinataire est amené à faire telle ou telle hypothèse interprétative

Modèle : Paire ordonnée $< A, F >$, où A est un ensemble d'individus et F une fonction qui assigne une valeur sémantique (dénotation) aux expressions du langage.

Morphe-portemanteau : Unité morphologique exprimant simultanément (additionnellement) plusieurs morphèmes.

Morphème : La plus petite unité linguistique ayant une forme et un sens ; unité de rang grammatical le plus bas, et constituant immédiat du mot.

Mouvement : Opération qui consiste à déplacer une projection maximale ou une tête d'une position à une autre.

Neutralisation : Une opposition phonologique est dite neutralisée lorsqu'elle n'est pas distinctive, dans certains environnements ou dans certains usages.

Ordre temporel : Situation dans le discours où l'ordre du discours est parallèle à l'ordre des événements.

Paire minimale : Paire d'unités linguistiques de sens différents, qui ne s'opposent que sur un trait pertinent phonologique.

Performance : Utilisation de la compétence dans des actes de parole par des sujets parlants.

Performatif : Énoncé affirmatif susceptible d'être heureux ou malheureux suivant les conditions de félicité qui le régissent.

Perlocutionnaire : Acte accompli par le fait de dire quelque chose.

Permutation : Substitution d'une unité par une autre sur l'axe syntagmatique ; les unités sont en relation de *contraste*.

Pertinence (principe de) : Tout acte de communication ostensive communique la présomption de sa propre pertinence optimale.

Pertinence : La pertinence d'un énoncé est définie relativement à ses effets contextuels et aux efforts cognitifs (de traitement) impliqués par son interprétation.

Phonème : Unité de description phonologique, distinctive et oppositive ; la plus petite unité linguistique non porteuse de signification, susceptible de produire un changement de sens par commutation, et constitué d'un ensemble de traits distinctifs (traits pertinents).

Phrase (IP) : Projection maximale de la catégorie fonctionnelle Inflexion (I).

Phrase : Résultat de règles de formation syntaxiques, à laquelle on attache une signification.

Point de la parole : Moment incluant ou identique au moment de la parole (S).

Point de l'événement : Moment (point ou intervalle) où se produit l'événement (E).

Point de référence : Moment à partir duquel le point de l'événement est calculé (R).

Polyphonie : Présence dans un énoncé de voix différentes, distinctes de celle de l'auteur de l'énoncé ; le fait que tout énoncé consiste en une mise en scène d'instances énonciatives distinctes, auxquelles le locuteur peut se présenter comme associé ou non.

Polysémie : Propriété des unités du lexique d'avoir plusieurs sens.

Pragmatique (conception gricéenne) : Étude des aspects non-véríconditionnels de la phrase énoncée.

Prémisse implicite : Implicitation construite sur la base des indications linguistiques fournies par l'énoncé.

Présupposition sémantique : Contenu sémantique qui ne varie pas sous la négation.

Projection (principe de) : L'information lexicale est représentée syntaxiquement.

Projection intermédiaire : Constituant invisible intermédiaire entre la projection maximale et la tête.

Projection maximale : Syntagme de tête lexicale ou non-lexicale, constituée d'un spécifieur et de la projection intermédiaire de la tête.

Projection minimale : Tête lexicale ou non lexicale du constituant.

Propos : proposition présentée ou donnée à comprendre par un acte.

Prototype : Meilleur représentant d'une catégorie, celui qui est le plus familier, qui vient le plus rapidement à l'esprit, et à partir duquel les autres exemplaires, non prototypiques, se définissent par ressemblance de famille.

Quantification (en langue naturelle) : Résultat de la combinaison d'un quantificateur (déterminant) et d'un nom, qui forment ensemble un syntagme nominal.

Quantification (en logique) : La logique des prédicats exprime la quantification à l'aide de variables d'individus et de règles de quantification, introduisant un quantificateur (universel ou existentiel) permettant la formation d'une formule à partir d'une formule.

Rapports paradigmatiques : Rapports associatifs, *in absentia*, entre les signes, établies sur la base de relations diverses.

Rapports syntagmatiques : Rapports de successivité et de contiguïté qu'entretiennent les signes dans la chaîne parlée.

Rasoir d'Occam modifié (principe du) : Ne multipliez pas plus qu'il n'est requis les significations linguistiques.

Récursivité : Propriété des langages formels de permettre l'introduction de l'axiome (symbole initial) dans la réécriture d'une catégorie. En syntaxe des langues naturelles, propriétés de certaines catégories (phrase, SN) d'être enchâssées dans une catégorie de même type.

Référence actuelle : Relation entre une expression référentielle et le segment de la réalité qu'elle désigne dans son usage.

Référence temporelle : Segment de temps dans lequel un événement s'est produit.

Référence virtuelle : Signification lexicale d'une expression référentielle hors usage.

Règle analytique : Règle de déduction ne contenant qu'une prémisse comme hypothèse.

Règle synthétique : Règle de déduction contenant deux prémisses comme hypothèses.

Règles syntagmatiques : Règles de réécriture, qui réécrivent un symbole par un autre symbole.

Regroupement intonatif : Processus par lequel des chaînes de syllabes sont « empaquetées » en groupes intonatifs.

Rôle-θ: Rôle thématique (sémantique) assigné par le verbe à ses arguments.

Segment : Unité minimale de successivité de la chaîne parlée (v. phonème).

Segmental : Domaine des unités minimales de successivité de la chaîne parlée.

Sémantique (cognitive) : Fondée sur l'idée que les processus de catégorisation du monde par les concepts et les mots s'organisent autour de prototypes ; s'oppose, du point de vue de sa méthode, au modèle classique des conditions nécessaires et suffisantes.

Sémantique (conception gricéenne) : Traite des aspects vériconditionnels de la phrase.

Sémantique (d'un langage formel) : Système associant une interprétation sémantique à chaque catégorie lexicale et faisant correspondre une règle sémantique à chaque règle syntaxique.

Sémantique (formelle) : Domaine de la sémantique qui étudie la signification à partir des langages formels de la logique, et plus particulièrement la relation de dénotation entre une expression linguistique et une entité du monde.

Sémantique (structurale) : Prolongement en sémantique du structuralisme linguistique ; en sémantique structurale, le sens des lexèmes (unités lexicales) est le produit d'unités de sens minimales que sont les sèmes.

Signe linguistique : Entité psychique, à deux faces indissociables, un concept ou signifié, et une image acoustique, ou signifiant.

Signification (non naturelle) : Dire qu'un locuteur L a voulu signifier quelque chose par X, c'est dire que L a eu l'intention, en énonçant X, de produire un effet sur l'auditeur A grâce à la reconnaissance par A de cette intention.

Signification : La signification est le résultat de l'association arbitraire d'un signifiant et d'un signifié ; s'oppose à la valeur.

Spécifieur : Projection maximale précédant ou suivant la tête du syntagme.

Structuralisme du discours idéal : Position de description sémantique selon laquelle la valeur sémantique d'une entité linguistique réside dans les suites qu'elle prétend se donner, les enchaînements discursifs possibles et impossibles, et doit être décrite en ces termes.

Structuralisme linguistique : Défini par les deux postulats de l'indépendance de la forme (la forme linguistique constitue un système autonome de dépendances internes, une structure, la valeur de chaque élément du système étant définie différentiellement) et de l'autonomie du langage (le signe linguistique n'a pas pour fonction de relier une expression à un objet du monde, un référent, mais un signifiant à un signifié).

Structure de surface : Entrée de la représentation phonétique, produite par des règles de transformation appliquées à la structure profonde.

Structure profonde : Lieu de représentation de la description structurale produite par les règles de la syntaxe (règles syntagmatiques).

Synchronique : Point de vue linguistique qui s'intéresse à saisir un état de langue, la langue telle qu'elle se présente à un moment donné virtuellement pour toute une communauté linguistique ; s'oppose au point de vue **diachronique** qui privilégie le passage d'un état de langue à l'autre.

Syntagme intonatif : Groupe intonatif doté d'un contour propre.

Syntaxe (langage formel) : Système formel comprenant un axiome du système, un ensemble de catégories lexicales et non lexicales, ainsi que des règles de bonne formation syntaxique.

Système : Au sens structuraliste, ensemble homogène d'éléments, dont chacun est déterminé différentiellement par l'ensemble des rapports qu'il entretient avec les autres éléments.

Télicité : Propriété des événements d'avoir un but ou fin intrinsèque (*telos*) les définissant.

Théorie des actes de langage : Théorie fondée sur une opposition à « l'illusion descriptiviste » qui veut que le langage ait pour fonction première de décrire la réalité et que les énoncés affirmatifs soient toujours vrais ou faux.

Topique : Information qui constitue pour chaque acte le point d'ancrage le plus immédiatement pertinent pour l'information activée, ou propos.

Tour de parole : Séquence délimitée de part et d'autre par un changement de locuteur.

Trace : Indication, sous forme d'une variable co-indicée (t_i) à son antécédent, de la position d'origine du constituant déplacé. L'antécédent de la trace (le constituant déplacé) et sa trace définissent une chaîne.

Type syntaxique : Catégorie composée à partir de deux types de base : *e* (pour *entity*) et *t* (pour *truth*).

Valeur : Ensemble des attributs qu'un élément tire de ses relations avec les autres membres du système ou sous-système pertinent.

— Bibliographie générale —

Allwood J., Andersson L.G. & Dahl Ö. (1977), *Logic in linguistics*, Cambridge, Cambridge University Press.

Amacker R. (1975), *Linguistique saussurienne*, Genève, Droz.

Anscombre J.-C. & O. Ducrot (1983), *L'Argumentation dans la langue*, Bruxelles, Mardaga.

Anscombre J.C. (1985), « Grammaire traditionnelle et grammaire argumentative de la concession », *Revue Internationale de Philosophie*, vol. 39/155, 333-340.

Arnault A. & Lancelot C. (1969), *Grammaire générale et raisonnée*, Paris, Republications Paulet (première publication en 1660).

Arrivé M. & al. (1986), *La Grammaire d'aujourd'hui. Guide alphabétique de linguistique française*, Paris, Flammarion.

Auchlin A. (1993), *Faire, montrer, dire. Pragmatique comparée de l'énonciation en français et en chinois*, Berne, Lang.

Auer, P., E. Couper-Kühlen & F. Müller (1999) (eds), *Language in time. The rythm and tempo of spoken interaction*, Oxford University Press, Oxford.

Austin J.L. (1970), *Quand dire, c'est faire*, Paris, Seuil.

Bach E. (1989), *Informal Lectures on Formal Semantics*, New York, State University of New York.

Bakhtine M. (1977), *Le Marxisme et la Philosophie du langage : essai d'application de la méthode sociologique en linguistique*, Paris, Minuit.

Bakhtine M. (1978), *Esthétique et théorie du roman*, Paris, Gallimard.

Banfield A. (1995), *Phrases sans parole*, Paris, Seuil.

Benveniste E. (1966), « La nature du signe linguistique », et « Les relations de temps dans le verbe français », in *Problèmes de linguistique générale*, Paris, Gallimard, 49-55, et 187-207.

Berlin B. & Kay P. (1969), *Basic Color Terms*, Berkeley, University of California Press.

Berrendonner A. (1981), *Éléments de pragmatique linguistique*, Paris, Minuit.

Blakemore D. (1987), *Semantic Constraints on Relevance*, Oxford, Basil Blackwell.

Blanche-Benveniste C. & al. (1990), *Le Français parlé. Études grammaticales*, Paris, éditions du CNRS.

Bouquet S. (1997), *Introduction à la lecture de Saussure*, Paris, Payot

Brown P. & S. Levinson (1987), *Politeness : Some Universals in Language Use*, Cambridge, Cambridge University Press.

Burger M. (2002), *Les Manifestes : paroles de combat*, Lonay- Paris, Delachaux & Niestlé.

Cann R. (1994), *Formal Semantics*, Cambridge, Cambridge University Press.

Carston R. (2002), *Thought and Utterances*, Oxford, Blackwell.

Charolles M., S. Fisher & J. Jayez (éds) (1990), *Le Discours, représentations et interprétations*, Nancy, Presses universitaires de Nancy.

Chevalier J.C. (1994), *Histoire de la grammaire française*, Paris, PUF (Que sais-je ?).

Chevalier J.C., Blanche-Benveniste C., Arrivé M., Peytard J. (1964), *Grammaire Larousse du français contemporain*, Paris, Larousse.

Chierchia G. & McConnell-Ginet S. (1990), *Meaning and Grammar. An introduction to Semantics*, Cambridge (Mass.), MIT Press.

Chomsky N. (1969a), *Structures syntaxiques*, Paris, Seuil.

Chomsky N. (1969b), *La Linguistique cartésienne*, Paris, Seuil.

Chomsky N. (1971), *Aspects de la théorie syntaxique*, Paris, Seuil.

Chomsky N. (1975a), *The Logical Structure of Linguistic Theory*, Chicago, The University of Chicago Press.

Chomsky N. (1975b), *Questions de sémantique*, Paris, Seuil.

Chomsky N. (1977a), *Réflexions sur le langage*, Paris, François Maspero.

Chomsky N. (1977b), « Introduction à la théorie standard étendue », in *Langue. Théorie générative étendue*, Paris, Hermann, 19-39.

Chomsky N. (1980), *Essais sur la forme et le sens*, Paris, Seuil.

Chomsky N. (1986), *Knowledge of Language. Its Nature, Origin, and Use*, New York, Praeger.

Chomsky N. (1987), *La Nouvelle Syntaxe*, Paris, Seuil.

Chomsky N. (1991), *Théorie du gouvernement et du liage : les conférences de Pise*, Paris, Seuil.

Chomsky N. (1995), *The Minimalist Program*, Cambridge (Mass.), MIT Press.

Cornulier B. de (1985), *Effets de sens*, Paris, Minuit.

Couper-Kuhlen E. & M. Selting (1996) (eds), *Prosody in Conversation*, Cambridge, Cambridge University Press.

Davidson D. (1980), *Essays on Actions and Events*, Oxford, Clarendon Press.

Dell F. (1985), *Les Règles et les Sons : introduction à la phonologie générative*, Paris, Hermann.

Dowty D.R. (1986), « The effects of aspectual class on the temporal structure of discourse : semantics or pragmatics ? », *Linguistics and Philosophy* 9, 37-61.

Dowty D.R., Wall R.E. & Peters, S. (1981), *Introduction to Montague Semantics*, Dordrecht, Reidel.

Dubois J. (1965), *Grammaire structurale du français : nom et pronom*, Paris, Larousse.

Dubois J. (1967), *Grammaire structurale du français : le verbe*, Paris, Larousse.

Ducrot O. & al. (1980), « Texte et énonciation », in *Les mots du discours*, Paris, Minuit.

Ducrot O. & J.-M. Schaeffer (1995), *Nouveau dictionnaire encyclopédique des sciences du langage*, Paris, Seuil.

Ducrot O. (1968), *Le Structuralisme en linguistique*, Paris, Seuil (Coll. Points).

Ducrot O. (1972a), « De Saussure à la philosophie du langage », préface à J. Searle (1972), Paris, Hermann.

Ducrot O. (1972b), *Dire et ne pas dire. Principes de sémantique linguistique*, Paris, Hermann.

Ducrot O. (1984), *Le Dire et le Dit*, Paris, Minuit.

Ducrot O. (1989), *Logique, structure, énonciation*, Paris, Minuit.

Egner I. (1988), *Analyse conversationnelle de l'échange réparateur en wobé*, Berne, Lang.

Encrevé P. (1988), *La Liaison avec et sans enchaînement : phonologie tridimensionnelle et usages du français*, Paris, Seuil.

Filliettaz L. (2002), *La Parole en action. Éléments de pragmatique psychosociale*, Québec, Nota Bene.

Fillmore C.J. (1968), « The Case for Case », in Bach E. & Harms R.T. (eds), *Universals in Linguistic Theory*, New York, Holt, Rinehart and Winston, 1-88 (repris dans Fillmore 1987).

Fillmore C.J. (1987), *Fillmore's Case Grammar. A Reader*, édité par Dirven R. et Radden G., Heidelberg, Julius Groos Verlag.

Fodor J.A. (1986), *La Modularité de l'esprit*, Paris, Minuit.

Fónagy I. (1983), *La Vive Voix. Essais de psycho-phonétique*, Paris, Payot.

Fradin B. (2003), *Nouvelles approches en morphologie*, Paris, Presses universitaires de France.

Frith, C.D. (1996), *Neuropsychologie cognitive de la schyzophrénie*, Paris, PUF.

Gadet F. (1987), *Saussure, une science de la langue*, Paris, PUF.

Galmiche M. (1991), *Sémantique linguistique et logique. Un exemple : la théorie de R. Montague*, Paris, PUF.

Garfinkel H. (1967), *Studies in Ethnomethodology*, Englewood Cliffs, Prentice-Hall.

Gary-Prieur M.N. (1985), *De la grammaire à la linguistique*, Paris, Armand Colin.

Gazdar G. (1979), *Pragmatics. Implicature, Presupposition and Logical Form*, New York, Academic Press.

Gleason H.A. (1969), *Introduction à la linguistique*, Paris, Larousse.

Goffman E. (1973), *La Mise en scène de la vie quotidienne, t. 2, Les relations en public*, Paris, Minuit.

Goffman E. (1974), *Les Rites d'interaction*, Paris, Minuit.

Grevisse M. (1964), *Le Bon Usage*, Gembloux, Duculot, 8e édition/(1986), 12e édition.

Grice H.P. (1957), « Meaning », *The Philosophical Review* 67, 377-88.

Grice H.P. (1979), « Logique et conversation », *Communications* 30, 57-72.

Grice, H.P. (1989), *Studies in the Way of Words*, Cambridge (Mass.), Harvard University Press.

Grize J.B. (1972), *Logique moderne*, fascicule 1, Paris, Gauthier-Villars, La Haye, Mouton.

Grobet A. (2002), *L'Identification des topiques dans les dialogues*, Bruxelles, Duculot.

Gruber J.S. (1976), *Lexical Structures in Syntax and Semantics*, Amsterdam, North Holland.

Haegeman L. (1994), *Introduction to Government and Binding Theory*, 2e édition, Oxford, Basil Blackwell.

Hall Partee B. (1978), *Fundamentals of Mathematics for Linguistics*, Dordrecht, Reidel.

Harris R.A. (1993), *The Linguistics Wars*, Oxford, Oxford University Press.

Heim I. & Kratzer A. (1998), *Semantics in Generative Grammar*, Oxford, Basil Blackwell.

Heritage J. (1984), *Garfinkel and Ethnomethodology*, Cambridge, Polity Press.

Hirst D. & A. Di Cristo (1998) (eds), *Intonation Systems. A Survey of Twenty Languages*, Cambridge, Cambridge University Press.

Hjelmslev L. (1971), « Pour une sémantique structurale », in *Essais linguistiques*, Paris, Minuit, 105-121.

Horn L. & Ward G. (eds), *Handbook of Pragmatics*, Oxford, Blackwell.

Hymes Dell H. (1984), *Vers la compétence de communication*, Paris, Hatier.

Jackendoff R. (1990), *Semantic Structures*, Cambridge (Mass.), MIT Press.

Kamp H. & Rohrer C. (1983), « Tense in texts », in Bäuerle R., Schwarze C. & von Stechow A. (eds), *Meaning, Use, and Interpretation of language*, Berlin, de Gruyter, 250-269.

Katz J.J. & Fodor J.A. (1966-67), « Structure d'une théorie sémantique », *Cahiers de Lexicologie* 9/2, 39-72 et 10/1, 47-66.

Kayne R.S. (1977), *Syntaxe du français. Le cycle transformationnel*, Paris, Seuil.

Kempson R.M. (1977), *Semantic Theory*, Cambridge, Cambridge University Press..

Kerbrat-Orecchioni C. (1990, 1992, 1994), *Les Interactions verbales*, 3 tomes, Paris, Colin.

Kerbrat-Orecchioni C. (2005), *Le Discours en interaction*, Paris, Colin.

Kerleroux F. (1996), *La Coupure invisible : études de syntaxe et de morphologie*, Villeneuve d'Ascq, Presses universitaires du Septentrion.
Kleiber G. (1990), *La Sémantique du prototype*, Paris, PUF.
Kleiber G. (1994), *Anaphores et pronoms*, Louvain-la-Neuve, Duculot.
Lacheret-Dujour A. & F. Beaugendre (1999), *La Prosodie du français*, éd. du CNRS, Paris.
Laenzlinger C. (2003), *Initiation à la syntaxe formelle du français. Le modèle « Principes & Paramètres »*, Berne, Peter Lang.
Laforest M. (1992), *Le Back-Channel en situation d'entrevue*, CIRAL, Université Laval, Québec.
Lakoff G. & Johnson M. (1985), *Les Métaphores dans la vie quotidienne*, Paris, Minuit.
Lakoff G. (1976), *Linguistique et logique naturelle*, Paris, Klincksieck.
Lakoff G. (1987), *Women, Fire and Dangerous Things. What Categories Reveal about the Mind*, Chicago, The University of Chicago Press.
Leeman-Bouix D. (1994), *Les Fautes du français existent-elles ?*, Paris, Seuil.
Léon P. (1971), *Essais de phono-stylistique*, Montréal et Paris, Didier.
Levinson S.C. (1983), *Pragmatics*, Cambridge, Cambridge University Press.
Levinson S.C. (2000), *Presumptive Meanings*, Cambridge (Mass.), MIT Press.
Luscher J.M. (2002), *Éléments de pragmatique procédurale. Le rôle des marques linguistiques dans l'interprétation*, Göppingen, Kümmerle Verlag.
Lycan W.G. (1984), *Logical Form in Natural Language*, Cambridge (Mass.), MIT Press.
Lyons J. (1970), *Linguistique générale*, Paris, Larousse.
Mari H., Pires M. S., Cruz A. R., Machado I. L. (eds) (1999), *Fundamentos e dimensões da análise do discurso*, Belo Horizonte, Carol Borges.
Marinho, J. H., Pires M. S., Villela A. M. (eds) (2007), *Análise do Discurso. Ensaios sobre a complexidade discursiva*, Belo Horizonte, CEFET-MG.
Milner J.C. (1978), *De la syntaxe à l'interprétation*, Paris, Seuil.
Milner J.C. (1982), *Ordres et raisons de langue*, Paris, Seuil.
Milner J.C. (1990), « Grammaire », *Encyclopædia universalis*, t. 10, 634-639.
Moeschler J. (1989), *Modélisation du dialogue. Représentation de l'inférence argumentative*, Paris, Hermès.
Moeschler J. (1994), « Anaphore et deixis temporelles. Sémantique et pragmatique de la référence temporelle », in Moeschler J. & al., *Langage et pertinence*, Nancy, Presses universitaires de Nancy, 39-104.
Moeschler J. (1995), « La pragmatique après Grice : contexte et pertinence », *L'information grammaticale* 66, 25-31.
Moeschler J. (1996), *Théorie pragmatique et pragmatique conversationnelle*, Paris, Armand Colin.
Moeschler J. (1998), « Pragmatique », in *Vocabulaire des sciences cognitives*, Paris, PUF, 315-318.
Moeschler J. (2000), « L'ordre temporel est-il naturel ? Narration, causalité et temps verbaux », in Moeschler J. & Béguelin M.-J. (eds), *Référence temporelle et nominale*, Berne, Peter Lang (Sciences pour la communication), 71-105.
Moeschler J. (2003), « L'expression de la causalité en français », *Cahiers de Linguistique Française* 25, 11-42.
Moeschler J. (2007), « Linguistique », in *Le Dictionnaire des sciences humaines*, Paris, PUF, 718-722.
Moeschler J. (éd.) (1993), *Temps, référence et inférence*, *Langages* 112.
Moeschler J. & Reboul A. (1994), *Dictionnaire encyclopédique de pragmatique*, Paris, Seuil.
Moeschler J. & Reboul A., Luscher J.M. & Jayez J. (1994), *Langage et pertinence,* Nancy, Presses universitaires de Nancy, 39-104.

Moeschler J., Jayez J., Kozlowska M., Luscher J.M., Saussure L. de & Sthioul B. (1998), *Le Temps des événements ; Pragmatique de la référence temporelle*, Paris, Kimé.
Nespor M. & I. Vogel (1986), *Prosodic Phonology*, Dordrecht, Foris
Newmeyer R. (1980), *Linguistic Theory in America*, New York, Academic Press.
Nølke H., Fløttum K. & Norén C. (2004), *ScaPoLine. La théorie scandinave de la polyphonie linguistique*, Paris, Kimé.
Parsons T. (1990), *Events in the Semantics of English*, Cambridge (Mass.), MIT Press.
Perelman C. & L. Olbrecht-Tyteca (1988), *Traité de l'argumentation. La nouvelle rhétorique*, Bruxelles, éditions de l'Université de Bruxelles.
Perrin L. (1996), *L'Ironie mise en trope*, Paris, Kimé.
Perrin L. (2006) (éd.), *Le Sens et ses voix. Dialogisme et polyphonie en langue et en discours*, Recherches linguistiques 28, Université Paul Verlaine, Metz.
Pike (1967), *Language in Relation to a Unified Theory of Human Behavior*, La Haye, Mouton.
Pinker S. (1999), *L'Instinct du langage*, Paris, Odile Jacob.
Pollock J.Y. (1989), « Verb Movement, Universal Grammar and the Structure of IP », *Linguistic Inquiry* 20/3, 365-424.
Pollock J.Y. (1997), *Langage et cognition. Introduction au programme minimaliste de la grammaire générative*, Paris, PUF.
Pottier B. (1964), « Vers une sémantique moderne », *Travaux de linguistique et de littérature* 2/1, 107-137.
Radford A. (1988), *Transformational Syntax. A Student's Guide to Chomsky's Extended Standard Theory*, Cambridge, Cambridge University Press.
Rastier F. (1987), *Sémantique interprétative*, Paris, PUF.
Reboul A. (1992), *Rhétorique et stylistique de la fiction*, Nancy, Presses universitaires de Nancy.
Reboul A. (1997), « (In) cohérence et anaphore : mythes et réalités », in De Mulder W., Tasmowski L. & Vetters C. (éds), *Relations anaphoriques et (in) cohérences*, Amsterdam, Rodopi, 297-314.
Reboul A. (2007), *Langage et cognition humaine*, Grenoble, Presses universitaires de Grenoble.
Reboul A. & Moeschler J. (1996), « Faut-il continuer à faire de l'analyse de discours ? », *Hermès* 16, 61-92.
Reboul A. & Moeschler J. (1998a), *La Pragmatique aujourd'hui*, Paris, Seuil (Points).
Reboul A. & Moeschler J. (1998b), *Pragmatique du discours*, Paris, Armand Colin.
Reboul A. & Moeschler J. (1998c), « Communication », in *Vocabulaire des sciences cognitives*, Paris, PUF, 88-90.
Reboul A. & Moeschler J. (1998d), « Pertinence », in *Vocabulaire des sciences cognitives*, Paris, PUF, 305-307.
Récanati F. (1979), *La Transparence et l'Énonciation*, Paris, Seuil.
Reddy M. (1969), « The Conduit Metaphor. A Case of Frame Conflict in our Language about Language », in Ortony A. (ed.), *Metaphor and Thought*, Cambridge, Cambridge University Press, 284-324.
Riegel M., Pellat J.C. & Rioul R. (1994), *Grammaire méthodique du français*, Paris, PUF.
Rizzi L. (1986), « On chain formation », in Borer H. (éd.), *Syntax and Semantics 19 : The Syntax of Pronominal Clitics*, New York, Academic press, 65-95.
Rizzi L. (1988), « On the Structural Uniformity of Syntactic Categories », in *Congrès de la langue basque*, Vitoria-Gasteiz, Servio Central de Publicationes del Gobernio Vasco, 89-101.
Rizzi L. (1990), *Relativized Minimality*, Cambridge (Mass.), MIT Press.

Rizzi L. (1991), « Residual Verb Second and the Wh Criterion », *Technical Reports in Formal and Computational Linguistics* 2, University of Geneva.
Ross J.R. (1970), « On Declarative Sentences », in Jacob R.A. & Rosenbaum P.S. (eds), *Readings in English Transformational Grammar*, Waltham, Ginn, 222-272.
Rossari C. (2000), *Connecteurs et relations de discours : des liens entre cognition et signification*, Nancy, Presses universitaires de Nancy.
Rossi M. & al. (1981), *L'Intonation : de l'acoustique à la sémantique*, Paris, Klincksieck.
Roulet E. & al. (1985), *L'Articulation du discours en français contemporain*, Berne, Peter Lang.
Roulet E. & al. (2001), *Un modèle et un instrument d'analyse de l'organisation du discours*, Berne, Lang.
Roulet E. (1974), *Linguistique et comportement humain*, Neuchâtel, Delachaux et Niestlé.
Roulet E. (1977), *Le Cours de linguistique générale de F. de Saussure*, Paris, Hatier.
Roulet E. (1999), *La Description de l'organisation du discours. Des dialogues oraux aux discours écrits*, Paris, Didier.
Rouveret A. (1987), « Présentation », in Chomsky N., *La nouvelle syntaxe*, Paris, Seuil, 7-73.
Rubattel C. (1991), « Polyphonie et modularité », *Cahiers de linguistique française* 11, 297-310.
Ruwet N. (1967), *Introduction à la grammaire générative*, Paris, Plon.
Ruwet N. (1972), *Théorie syntaxique et syntaxe du français*, Paris, Seuil.
Ruwet N. (1982), *Grammaire des insultes et autres études*, Paris, Seuil.
Ruwet N. (1991), *Syntax and Human Experience*, Chicago, The University of Chicago Press.
Sacks H., Schegloff E.A. & Jefferson G. (1974), « A Simplest Systematics for the Organization of Turn Taking in Interaction », *Language* 50, 696-735.
Sapir E. (1968), *Linguistique*, Paris, Minuit.
Saussure F. de (1955), *Cours de linguistique générale*, Paris, Payot.
Saussure L. de (2003), *Temps et pertinence*, Bruxelles, de Boeck.
Searle J.R. (1972), *Les Actes de langage*, Paris, Hermann.
Searle J.R. (1982), *Sens et expression*, Paris, Minuit.
Selkirk E. (1984), *Phonology and Syntax : the Relation Between Sound and Structure*, Cambridge (Mass.), MIT Press.
Simon A. C. (2004), *La Structuration prosodique du discours en français*, Berne, Lang.
Sperber & Wilson (1978), « Les ironies comme mention », *Poétique* 36, 399-412.
Sperber D. & Wilson D. (1989), *La Pertinence. Communication et cognition*, Paris, Minuit.
Sperber D. & Wilson D. (1995), *Relevance. Communication and Cognition,* Oxford, Basil Blackwell, 2e édition.
Sperber D. (2002), « La communication et le sens », in *Université de tous les savoirs 5 : le cerveau, le langage, le sens*, Paris, O. Jacob (poche), 301-314.
Sportiche D. (1988), « A theory of floating quantifiers and its corollaries for constituent structure », *Linguistic Inquiry* 19/3, 425-449.
Swart H. de (1998), *Introduction to Natural Language Semantics*, Stanford, CSLI Publications.
Sweetser E. (1990), *From Etymology to Pragmatics*, Oxforf, Oxford University Press.
Tesnière L. (1959), *Éléments de syntaxe structurale*, Paris, Klincksieck.
Tranel B. (2003), « Les sons du français », in Yaguello M. (2003) (éds), *Le Grand Livre de la langue française*, Paris, Seuil, 259-315.
Troubetzkoy N.S. (1949), *Principes de phonologie*, Paris, Klincksieck.
Vandeloise C. (1991), « Autonomie du langage et cognition », *Communications* 53, 69-101.

Verschueren J. & al. (1997), *Handbook of Pragmatics*, Amsterdam, J. Benjamin.
Vuillaume M. (1990), *Grammaire temporelle des récits*, Paris, Minuit.
Weinrich H. (1973), *Le Temps. Le récit et le commentaire*, Paris, Seuil.
Wichmann A. (2000), *Intonation in Text and Discourse, Beginnings, Middles and Ends*, Pearson, Harlow.
Wilson D. & Sperber D. (2004), « Relevance theory », in Horn L. & Ward G. (eds), *Handbook of Pragmatics*, Oxford, Blackwell, 607-632.
Wilson D. (2006), « Pertinence et pragmatique lexicale », *Nouveaux cahiers de linguistique française* 27, 33-52.

Armand Colin Éditeur
21, rue du Montparnasse, 75006 Paris
11008482 - (I) - (2,25) - OSB 90° - NOC - BTT
Dépôt légal : janvier 2009

Achevé d'imprimer sur les presses de
Snel
Z.I. des Hauts-Sarts - Zone 3
rue Fond des Fourches 21 – B-4041 Vottem (Herstal)
Tél +32(0)4 344 65 60 - Fax +32(0)4 286 99 61
Janvier 2009 — 46826

Imprimé en Belgique